北大版留学生本科教材

中国古代文化讲读

林 嵩 著

图书在版编目 (CIP) 数据

中国古代文化讲读/林嵩著. —北京：北京大学出版社，2020.9
北大版留学生本科教材
ISBN 978-7-301-31395-4

Ⅰ.①中… Ⅱ.①林… Ⅲ.①文化史－研究－中国－古代 Ⅳ.①K220.3

中国版本图书馆 CIP 数据核字 (2020) 第 109792 号

书　　　名	中国古代文化讲读 ZHONGGUO GUDAI WENHUA JIANGDU
著作责任者	林　嵩 著
责 任 编 辑	王铁军
标 准 书 号	ISBN 978-7-301-31395-4
出 版 发 行	北京大学出版社
地　　　址	北京市海淀区成府路 205 号　100871
网　　　址	http://www.pup.cn　　新浪微博：@北京大学出版社
电 子 信 箱	zhufangxu@yeah.net
电　　　话	邮购部 010-62752015　发行部 010-62750672 编辑部 010-62754144
印 刷 者	大厂回族自治县彩虹印刷有限公司
经 销 者	新华书店 650 毫米 × 980 毫米　16 开本　16.25 印张　238 千字 2020 年 9 月第 1 版　2021 年 12 月第 2 次印刷
定　　　价	49.00 元

未经许可，不得以任何方式复制或抄袭本书之部分或全部内容。
版权所有，侵权必究
举报电话：010-62752024　电子信箱：fd@pup.pku.edu.cn
图书如有印装质量问题，请与出版部联系，电话：010-62756370

目　录

导　言 …………………………………………………………… 1
　一、"文化"界说 ………………………………………………… 1
　二、本书内容及学习中需注意的问题 ………………………… 3

第一章　古代的婚姻形态与观念的演进 ………………………… 6
　一、婚姻形态的变化与人类社会的演进 ……………………… 6
　二、两种特殊的婚姻形态 ……………………………………… 19
　三、婚姻观念的演进 …………………………………………… 24

第二章　青铜器与古代礼乐文明 ………………………………… 38
　一、青铜兵器 …………………………………………………… 40
　二、青铜礼器 …………………………………………………… 43
　三、中国青铜器的特点及礼器的实质 ………………………… 68

第三章　古代书写制度与书籍装帧形式的演进 ………………… 74
　一、书的定义与书籍的起源 …………………………………… 74
　二、简牍制度及其对后世书籍的影响 ………………………… 79
　三、帛书的起源与简帛时代的学术传承 ……………………… 82
　四、纸的发明与"敬惜字纸"现象 …………………………… 86
　五、从卷轴到册叶 ……………………………………………… 88

六、雕版印刷术发明之后纸书册叶制度的发展 ……… 103
七、书籍装帧形态演进的原因 ……………………… 107

第四章　岁时节令与古代社会生活 ……………… 111
一、《荆楚岁时记》与中古时期节日的神圣化 ……… 112
二、唐代节日的律令化 ……………………………… 125
三、《东京梦华录》与近世节日的市民化 …………… 129

第五章　古代冠服制度的特点与职能 …………… 142
一、儒家服饰等级观念的发展 ……………………… 143
二、《后汉书·舆服志》所见东汉冠服制度 ………… 146
三、从"簪笔"看冠饰的职能 ……………………… 154
四、服色与正朔 ……………………………………… 161

第六章　烹调饮馔与中国古代文化观念 ………… 170
一、饮食与礼仪 ……………………………………… 171
二、饮食与人生 ……………………………………… 177
三、饮食与政治 ……………………………………… 179
四、饮食与美 ………………………………………… 185

第七章　中国古代的宫苑与园林 ………………… 195
一、秦汉皇家宫苑的营造思想 ……………………… 196
二、魏晋士人园林与文学集团的产生 ……………… 200
三、唐代文人园林与隐逸文化 ……………………… 202
四、古典园林的唐宋变革 …………………………… 207

第八章 古代交通线路与文化地带 …… 222
　一、长城与运河 …… 223
　二、丝绸之路 …… 233
　三、茶马古道与西南交通 …… 247

后　记 …… 255

导　言

一、"文化"界说

中国古人所说的"文化",本义是"文治教化"。[1]近代的"文化"概念则是西方舶来品。最初是近代日本的汉学家旧词新用,借中国古有的"文化"二字来翻译西文 culture 一词,并逐渐成为通行的译法。十九世纪末,经日本中转而输入中国的"文化"(culture)概念,对当时中国的思想界产生了深远的影响。[2]清末"戊戌变法"(1898)时期,清政府曾明令要注意研究文化史:

> 教历史者,注意在发明实事之关系,辨文化之由来,使得省悟强弱兴亡之故,以振发国民之志气。[3]

"戊戌变法"虽然很快宣告失败,但二十世纪初的确出现了一批研究文化史的学者与论著。不过,"文化"概念究竟如何,"文化史"主要应讲哪些内容,学界向来缺乏共识。

---

[1] 如晋代束晳的《补亡诗·由仪》:"文化内辑,武功外悠。"意为"以文化辑和于内,用武德加于外远也"。(辑,和也;悠,远也。《文选》卷一九,上海:上海古籍出版社,1986,册3/页909。)

[2] 详黄兴涛《晚清民初现代"文明"和"文化"概念的形成及其历史实践》,《近代史研究》,2006年第6期,页1—34。

[3] 端方《大清光绪新法令》,清宣统上海商务印书馆刊本。

艺术学家认为"文化是所有艺术的总称",哲学家认为"文化是心灵的修养",教育学家与心理学家认为"文化是学习和追求完美",历史学家认为"文化是过去时代的遗产",人类学家认为"文化是整个的生活方式",社会学家认为"文化是社会成员共同遵守的价值观念、传统与信仰",生态学家认为"文化是人类同自然环境相互作用的手段",生物学家则认为"文化是不同种群的组织结构和行为规范"①:不同背景的学者,都从各自的学术领域出发,对"文化"概念做了界定。

除学术背景的各异之外,这些不同的界定,还反映了不同的思维方式。从狭义视野上理解文化,主要将其视为艺术或精神产品,实际上是把文化当作与政治、经济相区别的实体范畴。从广义视野上理解文化,则是把文化视为人类与动物、人类社会与自然界相区别的独特品质,实际上是将文化当作一切社会现象的实质属性。②也就是说,人之所以为人,在于人类有自身的文化;而人与人之间的本质区别,不在其肤色、体质与种族差异,而在其文化之不同。因此,梁漱溟曾说:

> 俗常以文字、文学、思想、学术、教育、出版等为文化,乃是狭义的。我今说文化就是吾人生活所依靠之一切,意在指示人们,文化是极其实在的东西。文化之本义,应在经济、政治,乃至一切无所不包。③

所谓"吾人生活所依靠之一切",即着眼于总体生活方式而言。这种广义视野下的文化概念,有以下一些特征。其一为"习得性",即心理学家与教育学家所强调的,文化不能通过先天遗传而拥有,必须通过后天学习而获得。其二为"规范性",即生物学家所强调的,不同的种群都有各自的组织结构

---

① 闵家胤《西方文化概念面面观》,《国外社会科学》1995年第2期,页64—67。
② 详郭湛《文化:人为的程序和为人的取向》,《中国人民大学学报》2005年第4期,页24—25。
③ 梁漱溟《中国文化要义》,上海:上海人民出版社,2005,页6。

与行为规范,文化就是人类对自身行为的一种规范。其三为"共同性",即社会学家所强调的,文化不是个别人的生活方式,而是所有社会成员共同遵守的习俗。其四为"价值性",人类个体的行为是多种多样的,但作为群体共同规范的文化,却必须在多种可能性中做出一定的选择,而这选择的背后有其自身的价值取向。①

以本书中所要介绍的婚姻制度为例,人类个体之间的性吸引是不需要学习,到了一定年龄就会自然产生的,人类群体最初的两性结合也是杂乱无章的,这都称不上"有文化"。到人类开始规范自身的婚媾行为、制定出一系列大家共守的程序规范时,婚姻文化便产生了,由此演变出种种婚俗礼仪。而人们在众多的择偶对象中,取此而舍彼,乃至一个社会对婚姻制度的整体设计,都可以反映出其文化模式与发展程度的差异,这背后所体现的则是人类对自身的关怀。

二、本书内容及学习中需注意的问题

本书侧重选取一些能够反映古代社会生活,尤其展现中国文化特有面貌的内容加以介绍。如古人服饰、饮食、居止等方面的习惯,尽管是日常生活中的琐事,但其实这正是中国人之所以为中国人的特质。另外,相关章节中所涉及的历史演进的观点,借鉴民族学资料的方法,分类列举的方法,文献与实物、图像相结合的方法,将层累造成的古史系统进行倒推的方法等,也都是从事文化史研究所应该掌握的基本方法。

史学家陈垣曾告诫学生:

> 抑有言者,什么思想史、文化史等,颇空泛而弘廓,不

---

① 郭湛《文化:人为的程序和为人的取向》,《中国人民大学学报》2005 年第 4 期,页 26。

成一专门学问。为足下自身计，欲成一专门学者，似尚须缩短战线，专精一二类或一二朝代，方足动国际而垂久远。不然，虽日书万言，可以得名，可以噉饭，终成为讲义的教科书的，三五年间即归消灭，无当于名山之业也。①

这段话的核心意思有两条：一是"文化史"太过空洞，建议年轻人应多研究一些专门问题；二是教科书很难成为传世之作。这确实是犀利而透彻的话。为了避免"空泛而弘廓"的弊端，首先是要特别重视材料的来源与出处。一切结论要从史实与史料中来，避免空发议论。本书定名为《讲读》，也是因为书中专有一些章节是以细读具体文本为主的，如《荆楚岁时记》《东京梦华录》《洛阳名园记》《后汉书·舆服志》《法显传》等。其次是要有时间与空间的意识。某一种文化现象究竟存在于哪个历史阶段、哪一地域？要详尽地说明。其三是要多研究一些具体的问题。研究具体问题的目的，倒不完全是非要成为"专门学者"，而是因为作为揭示不同民族生活方式、行为方式、思维方式的"文化"概念，其研究的价值主要就在于其发生的偶然性与特殊性。（作为标志社会发展程度的"文明"概念，则更强调的其发生的必然性与普遍性。）如果把这三点综合起来，就是要多从中国的文献、实物中找材料，从古代人的实际生活过程出发，研究一些有特色的个性化问题。有些"搞文化"的人喜欢泛泛而谈"中国文化如何如何"，自认为是在为中国文化把脉；其实游谈无根的人，既搞不清历史是从何而来的，更谈不上能为中国文化找出路了。

考虑到许多同学阅读古代文献的能力还相对薄弱，根据中文系的建议，我们还选了一些值得仔细研读的篇章段落，略加注释，附在每章的最后，供学有余力的同学在课后研读，希

---

① 陈垣一九三三年六月廿四日致蔡尚思函，陈智超编注：《陈垣来往书信集》，上海：上海古籍出版社，1990，页355。

望借此加深大家对相关知识的了解,并提高阅读与思考的能力。

【主要参考文献】

1. 闵家胤《西方文化概念面面观》,《国外社会科学》1995年第2期,页64—67。

2. 郭湛《文化:人为的程序和为人的取向》,《中国人民大学学报》2005年第4期,页24—31。

3. 黄兴涛《晚清民初现代"文明"和"文化"概念的形成及其历史实践》,《近代史研究》,2006年第6期,页1—34。

第一章　古代的婚姻形态与观念的演进

人类在集体生活的过程中,结成各种各样的关系,并根据不同的关系,产生相应的行为规则,这些规则构成了人类社会的种种制度。这些制度又可以细分为:亲属制度、政治制度、经济制度与宗教仪式制度等四大领域。这四者之中,以婚姻与家庭关系为核心并由此引申出的亲属制度是最基础的。

就像《周易·序卦》里说的:"有夫妇然后有父子,有父子然后有君臣,有君臣然后有上下,有上下然后礼义有所错。"①也就是说,能处理好夫妻与家庭关系,由此出发,也有助于理顺其他各种人际关系。因此,不论是从历史、还是从逻辑上考虑,婚姻问题都可以成为考察某种社会文化形态的切入点。

一、婚姻形态的变化与人类社会的演进

(一) 族内婚

生民之初,男女之间的性结合,完全是一种本能的行为。那时候既没有婚姻之名,也没有关于婚姻的种种限制与规

---

① 《周易正义》卷九,《十三经注疏》,北京:中华书局,1980,上册/页96。

定。后代人把原始群中这种杂乱无序、毫无禁忌的婚姻形态称为"杂婚"或"乱婚"。

处于"杂婚"时期的人类,还不能算是真正意义上的"社会人",而更多地体现出"自然人"的属性。人类在婚姻方面,从"自然人"向"社会人"迈进的第一步是对辈分的区分,也就是禁绝双亲与子女、祖辈与子孙之间的婚配,而由同一辈分的兄弟姐妹互为夫妻:这样的婚姻形态称为"族内婚",又叫"血族群婚"。

世界上许多古老民族的传说中所讲的"兄妹为婚",就是最典型的"族内婚"。《后汉书·南蛮传》里记载的盘瓠传说中便有"兄妹为婚"的影子。据载在高辛帝的时候,北方的蛮族来侵犯。高辛帝贴出悬赏的榜文,许诺如有人能斩得蛮族首领吴将军的头颅,不仅赏赐黄金,更要把高辛帝的小女儿许配给他。高辛帝有一只五色绒毛的狗,名叫盘瓠。盘瓠是一条神犬,榜文贴出之后,他竟将吴将军的首级衔来。于是高辛帝只好履行诺言,把小公主许配给了盘瓠。盘瓠与公主成亲之后,走入深山之中,并生下六男六女。盘瓠死后,他的六对子女就自相配合,结成了夫妻;以后又各自繁衍后代,便是后来的"蛮夷"①。

盘瓠的传说不仅载于正史,而且至今仍在中国南方的许多民族中流传。闽、浙、湘、粤等地的畲族人,不仅尊奉盘瓠为民族的祖先,还把盘瓠的故事用类似"连环画"的形式绘制出来,称之为"祖图"。祭祀祖先的时候,畲民还要将"祖图"张挂出来,以便让族中的青年人了解本族的历史与传说。

---

① 《后汉书》卷八六《南蛮西南夷列传》,北京:中华书局,1965,册10/页2829。

图 1-1　华安县官畲村祖图(残卷)局部——盘瓠成亲

生活在海南岛的苗人,对于其祖先的来历,也有类似的传说:

> 从前某富翁有一女,已许字于人,但男家赤贫,女年及笄尚未娶。女养一狗,甚加疼爱,食卧与共。久之,竟与狗性交而怀孕,为男家发觉,控之于官。官多方审讯,竟未能讯出奸夫为谁。后由官太太思出一计,提女出狱,与太太同居一屋中,乘夜深女酣睡时,解其衣,发现身上有狗抓痕,遂大悟。于是县官乃提女家人审问,知女在家确有一爱狗,乃令牵此狗来狱与女同居。至夜间,狗果向女狂抓,由是案情大白。男家既知女与狗性交怀孕,当即无条件退婚,女亦被放出狱,回家未久,产一男一女。翁夫妇以有女如此,殊败家声,乃命木匠造船一只,满载金银珠宝,驱女与狗及两子入其中,放之中流,任船漂泊。漂流至惠州城,为人拯救登岸,遂居焉。狗常入山,捕鸟兽以饲二子。子女渐长,然尚不知为狗子也。某日,狗贪惰不入山捕鸟兽,遭二子殴打,母叱责之,并以实告,谓汝等为余与狗所生,彼实汝等之父也。

并谓汝等为狗之子,无人肯与为婚,不如兄妹结为夫妇,以延续后代。兄妹结为夫妇后,产二男,及长,二子交恶,不能共处,母恶而驱逐之,一逃上山,一逃下水。上山者为苗人之祖,下水者为疍民之祖。故两族后裔足迹不履王土,不食王粮,亦不纳税也。①

比较起来,《后汉书·南蛮传》里的盘瓠故事多少还带一点史诗的风格,而苗人的这个传说简直就鄙俗不堪了;但这两个故事显然又是由同一个"母题"所派生出来的。②畲族人和苗人皆为"盘瓠种",是上古时信奉狗图腾的部落的后裔。

"兄妹为婚"还常常与"天地开辟""洪水传说""物种起源"等,共同构成许多古老民族的神话传说中最主要的部分。云南的傈僳族中有这样的传说:洪荒之世,天灾流行,天上同时出现七个太阳、七个月亮。从此大旱三年,人民登山求雨,结果求来的雨接连下了三个月。洪水暴发,把人类灭绝了。后来天降一神,从天上带来一个种子,种在田中。瓜瓞绵绵,结出了好大的一个瓜。瓜熟之时,天神用刀从瓜中剖出一男一女。这俩孩子聪明灵秀,天神将他们收为子女。后因苦于没有其他人可以为配偶,天神不得已劝这俩兄妹结婚以传人种。这兄妹不愿意,讽刺天神说:"我俩亲胞骨肉,不能结乱伦之婚。"天神说:"这个无妨。天将使你二人传天下之人种。勿违天意。我有石磨盘一个,吾儿取上磨盘,吾女取下磨盘。两个各立两山之巅,将磨盘抛下,使其流入山涧,视其磨盘上下相合,则汝二人可以结婚。倘不合,则从你们志愿不结婚。"兄妹按着天神所说,将磨盘从山上滚下,恰好合上,于是

---

① 王兴瑞《海南岛之苗人》,李文海主编《民国时期社会调查丛编·少数民族卷》,福州:福建教育出版社,2005,页145—146。
② 又参[德]艾伯华《中国民间故事类型》第41"狗的传说",北京:商务印书馆,1999,页77—81。

二人只好结婚。①

在四川凉山的彝人中则流传着这样的故事：人类的始祖颇额生下一子，名叫诸莫；诸莫又生了三个儿子诸莫诸克、诸莫诸勒和诸莫毕色。这时洪水就要来临，有个神仙来给这三个儿子报信。按照神仙的指点：大儿子诸克藏在了铜柜里，二儿子诸勒躲进了铁柜，三儿子毕色钻入木桶。洪水涌来，铜柜、铁柜都沉入水底，木桶浮上了山顶，只有第三个儿子毕色活了下来。毕色后来娶了一位仙女为妻，又生下了一男一女。毕色夫妇死后，这一双儿女就到天上依靠他们的神仙外祖父母过活。有一日，神仙外祖父对这两个孩子说："你们应当匹配为夫妇，回到人间去繁衍后代。"可是这俩孩子因为是亲姐弟，不愿意成亲。神仙说："这里有石磨一套，姐姐背着磨底去放在山下面，弟弟背磨盖走到山上，将磨盖顺山滚下来，如合为一磨，两人即可以成婚。"二人依言去做，石磨果然合在一块。可是二人仍然不愿意，神仙叫他们再试一次，如果再叠合，就不能再违背天意。二人又试一次，果然又叠合了，于是只好回到山中，匹配为夫妇。②

类似上面所讲的"洪水传说"和"兄妹为婚"的故事，在各民族的神话中还有很多。③神话是原始时期的人类对自然界和自身的想象，它折射出原始人对于世界起源、物种起源等问题的认识。神话中的这类故事说明，在人类的童年时期，亲兄弟姐妹结合成为夫妻，是各民族中普遍存在的现象。

---

① 陶云逵《碧罗雪山之栗粟族》，《民国时期社会调查丛编·少数民族卷》，页329。按：傈僳族，唐宋元汉文史籍称"栗粟两姓蛮"，明清称"力些""栗粟"。语言属汉藏语系藏缅语族彝语支。

② 江应梁《凉山夷族的奴隶制度》，《民国时期社会调查丛编·少数民族卷》，页179—181。按：彝族古称"夷"，1956年改"夷"为"彝"。

③ 详参《中国民间故事类型》第五大类"创世、混沌初开、最初的人"；按该书第48型"人类最初的兄妹"主要情节单元："（1）在世界上或在他们的住地上只有兄妹两个人。（2）他们请来先知，询问他们的婚姻能否允准。（3）从两座山向下滚动磨盘；它们互相重叠在一起。（4）结为婚姻。（5）生下肉团或葫芦；通过分割全都成了人。"（页96—97）

有意思的是,在前面讲的几个故事中,兄妹最初都是不愿意结婚的。而兄妹最后又不得不结婚,一是因为要服从上天的安排,二是因为实在没有其他的对象可以选择。而这幸存下来的亲兄妹又肩负着为全人类繁衍后代的重任,所以尽管不愿意,还是要结合。这实际上反映了先民在编创、传承这些神话故事的时候,对于自己的祖先是亲兄妹结合这一事实,已经觉得很别扭。他们用后代人的眼光来看待"兄妹为婚"的现象,感到不可思议;因此才用"上天安排""别无选择"等理由来加以修饰。

(二) 族外婚

当"兄妹为婚"受到排斥,人类的婚姻就进入了一个新的阶段,即"族外婚",也叫"亚血族婚"或"普那路亚婚"。实行"族内婚"的原始群是由同一个始祖母所繁衍出的血缘家庭;而"族外婚"的婚姻双方则必须来自不同的血缘家庭,即由一个血缘家庭的男子和另一个血缘家庭的女子之间互为夫妻。

需要说明的是,由一个血缘家庭的男子和另一个血缘家庭的女子相结合,这种结合并不是一一对应的,而是一群男子与一群女子的结合。因此,在实行"族外婚"的时代,父亲是集体的父辈,母亲是集体的母辈,形成了"共夫"或"共妻"的局面[①]:这是"族外婚"造成的第一个结果。

由于配偶不固定,孩子很难知道自己的生身父亲是谁,这又带来了第二个结果:子女的世系是根据母亲来确定的。古书里经常提到古人"知母不知父"或者"有母无父",便是这

[①] 恩格斯《家庭、私有制和国家的起源》:"按照夏威夷的习惯,若干数目的姊妹——同胞的或血统较远的(从姐妹,再从姐妹等)——曾为她们共同丈夫们底共同的妻,但是这些共同丈夫们之中,排除了她们的兄弟。这些丈夫们彼此已不再互称为兄弟,他们也再没有必要成为兄弟了,而称为'普那路亚',即亲密的伴侣、伙伴。同样,一列兄弟——同胞的或远方的——则跟若干数目的女性(只要不是自己的姊妹)共同结婚,此等女性也互称为'普那路亚'。"(北京:人民出版社,1954,页38)

一结果的具体表现。

由于"知母不知父",后代人追溯自己的先世的时候,往往找不到男性的始祖。为了弥补这一点,古人就用神话来遮掩。屈原在《天问》里对于宇宙、人生提出了一系列的疑问,其中有一个问题就是:"女歧无合,夫焉取九子?"① 女歧是传说中的神女,她未与男性交合,怎么能生出九个孩子的呢?能提出这个问题,其实就已经很接近真相了。《史记·殷本纪》记载:殷的先祖名叫契,契的母亲简狄在沐浴的时候,见有玄鸟飞过,从空中落下一枚鸟卵。简狄将卵吞吃之后,便怀孕生下了契。② 《诗经·商颂》里也说"天命玄鸟,降而生商"。③ 而《史记·周本纪》所载的周人祖先的来历则更加离奇。周的先祖弃,是他的母亲外出时见到巨人的足迹,心有所感而怀孕生下的。④ 这类神话的情节,不外是女性因接触某物而受孕,甚至接触也不曾接触,仅仅因为看见某物,在意念上发生感动,便可怀孕产子。而被接触到的"某物"则成为部族的祖先,并被尊为图腾(例如殷商的祖先,当为鸟图腾的部落)。这类神话通称为"感生神话",它曲折地反映了人类婚姻史上曾经历过一个"知母不知父"或者说"有母无父"的阶段。⑤

"族外婚"造成的第三个结果,是形成了"同姓不婚"的习俗。这一习俗,在中国影响久远,长期存在。"姓"所表示的是人的血缘关系,最早的"姓"应当是能够代表某一部族的名称或图腾。中国至晚在西周时,已将"姓"作为婚姻中区别血

---

① 游国恩《天问纂义》,北京:中华书局,1982,页 67。
② 《史记》卷三《殷本纪》,北京:中华书局,1959,册 1/页 91。
③ 《毛诗正义》卷二〇之三,《十三经注疏》,上册,页 622。
④ 《史记》卷四《周本纪》,册 1/页 111。
⑤ 《中国民间故事类型》将此类型故事命名为"神奇受孕"(第 51 型);"有个女子由于吞下了一粒种子、一个蛋,由于龙射出的光、雷电的光,由于太阳、月亮或其他东西的作用而怀孕了。"(页 99—103)

缘关系的工具。为什么要实行"同姓不婚"？通常认为有两方面的原因。第一是《礼记·郊特牲》里说的"取于异姓，所以附远厚别也"①。简单地说，同姓之人，必然来自同一个部族。一个部族，如果其成员的婚姻问题总是在内部解决的，那么这个部族就会越来越封闭，有时还可能在族内引发矛盾与纠纷。而实行异姓部族联姻的办法，至少可以通过婚姻来联络不同部族之间的关系，扩大部族的势力。因此，优先与异姓部族结亲，看重异族之间的婚姻关系，可以使远方的部族前来归附，这就叫做"附远厚别"。第二个原因则是《左传》中所说的"男女同姓，其生不蕃"②。这是从遗传学方面来考虑的，一个部族如果长期在内部通婚，发生遗传疾病的概率就会大大增加，所生育的后代，往往是不健康的。这类教训是不难从实际生活中总结出来的。

总之，实行"族外婚"对于部族的生存与发展都有好处。氏族制度的核心原则便是实行外婚制；而一旦实行了外婚制，血缘家庭也就转变为了氏族公社。

（三）对偶婚

"对偶婚"是在"族外婚"的基础上发展起来的，它是由"群婚制"向个体婚姻过渡的一个重要的阶段。在"对偶婚"的状态下，一个男子在可通婚的许多个女子当中，有一个相对固定的伴侣；同理，一个女子在她拥有的众多男性伴侣中，也有一个比较固定的对象。"对偶婚"所结成的对偶家庭，并不是独立的实体，而只是一种相对固定但又比较松散的关系，男女双方也没有互相忠诚于对方的道德义务。

由于不存在固定的家庭，"对偶婚"普遍采取"走婚"的形式：男女双方平时并不生活在一起，通常是男方到女方家里

---

① 《礼记正义》卷二六，《十三经注疏》，下册/页1456。
② 《春秋左传正义》卷一五，《十三经注疏》，下册/页1815。

过夜；天亮之后，大家仍旧各归各家。过一种"暮来即合，朝来即散"的生活。南宋时曾在桂林地区为官的周去非，观察、记录了当地少数民族特有的一种婚姻形态——"入寮"：

> 壻来就亲，女家于所居五里之外结草屋百余间与居，谓之"入寮"。壻家以鼓乐送壻入寮，女家亦以鼓乐送女往寮。①

"入寮"的形式，总的说来是男方到女方的家里来完婚。女方的家族则在村落以外五里远的地方，专门搭了一百多间草房子以供使用。成亲当晚，男方的亲友敲锣打鼓地送新郎上门，女方的家族也以鼓乐送新娘子到草房子里完婚。这显然也是一种"走婚"。周去非在书里还记载了当地一桩奇特的风俗：

> 邕州溪峒之外，西南有蛮，其夫甚刚，其妻甚怯。夫妇异室，妻之所居，深藏不见人形。夫过其妻，必挂剑于门而后入。其合夫妇之道，夜期于深山，不以其所居也。云不如是，则鬼物有显诛。②

所谓"夫妇异室"，就是说夫妻双方平时并不生活在一起；"其合夫妇之道，夜期于深山，不以其所居也"，是说双方并不在住处发生男女关系，而是相约到深山里。丈夫到妻子家的时候，进门之前，要先把随身携带的剑挂在门口。如果从"对偶婚"的特点出发，"挂剑"的原因并不难理解。因为对偶家庭的双方，互相之间并没有"忠贞"的义务。男女双方即使已有比较固定的关系，在维持这种关系的同时，男方也还是可以再找其他的女伴，女方也可以再接纳其他的男子。因此男子进门之时，把剑挂在门口，这就相当于留了记号，告诉

---

① 周去非《岭外代答》卷一〇"入寮"，北京：中华书局，1985（《丛书集成初编》本），册 2/页 116。

② 《岭外代答》卷一〇"挂剑"，册 2/页 116。

别人这座房子里有男人；而晚来的男子，若看见门外挂有宝剑，便知已有人捷足先登：这样可以免去许多不必要的尴尬与冲突。

"对偶婚"在最初的时候，实行的是"从妇居"，也就是男方到女方家里过夜。这时子女的世系仍旧是随母亲的，也就是说，如果双方生下孩子，孩子将留在女方的氏族生活。由于"对偶婚"的双方已有相对固定的关系，父系的确认逐渐成为可能。这时候男人们发现：自己亲生的子女无法和自己生活在一起，而是留在女方所在的氏族当中，不能继承自己的财产；而自己在本族中的继承人，和自己并没有直接的血缘关系。①随着社会财富的不断积累，人们所拥有的私人财产越来越多，这个问题也就越来越突出：男人们更希望自己的财产能够由亲生的子女来继承，并要求子女承传自己的世系。由此，男性开始向女性展开了夺取子女所有权的斗争。

孩子本来是父母共有的，生孩子这件事，也是由男人和女人共同完成的。但"十月怀胎，一朝分娩"是要通过女人实现的；婴儿在刚出生的时候，主要也是靠女人来哺乳：所以，通常孩子和母亲之间的关系更为直接与亲密。因此，男性在争夺子女所有权的时候，就不得不"从娃娃抓起"：从初生儿的分娩、哺乳、命名等各个环节入手，积极地介入。而这种"介入"往往又呈现出一种荒诞的形式。

《天问》里有一个问题："伯禹腹鲧，夫何以变化？"②禹的父亲叫做鲧，有一种传闻认为大禹是从他的父亲的肚子里生出来的，这是怎么做到的呢？实际上这种说法不过是男性为

---

① 摩尔根调查的北美易洛魁人的氏族的继承办法是："死者底财产归其余的同族人所有，它必须留在氏族中。由于易洛魁人所能遗留之物，为数很少，其遗产就由他的最近亲同族人分享了；在男子死去时，由他的同胞兄弟、姊妹以及母亲的兄弟分享；在妇女死去时，由她的子女和同胞姊妹而不是由她的兄弟分享。根据同一理由，夫妇不能彼此继承，子女也不得继承父亲。"(《家庭、私有制和国家的起源》，页82—83)

② 《天问纂义》，页96。

了强调自己确实亲身参与了生育活动而造出的一种说辞。

中国的南方地区，早先还有一种所谓"产翁"的遗俗：当地的妇女，一生完孩子就下地干活，砍柴、做饭，伺候丈夫；而做丈夫的不但不照顾产妇，反而披着被子、抱着孩子，坐在床上，装出分娩之后身体虚弱的样子，让别人来照顾自己。① 这种做法也是为了冲淡子女与母亲之间的关系，而突出父亲在哺育过程中的重要性。

男性争夺子女所有权的最终结果，是使子女的世系由过去的根据母系确定，变成根据父系来确定。在子女的命名方式上，有些过去实行"母子连名"的，也就改成了实行"父子连名"②。

男性向女性争夺子女的所有权，反映在婚姻史上，便是男性要求实行"从夫居"。"从夫居"的确立，意味着人类告别母系社会而进入父系社会；在恩格斯看来，这一步对女性而言，是"具有全世界历史意义的失败"③。因此，由"从妇居"向"从夫居"过渡，在历史上曾经过漫长而激烈的斗争。凉山彝人的婚俗便具体而微地反映了这一历史进程：

> 夷俗：……两相爱悦之后，由家长为之纳聘，迎娶之日，男家多以壮男多人，携酒布到女家迎娶，女家亦聚壮男于门外，先以水泼拒，继以酒肉招待，酒酣，男女亲族

---

① 《太平广记》引《南楚新闻》："南方有獠妇，生子便起，其夫卧床褥，饮食皆如乳妇，稍不卫护其孕妇，疾皆生焉。其妻亦无所苦，炊爨樵苏自若。又云：越俗，其妻或诞子，经三日，便澡身于溪河，返具糜以饷壻。壻拥衾抱雏，坐于寝榻，称为'产翁'。其颠倒有如此。"《冯梦龙全集·太平广记钞》卷七九《蛮夷部》，上海：上海古籍出版社，1993，册4/页3594—3595）

② 所谓"父子连名"是指父子两代人的名字，各有半截相同。例如凉山黑彝的"摩石资子逐夫""摩石资子夫耶""摩石资子算妈"弟兄三人的名字中，"摩石"是姓氏，名字中均有"资子"是因为他们的父亲，叫"合合资子"；而父亲的名字中的"合合"则来自他们祖父的名字"也勒合合"。（《凉山夷族的奴隶制度》，《民国时期社会调查丛编·少数民族卷》，页185）

③ 《家庭、私有制和国家的起源》，页54。

相扑做摔跤戏,当夜即留宿女家,次晨,乘女家不防,即将新娘抢走,女家送亲人便追赶到男家,男方款以酒肉,新娘抢归时,负入房中,先以包谷粑粑,拒不食;杀鸡以进,仍不食;杀羊,复不食;杀猪,亦不食;待杀牛,始进食,有杀一牛不食而继续杀三四牛始食的,这是表示女家的面子和新娘的身价。当夜,新娘即宿男家,但不能与新郎同寝,次晨,新娘独回娘家,十数日后,男家再往接,入门,新夫妇并肩面户蹲屋内,由毕摩(巫师)将屠后之牛羊捧于新夫妇头上盘旋数周,然后招宴亲友,是夜,新郎即可向新娘求欢,但女必力拒之,男亦必力强之,是晚新郎面上手上所受斑斑伤痕之多少,即表示新妇之贞洁与面子。三日后,新夫妇同回岳家,住一夜,新郎独归,新娘即留住母家,此后丈夫可随时来幽会,女方亦可拒见夫婿而另谋他欢,直待怀孕后,始回夫家与夫同居,生子以后,夫妇便须保持对等的贞操。①

这段记载,首先是反映了"女子不落夫家"的婚俗。所谓"不落夫家",指的是男女双方结婚以后,女方不住在男方的家里,而长期在娘家生活。例如凉山彝人结婚三日之后,新郎要陪着新娘回娘家,新郎在岳家住一夜后离开,新娘则长期留住娘家;这叫做"三朝回门",中国南方的许多地方均有此遗俗。"不落夫家"的时间并没有一定的期限,多数的情况是在女方怀孕或生育以后,才正式到男方家里生活;当然,如果女方一直不怀孕,也可能几年、十几年,甚至几十年都不到夫家生活。而在新娘"不落夫家"的期间,丈夫既可以随时来相会,而妻子也可以拒见夫婿而另谋新欢,夫妻双方均无"忠贞不二"的义务。据《隋书·室韦传》所载,隋唐时期生活在

---

① 《凉山夷族的奴隶制度》,《民国时期社会调查丛编·少数民族卷》,页187—188。

内蒙地区的游牧民族室韦的"婚嫁之法"是"二家相许,壻辄盗妇将去,然后送牛马为聘,更将归家。待有娠,乃相随还舍。"①可见室韦族的女子同样是婚后"不落夫家",必等到怀孕之后,才住到男家去。②

对女性而言,在"不落夫家"的期间,她在个人生活,特别是性这一方面,享有充分的自由;由于这种自由是以"不怀孕"为前提的,因此新娘在刚结婚之初,总是会拒绝或尽量减少与新郎同寝,其初衷是为了避免怀孕。而对于男性来说,一个女人如果不愿意或者不能生育,也许没必要非得娶过门来;因为如果不考虑生儿育女的问题,在女子"不落夫家"的情况下,男人也同样获得了自由。

"不落夫家",意味着女子不愿意嫁人生子,所以男人要想结婚,就只能靠"偷"、靠"抢"或者靠买卖交换,由此又发展出了"抢婚""窃婚""服役婚"这些婚姻模式。上面的这段记载中就包含了"抢婚"的习俗。东汉时乌桓民族的婚俗则兼有"窃婚"与"服役婚"的特色:"其嫁娶则先略女通情,或半岁百日,然后送牛马羊畜,以为聘币。壻随妻还家,妻家无尊卑,旦旦拜之,而不拜其父母。为妻家仆役,一二年间,妻家乃厚遣送女,居处财物一皆为办。"③根据《后汉书》的相关记载可以知道,乌桓在当时总体上仍处于母系社会的阶段,男方在婚后必须先到女方家里服役一至两年,效力期满之后,才能成立自己的家庭,当然这时候女方的家族也会给新的家

---

① 《隋书》卷八四《室韦传》,北京:中华书局,1973,册6/页1882。

② [芬兰]韦斯特马克(Edward Westermarck)《人类婚姻简史》:"婚姻和家庭的关系非常密切。男性和女性之持续生活在一起,最初就是为了下一代的利益。的确,在许多民族中,男女之间的真正婚姻生活,并不是从正式宣布结婚或订婚的时候开始的,只有到孩子出生或已明显怀孕时,婚姻关系才算最终确定。在其他情况下,正如前面已指出过的,男女的结合,一旦导致怀孕或生子,其最后的结果,照例是达到结婚或被迫结婚。因此,我们可以肯定地说,是婚姻起源于家庭,而不是家庭起源于婚姻。"(刘小幸、李彬译,北京:商务印书馆,1992,页19—20)

③ 《后汉书》卷九〇《乌桓鲜卑列传》,册10/页2979。

庭提供一定的物质帮助。

男性要求实行"从夫居",主要目的是为了把子女留在自己的家族中,承传自己的世系,继承自己的财产。可是在"对偶婚"的时代,女子在"不落夫家"期间,是无所谓"贞操"问题的,这种情况下所生出的子女,并不一定是丈夫的血脉。考虑到这一层因素,凉山彝人在继承制度方面,实行的是"幼子守产"的办法:"挂有代表祖先灵魂的树枝的老屋,例由最幼一子承住,余子在结婚后均须分出另住。"①由于大儿子很可能是旁人所生,家里的财产就由血缘关系更为清晰明确的小儿子来继承——这是由于特殊的婚姻模式而产生的一种特殊的继承制度。

不难发现,对偶家庭最大的问题仍然在于,无法完全确认子女的父亲。当社会进一步发展,个体家庭逐渐从氏族中分化出来并成为独立的经济单位以后,家产的继承问题变得越来越重要。为了使家庭关系更加稳固,特别是要保证子女血缘关系的"纯正",对偶家庭最终被一夫一妻制的个体家庭所取代,也就是顺理成章的事情了。

一夫一妻制的确立,表明人类在婚姻方面,已经完全脱离了蛮荒的状态;而这背后,体现出的是社会财富的增加、私有财产的出现与个体家庭的诞生;因此恩格斯把这看作是"文明时代开始底标志之一"②。

二、两种特殊的婚姻形态

由于一些特殊的原因,在一夫一妻制以外,古代社会实际上还存在着一些作为补充的特殊的婚姻形态。下面要介绍的"烝报婚"与"媵妾制",在世界上许多古老民族中都曾实

---

① 《凉山夷族的奴隶制度》,《民国时期社会调查丛编·少数民族卷》,页188。
② 《家庭、私有制和国家的起源》,页59。

行过；就中国而言，其在个别地域或民族中流行的时间则上迄《左传》所反映的东周列国时代，下至民国时期。

（一）烝报婚

"烝报婚"又叫"收继婚"或"转房制"。父亲死了，儿子娶继母，这叫做"烝"；兄长死了，兄弟娶嫂子，这叫做"报"。《左传》里记载的这方面的例子很多，齐国、晋国、郑国、卫国、楚国均有，这说明在东周列国时代，"烝报婚"是普遍的现象。[①]不过，尽管"烝报婚"不被视为"乱伦"，但从《左传》的记载来看，后代人对于某些"烝报婚"是颇有微词的。如《左传》记载：鲁闵公二年，卫宣公死后，其子卫惠公即位。当时卫惠公的年纪还很小。卫惠公的生母宣姜来自齐国，齐国人就强迫卫惠公的异母哥哥昭伯续娶宣姜，用《左传》里的话说："齐人使昭伯烝于宣姜，不可，强之。"[②]这里说的"不可，强之"，指的是昭伯本人并不愿意这样做，但是因为宣姜是国君的生母，她的背后又有齐国的势力，所以迫于压力，昭伯不得不娶自己并不喜欢的继母为妻。这桩婚事尽管违背了当事人的意愿，但是从另一方面看，国君的母亲可以再嫁给她的继子，显然卫国和齐国的上层人物是认可"烝报婚"的。

历史上曾实行过"烝报婚"的民族很多。东汉时因与匈奴政治联姻，乃将后宫妃嫔王昭君嫁给呼韩邪单于为妻，也就是通常说的"和亲"。呼韩邪死后，他与前妻所生的儿子继位为新单于并要续娶王昭君。王昭君对于再嫁给自己的继子这件事心有抵触，因此上书汉成帝，请求回归中土；但是成帝没有同意，敕令她入乡随俗，所以昭君只好再嫁给新单于。[③] 这反映了当时汉朝人和匈奴人在婚姻方面抱有不同的

---

① 参阴法鲁、许树安《中国古代文化史（二）》，北京：北京大学出版社，1991，页 91。
② 《春秋左传正义》卷一一，《十三经注疏》，下册/页 1788。
③ 《后汉书》卷八九《南匈奴传》，册 10/页 2941。

观念。但和倚仗着齐国的势力强行嫁给继子的宣姜不同,王昭君得到了世人的普遍肯定,这更进一步说明符合礼俗的"烝报婚"并不受歧视。而汉成帝要求王昭君遵从当地人的风俗,也表明汉朝人对于匈奴人的婚姻文化给予了应有的承认与尊重。

清代初年,清太宗皇太极死后,尚在幼年的福临继承了皇位。根据野史的记载,福临的母亲孝庄皇太后再嫁给了皇太极的兄弟多尔衮,以此换取多尔衮对小皇帝的支持。[①]在清朝政府覆灭前后,出于"排满"思想,许多人一度把此事当作宫廷丑闻加以宣扬。其实,"太后下嫁"如果真有其事,也无非就是"烝报婚"的一种。这对于游牧民族而言,是极平常的,并不是为道德所不容的事,谈不上丑闻。只是因为"烝报婚"和汉族人的礼法观念不同,所以后来在正史上并不提及而已。

至于实行"烝报婚"的原因,《史记·匈奴列传》给出的说法是,"父子兄弟死,取其妻妻之,恶种姓之失也"[②],即出于"保宗存种"的需要。由于"外婚制"的原则是要娶外族的女子为妻,因此对于游牧民族来说,不论是自愿嫁入的,还是通过交换、买卖或是掠夺来的女性,其本身就是部落的财产,是不能轻易让她们流失的。在过去,女性在经济上通常要依附于男性,失去丈夫的女人需要有一个归宿;但是如果任由妇女随意改嫁,男家结婚时的付出不仅得不到回报,女方还有可能在改嫁时带走一些财产甚至子女。由此就出现了"收继婚",而且这种"收继婚"有时是带有一定强制性的。哈萨克

---

① 如天嘏《清朝外史》第四章《多尔衮之盗嫂》、第五章《太后下嫁多尔衮》,收《清朝兴亡史(外八种)》,北京:北京古籍出版社,1999,页141—143。

② 《史记》卷一一〇《匈奴列传》,册9/页2900。

族中有这样一句话:"女人可以离开男人,但是不能离开部落。"① 这有助于我们理解"烝报婚"的原因与实质。

(二) 媵妾制

"媵妾制"是古代对偶婚的一种遗俗。"媵"的意思是女子出嫁时的陪送,男子在娶妻的同时,还可以得到若干个陪嫁的"妾",这就叫做媵妾。在《左传》等书中,"媵妾"特指两种情况:第一是侄女随姑姑出嫁,或妹妹随姐姐出嫁(也有因姐姐亡故,而妹妹续嫁的);② 第二是一个诸侯国嫁女,同姓的诸侯国出钱、出人陪嫁。而从广义上说,后代凡是作为陪嫁的女性,都可以称为"媵妾"。

春秋时,晋献公把女儿嫁给秦穆公,秦、晋两国因此结成了比较稳定的政治联盟,所以后代人又以"秦晋之好"指代姻亲关系。《左传》上记载,晋献公在讨伐虢国时,曾经借道于虞国,晋国在班师回朝的时候,又捎带把虞国给消灭了,而且还俘虏了虞公和虞国的大夫井伯给秦穆姬做陪嫁③。由此可见,陪嫁的队伍中,不仅有女子,也可能还有男子,当然财物也是必不可少的。

女子在出嫁时有大量的陪嫁,这不仅可以显示出其国家或家族的实力与地位,此外还有两方面的好处:第一是陪嫁的人员可以成为出嫁女子的左右手,在生活与内治方面提供必要的帮助;第二是一国嫁女有别国陪嫁,这可以更加巩固、

---

① 参卡木那·江波孜《哈萨克族传统婚姻习俗探析》,《中央民族大学学报(哲学社会科学版)》2006年第5期,页120。

② 这种婚姻模式不仅出现在中国,在世界许多国家或地区都曾实行过,如"在北美至少四十个部落中,与长姊结婚的男性,有权把她的达到一定年龄的一切姊妹也娶为妻。"(《家庭、私有制和国家的起源》,页48)

③ 《春秋左传正义》卷一二,《十三经注疏》,下册,页1796。

增强诸侯国之间的联盟关系。①

从身份与来源看,"媵妾"大体可以分为贵、贱两种。如果是侄女随姑姑出嫁或妹妹随姐姐出嫁,这样的妾,其地位是相对高上的。而大多数的妾则是买来,或是战争中俘获的,有的是罪犯的家属;这样的妾,即使男主人宠爱有加,一时可以过上舒适的生活,但是她们卑贱的出身却无法改变,在家庭中的地位也得不到充分的保障。

古代大户人家的千金小姐,从小就有贴身的丫鬟随侍,这样的丫鬟通常年龄与小姐相当,只负责照顾生活起居,不用做粗重的家务,等到主家的小姐出嫁的时候,便一同随嫁到男家,一般称为"填房丫头",在《红楼梦》里又称为"副小姐"。诸如雪雁之于林黛玉、莺儿之于薛宝钗、平儿之于王熙凤等便属于此类。一般地说,填房丫头如果面貌姣好、为人灵活,一般也会得到男主人的垂青,从而收房做妾;倘若生有子女,还可以升为姨娘。但是即便做到了姨娘,其本人在法律地位上,依旧只是主家的奴才。她们对于自己的子女,既没有所有权,也没有管教权。所以中国人常说:由丫头做妾容易,由妾做妻却很难——这是因为贵贱之间始终存在着难以逾越的鸿沟。

旧式的大家庭里,女人们之间由于嫉妒、斗争而引发了许许多多的故事。古代小说《金瓶梅》《红楼梦》等便以描写家族内部妇女们之间的微妙关系而见称。《金瓶梅》里的西门庆一家,只有西门庆与吴月娘两个是正式的夫妻。对这一双家长,家里上上下下都以"爹""娘"相称。潘金莲是西门庆的众多姬妾之一,虽然她也被尊称为"五娘",并倚仗西门庆的宠爱在家里作威作福,但她贱户出身的社会地位和飞扬跋扈的行事作风决定了她的命运必然是悲剧性的。因此西门

---

① 参王连儒《〈左传〉所见诸侯婚姻及政治关系考略》,《中国典籍与文化论丛》(第四辑),北京:中华书局,1997,页236。

庆一死,她就被吴月娘卖掉。

《红楼梦》里的贾琏也是一个生活放荡的人,除了正妻王熙凤和王熙凤的"填房丫头"平儿之外,他又勾搭上了他父亲房里的丫头秋桐,同时又在外面偷娶了尤二姐为妾。贾琏的妻子王熙凤是个妒忌心很强又心狠手辣的女人,但是对于贾琏身边的几个女人,她的态度有所不同。平儿为人善良乖巧,又是跟着王熙凤从娘家陪嫁过来的,在人身关系上依附于王熙凤,因此王熙凤对她是接纳的。王熙凤在自己无法再生育之后,甚至还希望平儿能替自己和丈夫生一个儿子。因为平儿是从属于王熙凤的,所以平儿如果生了儿子,同样有利于加强王熙凤在家族中的地位。而对于秋桐,王熙凤是厌恶的;不过秋桐充其量只是贾琏的父亲所赏赐的一个奴才,所以王熙凤对于秋桐又有点不屑一顾。但尤二姐就不一样,尤二姐本来是良家妇女,而且还长得很好看,特别是她后来又怀上了贾琏的孩子——她是真正能夺取贾琏的宠爱进而影响王熙凤地位的人,所以王熙凤对尤二姐面上尊重,骨子里恨得牙痒,一心要除之而后快。总之,这种纷繁复杂的人际关系,必须从婚姻与家庭关系方面来着眼,才看得比较清楚。

三、婚姻观念的演进

人类进入文明社会以后,在婚姻的根本制度与总体观念方面(如一夫一妻制、互相忠诚、维持家庭和睦等等),不分古今中外,大体上都是相同或相通的。但在具体认识上,特别是人们的择偶标准,则因为时代或地域的不同而千差万别。

(一)汉代人的择偶标准

中国自周代开始,在婚姻上便形成了"重礼"的观念,这种观念到汉代时得到了进一步的加强。"重礼"表现在婚姻仪式上,即形成了所谓的"六礼"。"六礼"具体指的是婚礼过程中的"纳采""问名""纳吉""纳征""请期""亲迎"六个环节。这六个环节中除个别可能因时代的不同而稍有变化,总体而言,都离不开"议婚""订婚""成婚"这三大步骤。"纳采"指的是两家通过初步接触,确定婚姻的意向;"问名"则是在"纳采"的基础上,就男女双方的姓名、生辰等进行占卜,确定是否适宜结婚:这两个环节可以称作"议婚"。"问名"的结果,如果是吉利而可以成婚的,这时男方就要正式通知女方,并且送去聘礼,这就是"纳吉"与"纳征",即进入"订婚"的环节。"请期"指的是确定下新娘子过门的日子,而后新郎要亲自往女家迎接,这叫做"亲迎",也就是"成婚"的环节。①

不难看出,要完成全套的"六礼",不仅需要比较长的一段时间,而且还耗费人力和金钱。对于富豪人家来说,办婚礼时不惜一掷千金,造成了很大的浪费;而对于贫苦人家而言,结婚无疑是严重的经济负担。因此汉代的时候,有一些地方出台严格的禁令,要求杜绝婚礼上那些铺张浪费的繁文缛节。针对这种矫枉过正的做法,汉宣帝特意颁发诏旨:

> 夫婚姻之礼,人伦之大者也;酒食之会,所以行礼乐也。今郡国二千石或擅为苛禁,禁民嫁娶不得具酒食相贺召,由是废乡党之礼,令民亡所乐,非所以导民也。②

这意思是说婚姻是很重要的事,婚礼上的各种仪式乃至

---

① 《资治通鉴》(以下简称《通鉴》)卷九五"晋咸康二年"胡三省注:"婚有六礼:一曰纳采者,将为婚,必先媒media其言,乃后使人纳其采择之礼,用雁为贽,取其阴阳往来之义也;二曰问名者,问名以卜其吉凶也;三曰纳吉者,卜于庙得吉兆,复使往告婚姻之事也;四曰纳征,用玄纁,不用雁;五曰请期,由夫家卜得吉日,使人往告之;六曰亲迎,婿往女家御轮三周,御者代之,婿自乘其车而先,以导妇归。"(北京:中华书局,1956,册 7/页 3006)

② 《汉书》卷八《宣帝纪》,北京:中华书局,1962,册 1/页 265。

于饮酒、聚餐,都是人们必要的情感表达;如果把这些正常的礼节完全禁绝了,就会使人们的生活失去应有的乐趣,这不是引导人民的好方法。

当时在邵南这个地方,有一个申姓的女子,她已经和一个农家的青年订了婚。到了要成婚的时候,这个农家青年不想按礼数来操办,就想草草地把婚事办了。申女对此的看法是:"夫妇者,人伦之始也,不可不正。夫家轻我,违制不可以行。"①申女的意思是:夫妻关系是伦理关系的起始点,是不得不端正、不得不重视的。现在这样草率地成婚,表明夫家轻视我,这违背了礼制,所以拒绝完婚。申女不肯嫁到夫家去,并不是因为嫌弃对方是普通的农民家庭,主要是认为夫家对待婚礼的草率态度不合时宜。

从宣帝的诏旨到申女的态度,可以看出,汉代社会对于婚姻关系中的"礼"是相当重视的。在尊重"礼"的前提下,当时的人,特别是汉初的人,其婚姻观念还是比较开放的。汉初有个丞相名叫陈平。陈平小时候家里很穷,到了该成家的时候,富豪人家瞧不上陈平,而贫寒的家庭,陈平又瞧不上人家。当时有一个姓张的富人,他的孙女先后结过五次婚,结果每次婚后不久丈夫就死去。可陈平偏偏就看上了这个结过五次婚的女人。有一次村里举行葬礼,陈平因为家里穷,就去帮着人家办丧事,他每天去得特别早,回来得特别晚,十分卖力。姓张的这个富人正好也参加了葬礼,于是特别看好陈平,事后还一路跟随到陈平的家里。陈平的家穷得连门也没有,就挂了一张破草席;可是姓张的富人却发现陈平家的门前有许多车轮的痕迹,这说明陈平还是结交了很多了不起的朋友。所以这个富人回家以后就对他的儿子说:"我决定要把孙女许配给陈平。"他的儿子很不理解,富人说:"像陈平

---

① 《太平御览》卷五四一"礼仪部二十"引《列女传》,《四部丛刊》影日宫内厅、东福寺、静嘉堂藏宋刊本。

这样品质好的人,难道还会一直受穷吗?"结果真就把孙女嫁给了陈平,还出钱帮助他们完婚,并且告诫自己的孙女,不要因为陈平家里穷,就对人家不尊重。陈平娶了张家的这个孙女以后,经济状况好转了,交往的朋友也越来越多。①

由陈平的婚事可以看到:当时的女子尽管已经结过五次婚,她还是想再结婚,而且也有人愿意和这样的女人结婚(至少陈平本人是喜欢这个女人的)。在这过程中,女方的家人也是积极地帮助他们谋划婚事,而且女方家庭的择偶标准,一点儿也没有降低。②他们最后相中了陈平,完全是因为陈平本人才能出众。在择偶的过程中,重视其人本身的品质与能力,这是明智而正确的。

除了个人品质以外,汉代人的择偶标准是相对多元化的,杨树达曾做过总结:

> 夫家择妇,有以形相者,有以才贤者,有以门第者,有以吉祥者,有以赀财者;妇家择婿有以形相者,有以才贤者……两家门第以相当为主,故有士大夫与宦官为婚姻者则为时讥毁;寒微之家得与士大夫为婚,则必蒙其援助。至汉之末世,著姓不欲与王侯为婚,盖特异之事也。③

"才贤""门第""赀财"都是比较好理解的,这里只解释"形相"与"吉祥"两端。"形相"并不是通常意义上相貌美丽或英俊,而是从"相术"的角度说的。所谓"相术",指的是通过观察分析人的相貌来预测人的前途、命运的一套方法。汉末的陶谦,年轻的时候曾在路上偶遇甘公。甘公一眼就看出陶谦的相貌奇异,于是把他叫住,和他交谈,回家之后就决定

---

① 《史记》卷五六《陈丞相世家》,册6/页2051。
② 参吴景超《两汉寡妇再嫁之俗》,《清华周刊》1932年第37卷第9、10期合刊,页36。
③ 杨树达《汉代婚丧礼俗考》,上海:上海古籍出版社,2000,页4—7。

把女儿许配给陶谦。甘夫人对陶谦并不满意,甘公说:"彼有奇表,长必大成。"①后来陶谦果然做到了徐州牧。甘公选中陶谦,所依据的就是"相术"上的"形相"。

"吉祥"则主要指妇女能生育。汉平帝的母亲卫姬,是卫子豪的小女儿。卫子豪的妹妹替宣帝生了楚孝王,卫子豪的大女儿又替元帝生了平阳公主。汉成帝正是看中卫家的几个女子都嫁入皇室而且都能生育,所以认为"卫氏吉祥",因此替中山孝王选了卫姬为妻。②

(二) 魏晋人的择偶标准

汉代人的择偶标准虽然较多元化,但总体上重视的还是双方当事人的自身条件,同时也能照顾到当事人的意愿,应该说这种婚姻观念还是比较健康的。这背后实际上体现出汉代社会,尤其是西汉的早期和中期,是比较开放且具有活力的。因为当社会条件比较开放而有活力时,普通人也有可能通过不同的途径而获得个人成功;只有在这种情况下,人们在择偶的时候才会更看重对方的自身条件。但到了汉代末年的时候,人们的择偶观念已经悄然变化了:"著姓不欲与王侯为婚,盖特异之事也。"高门大姓如果不愿与王侯将相联姻,那在世人看来,简直不可理解。这说明中国历史已开始进入"门阀社会"的贵族时代。

在标榜阀阅的时代里,人的血统成为决定命运的最主要因素。占据统治地位的贵族,为了世世代代享有高位,总是以婚姻为纽带,攀援其他的大族而排斥普通的庶民。贵族为了确保政治上的利益,就要刻意维护血统上的"纯正"。"高门"与"寒门"之间悬殊的地位,正是通过互不通婚来保证的;

---

① 裴松之《三国志注》引《吴书》,《三国志》卷八《陶谦传》,北京:中华书局,1965,册1/页248。

② 《汉书》卷九七下《外戚传》,册12/页4007—4008。

而婚姻上的这种鸿沟，反过来又加剧了社会阶层的固化。

唯一可以通融的是，普通人家出身的女子，如果条件确实出众，仍存在嫁入豪门的一线希望；而出身高贵的女子，那是宁愿老死在家里，也不能下嫁给"穷小子"的。《世说新语》里记载，安东将军周浚有一次外出打猎赶上下大雨，于是到李家避雨。这时李家的男人都不在，家里只留下女儿络秀和一个女仆。络秀听说有贵人到家里避雨，就和女仆一道杀猪宰羊，为这几十个打猎的人操办饮食。两个女人准备了几十个人的饭食，样样都做得很好，而且安静得一点声音都没有。周浚感到很奇怪，就留心观察络秀，回家之后便正式向李家求亲，要纳络秀为妾。李家人开始并不应允，因为李家毕竟还算富裕，不愿意女儿给人做妾，但络秀却说："我们家现在门户衰微，你们又何必怜惜一个女儿呢，如果我们能够和贵族联姻，将来是会受益的。"络秀嫁到周家后，生下了两个儿子，她后来对儿子说："我之所以屈尊做妾，完全是从家族的利益考虑的，将来如果你们不顾及李家，不与李家联姻，那么我的余生也就没有意义了！"[①]可见，络秀选择给周浚做妾，其出发点完全是基于家族地位的升降。

（三）唐宋人的择偶标准

贵族社会的崩坏，起于隋唐以后在选官上实行科举考试制度。在考试制度之下，世家大族无法再世代垄断高位；通过考试进入仕途，成为年轻人最理想的出路。"取士不问家世"，自然"婚姻不问阀阅"[②]；这种情况下，人们在择偶的过程中逐渐开始看重那些有可能考取功名的青年才俊。

这个时期的婚姻出现了两个新情况：第一是高门大姓主动择取青年才俊为婿。这个"才"指的是"文才"，要能考取功

---

① 《世说新语》卷五《贤媛》，《诸子集成》，上海：上海书店，1986，册 8/页 179。
② 郑樵著，王树民点校《通志二十略·氏族略》，北京：中华书局，1995，上册/页 1。

名而做官。第二是这些青年才子常招赘到女家,夫随妻居。这两点在唐代表现得更突出一些。

高门大姓的小姐不惜倒赔妆奁,下嫁寒门子弟,甚至愿意招女婿上门,其目的当然是寄希望于年轻的读书人能够考取功名,出人头地。而一旦希望落了空,这种婚姻有时就变得很悲剧。著名的诗人李白,年轻的时候为了求取功名,曾经云游四方,后来许相公家以孙女招赘李白,李白在许家一待就是十年。许家之所以招赘李白,当然是因为李白的确是有才学的人。可是李白虽然有才,但他的个性是不适合做官的。他在许家这十年,个人的抱负并没有得到施展,反而终日以酒消愁。李白的妻子早亡,李白对于妻子也心有愧疚,因为许家招赘自己为婿,自己在事业上却有负所望。①

因此宋代有一些高官,干脆就等考试发榜以后,直接从题名录里选择新中的进士以为佳婿。这样的做法,可以说是既保险,也不保险。据说当时有一个新中的少年进士很有风采,被权贵之家看上,于是就有十几个家奴簇拥着这青年来到权贵的府第。这个青年人也不推辞躲避,到了以后,发现围观的人很多,不一会儿有个穿紫袍的高官出来说:"我只有一个独生女,长得不难看,许配给你,你愿意吗?"那青年人鞠躬回答:"小人出身微贱,能投身高门,真是荣幸之至;但此事还须待我回家与妻子商议之后,再来答复您,您看可好?"围观的人们听了这话,都哈哈大笑一哄而散了。②宋代人择偶时,对于考中进士者,可以实行所谓的"三不问",即"不问家世""不问人品""不问婚否"。③这个笑话就是招女婿"不问婚否"的典型。

---

① 参查屏球《由唐人婚姻习俗看李白成名前的家庭生活》,《北京大学中国古文献研究中心集刊》(第七辑),北京:北京大学出版社,2008,页658—674。
② 《说郛》卷三二引《玉匣记》,文渊阁本《四库全书》。
③ 参张邦炜《宋代婚姻家族史论》,北京:人民出版社,2003,页65。

(四) 明清人婚姻观念的变化

宋代以后,特别是明清时期,人们在婚姻观念上的突出变化是对于女性"贞操"的过分提倡,特别是表现在反对丧偶女性再婚这一方面。这一观念始于南宋理学家程颐所说的:"饿死事极小,失节事极大。"①

其实中国历代的法律都不禁止妇女再嫁,这是因为大多数妇女没有独立的经济来源,丧偶之后容易在生活上失去依靠。但是明清以后,不论是政府还是社会,对于那些丧偶而不再婚的妇女,事实上又多有嘉奖或提倡。在这种风气之下,那些再婚的妇女便受到了严重的歧视。

《儒林外史》里王玉辉的女儿的丈夫早死,王玉辉的女儿认为丈夫死了自己还活着,要靠别人来养活,成了个负担,因此竟萌生了为丈夫"殉节"的想法。她的公公和婆婆都认为她发了疯,不同意她寻死;而作为父亲的王玉辉,竟然很支持女儿的想法,认为"这是青史上留名的事"。王玉辉的女儿绝食自杀之后,县里为她建了烈女祠,亲友、邻居竟然也以此为荣,摆了酒席要替王玉辉庆祝,"王玉辉到了此时转觉心伤,辞了不肯来"。②小说借此写出了扭曲荒谬的社会道德所造成的真实而变态的人性。

类似王玉辉父女这样的人,在明清两代还有不少,但是从长时段看来,这种婚姻观念只是阶段性的存在。而且即使是在这种观念最为盛行的明清两代,也仍有人敢于提出不同的看法。

袁枚的妹妹从小与袁枚在一起读书,听了许多"节义"之事。无奈遇人不淑,与她定有婚约的未婚夫是个赌徒恶棍。

---

① 《二程遗书》卷二二下,上海:上海古籍出版社,2000,页356。
② 《儒林外史》第四十八回《徽州府烈妇殉夫》,长沙:岳麓书社,1988,页298—299。

袁枚的妹妹明知如此,却为了恪守"贞节",不顾家人的反对,非要嫁给这个恶徒。婚后果然饱受虐待,不幸早亡。袁枚在《祭妹文》中说:

> 予幼从先生授经,汝差肩而坐,爱听古人节义事。一旦长成,遽躬蹈之。呜呼!使汝不识《诗》《书》,或未必艰贞若是。①

袁枚非常后悔让妹妹读书,使其接触到一些陈腐的观念。袁枚甚至还认为,即使是"失节"的妇人,在地狱里判的罪也不会很重,其理由是:

> 况古来周公制礼以后,才有妇人从一而终之说。试问未有周公以前,黄、农、虞、夏,一千余年,史册中有妇人失节者为谁耶?②

这就回到我们开篇时所说的,人们对于婚姻的种种观念是在历史过程中逐步形成的,如果上溯到三千年以上,后代关于婚姻的那些礼法、禁忌或观念就都完全不存在了。当然,三千年前的情况并不能成为后来"失节"的理由,不过,历史地来看待这个问题,是会更透彻一些的。

【主要参考文献】

1. 恩格斯《家庭、私有制和国家的起源》,北京:人民出版社,1954。
2. 陈顾远《中国婚姻史》,上海:商务印书馆,1936。
3. 杨树达《汉代婚丧礼俗考》,上海:上海古籍出版社,2000。
4. 阴法鲁、许树安《中国古代文化史》第十二章"中国古

---

① 袁枚《小仓山房文集》卷一四,《小仓山房诗文集》,上海:上海古籍出版社,1988,册3/页1435。
② 袁枚《续子不语》卷一〇《淫谄二罪冥责甚轻》,长沙:岳麓书社,1986,页173。

代婚姻制度的发展"(分章作者:向仍旦),北京:北京大学出版社,1991。

5. 岳庆平《中国文化通志·婚姻志》,上海:上海人民出版社,1998。

6. 宁稼雨《〈世说新语〉中的世族婚姻观念》,《中国典籍与文化论丛》(第六辑),北京:中华书局,2000。

【阅读与思考】

请根据这段材料,简述宋代婚礼的主要过程。

娶 妇

凡娶媳妇,先起"草帖子"。两家允许,然后起"细帖子",序三代名讳、议亲人、有服亲[1]、田产、官职之类。次檐"许口酒"[2],以络盛酒瓶,装以大花八朵、罗绢生色或银胜八枚,又以花红缴檐上[3],谓之"缴檐红",与女家。女家以淡水二瓶、活鱼三五个、箸一双,悉送在元酒瓶内[4],谓之"回鱼箸"。或下"小定""大定"[5]。

或相媳妇与不相[6]。若相媳妇,即男家亲人或婆往女家。看中,即以钗子插冠中,谓之"插钗子"。或不入意,即留一两端彩段,与之"压惊",则此亲不谐矣。

其媒人有数等:上等戴盖头[7],着紫背子[8],说官亲宫院恩泽[9];中等戴冠子,黄包髻[10],背子,或只系裙,手把青凉伞儿。皆两人同行。

下定了,即旦望媒人传语[11]。遇节序,即以节物、头面、羊酒之类追女家,随家丰俭,女家多回巧作之类。次下财礼。次报成结日子。次过大礼。先一日,或是日早,下催妆冠帔、花粉[12],女家回公裳[13]、花幞头之类[14]。前一日,女家先来挂帐,铺设房卧,谓之"铺房"。女家亲人有茶酒利市之类[15]。

至迎娶日,儿家以车子或花檐子发迎客,引至女家门。

女家管待迎客，与之彩段。作乐催妆上车。檐从人未肯起[16]，炒咬利市，谓之"起檐子"，与了然后行。迎客先回至儿家门。从人及儿家人乞觅利市、钱物、花红等，谓之"拦门"。

新妇下车子，有阴阳人执斗[17]，内盛谷豆、钱、果、草节等，咒祝望门而撒，小儿辈争拾之，谓之"撒谷豆"[18]，俗云厌青羊等杀神也[19]。

新人下车檐，踏青布条或毡席，不得踏地。一人捧镜倒行[20]，引新人跨鞍蓦草及秤上过。入门，于一室内当中悬帐，谓之"坐虚帐"。或只径入房中，坐于床上，亦谓之"坐富贵"。其送女客急三盏而退，谓之"走送"。

众客就筵三杯之后，婿具公裳，花胜簇面[21]，于中堂升一榻。上置椅子，谓之"高坐"。先媒氏请，次姨氏或妗氏请[22]，各斟一杯饮之，次丈母请，方下坐。

新人门额用彩一段，碎裂其下，横抹挂之。婿入房，即众争搚小片而去[23]，谓之"利市缴门红"。婿于床前请新妇出，二家各出彩段绾一同心[24]，谓之"牵巾"。男挂于笏，女搭于手。男倒行出。面皆相向，至家庙前参拜毕。女复倒行扶入房讲拜。男女各争先后，对拜毕，就床。女向左，男向右坐。妇女以金钱彩果散掷，谓之"撒帐"。男左女右，留少头发，二家出匹段、钗子、木梳、头须之类，谓之"合髻"。然后用两盏以彩结连之，互饮一盏，谓之"交杯酒"[25]。饮讫，掷盏并花冠子于床下。盏一仰一合，俗云大吉，则众喜贺。然后掩帐讫。宫院中即亲随人抱女婿去，已下人家即行出房，参谢诸亲，复就坐饮酒。

散后次日五更，用一卓盛镜台、镜子于其上，望堂展拜，谓之"新妇拜堂"。次拜尊长、亲戚，各有彩段、巧作、鞋枕等为献，谓之"赏贺"。尊长则复换一匹回之，谓之"答贺"。

婿往参妇家，谓之"拜门"。有力能趣办，次日即往，谓之"复面拜门"。不然三日、七日皆可，赏贺亦如女家之礼。酒散,女家具鼓吹、从物,迎婿还家。三日,女家送彩段、油蜜蒸饼,谓之"蜜和油蒸饼",其女家来作会,谓之"暖女"。七日则取女归,盛送彩段、头面与之,谓之"洗头"。一月则大会相庆,谓之"满月"。自此以后,礼数简矣。

——孟元老《东京梦华录》卷五(邓之诚《东京梦华录注》)

【注释】

[1] 有服亲:"五服"之内的近亲。旧时的丧服制度,根据与死者血缘关系的亲疏,分为斩衰、齐衰、大功、小功与缌麻等五种,称为"五服"。"五服"之内的戚属为近亲,需要死者服丧,是为有服亲。

[2] 檐:通"擔(担)",用肩挑,下同。

[3] 花红:插金花、披红绸表示喜庆;又引申为办喜事时赏赐的钱物,如下文"从人及儿家人乞觅利市、钱物、花红等"。

[4] 元:原,原来。

[5] 或下"小定""大定":伊永文认为"小定"即"过小帖",又叫"文定",也就是前文说的用"细帖子"列明双方的家世与家产,约束双方恪守婚约;"大定"即"过大礼",也就是上文说的,男家送去花红彩礼,女家回礼。① 这一段介绍的是"议亲"的程序,在这个环节中,双方既可以只用文约"小定",也可以直接过礼"大定"。

[6] 或相媳妇与不相:有的男方会提出相看的要求,也有不相看的。

[7] 盖头:宋代的妇女外出时披的用整幅方巾缝制的类似风帽一样的首服,用以遮蔽面部。周煇《清波别志》卷中:"士大夫于马上披凉衫,妇女步通衢,以方幅紫罗遮蔽半身,俗谓之盖头。"

[8] 背子:宋代新出现的服装样式,直领对襟的外衫,前后衣裾不缝合,两侧衣衩缝一直开到腋下,男女皆可穿用。

[9] 说官亲宫院恩泽:专门为皇家说亲的。赵彦卫《云麓漫钞》

---

① 《东京梦华录笺注》,北京:中华书局,2006,页485。

卷七:"皇子之居,谓之某王宫;王子则分院,世俗目之曰官院(或本作"宫院")。

［10］包髻:发髻梳成之后,用绢帛包裹起来,并用珠花点缀。

［11］旦望:"旦"指每月初一,"望"为每月十五日。这是说"下定"了之后,逢初一或十五,媒人来传话。

［12］催妆:婚礼之前,男方以多种形式催请女方。这里"下催妆冠帔、花粉"指的是送去新娘梳妆所需的服冠、花钿、脂粉等,意为催促新娘尽快打扮。下文的"催妆上车"指的是催促新娘尽快登车,《酉阳杂俎》卷四云:"迎新妇,夫家百余人,挟车俱呼曰:'新妇子催出来!'其声不绝,登车乃止,今之催妆是也。"

［13］公裳:这里指参加婚冠礼仪活动时所穿的礼服。

［14］幞(fú)头:古时的一种头巾,其具体样式详见本书第五章。

［15］利市:吉利、幸运,这里指为图吉利而发的赏钱,今俗称"红包"。

［16］"檐从人未肯起"四句:大意是担轿子的人不肯起轿,吵着要赏钱,这叫做"起檐子",给了红包以后才肯走。

［17］阴阳人:巫师、术士。

［18］撒谷豆:新娘下车后,有术士拿着盛有谷豆、钱、果、草节的斗,一边念咒祝颂,一边将谷豆等撒在门口,孩子们都来争抢,这是为了制服杀神(又称煞神)。高承《事物纪原》卷九:"汉世京房之女,适翼奉子。奉择日迎之,房以其日不吉,以三煞在门故也。三煞者,谓青羊、乌鸡、青牛之神也。凡是三者在门,新人不得入,犯之损尊长及无子。奉以谓不然,妇将至门,但以谷豆与草禳之,则三煞自避,新人可入也。自是以来,凡嫁娶者,皆置草于门阃内,下车则撒谷豆。既至,蓐草于侧而入,今以为故事也。"

［19］厌(yā):厌胜,巫术的一种,通过念咒制服鬼神。

［20］捧镜倒行:有人捧着镜子,照着新娘,倒退着走。古人认为镜子有驱邪的功用,《抱朴子·登涉》云:"万物之老者,其精悉能假托人形,以眩惑人目而常试人,唯不能于镜中易其真形耳。"意即凡年代比较旧的东西,其精魂都有可能变化为人形以惑人耳目,但

用镜子一照,它的真实形貌就无法改变了。

[21]花胜:一种首饰,剪彩为之。

[22]妗(jìn)氏:舅母。

[23]撦(chě),同"扯"。

[24]二家各出彩段绾(wǎn)一同心:男女双方家庭各自拿出彩缎,盘成"同心结"。

[25]交杯酒:古代"珓(jiào)杯"或"杯珓"的谐音。珓是用来占卜的工具,将两片蚌壳(或竹木等工具)向空抛掷,落地后如果一正一反,则表示吉利。故下文说,喝完"交杯酒"后,要将酒盏抛在床下,如果一仰一覆,就表示大吉。

第二章　青铜器与古代礼乐文明

"青铜时代"的说法，始于丹麦国家博物馆的汤姆森（Christian Jürgensen Thomsen）。自从汤姆森把博物馆的藏品按着"石器——青铜器——铁器"的时代顺序加以归类、布展之后，"石器时代""青铜时代""铁器时代"的学说在全世界范围内大行其道，成为通用的历史分期的办法。

成书于东汉的《越绝书》里有一篇《记宝剑》，其中写到楚王和一个叫风胡子的人之间的对话，对话里恰好也有些地方和汤姆森的理论接近。对话的起因是楚王得到了几柄绝世的宝剑，他问风胡子："剑不过就是铁做的，为什么能有如此的威力呢？"风胡子回答："顽铁之所以能生威，力量源于其使用者。"风胡子解释说："在远古三皇的时代，人们'以石为兵'，砍伐树木，建造宫室。普通的石器因为遇到了圣明的君主而发挥了巨大的作用，三皇死去之后，石器雪藏不用。到黄帝时，'以玉为兵'。玉是上天所赐的神物，神物只有到了圣主的手里才能发挥出神力。黄帝死后，这些玉器也被雪藏了起来。大禹治水时是'以铜为兵'，凿开了伊阙，疏通了龙门，引导江河流入东海，不也是因为神器与圣主相得益彰，才显出威力吗？现在大王仗着手中的宝剑，威震三军，天下没有谁敢不服从的，这固然是凭借了铁剑的神威，同时更倚重了大王的圣德。"①

风胡子这些话本来只是为了吹捧楚王而说的。但其中根据制造物材质的不同,把中国上古史划分为"以石为兵""以玉为兵""以铜为兵""以铁为兵"四个阶段的思路和汤姆森的学说十分类似。当然,风胡子以三皇、黄帝、大禹为坐标来划分时代,并不符合历史实际。

《越绝书》中提到古人"以石为兵",砍伐树木,建造宫室,或者"以铜为兵",凿山引水。这里的"兵"显然是指生产工具。而在"铁器时代",风胡子举出的是楚王的铁剑。恩格斯说过,在野蛮时代的高级阶段,"一切开化民族都在这个时期经历了自己的英雄时代——铁剑时代,但同时也就是铁犁与铁斧时代"②。不论是青铜时代还是铁剑时代,生产工具和武器都是具有标志性的制造物。

风胡子所举的制造物中,比较特殊的是玉。玉不是生产工具,而是礼器,是人们身份和地位的象征。玉的硬度很高,不论是开采还是加工,都费时费力,因此价值昂贵。好的玉器坚韧而剔透,光照之下洁白无瑕,敲击时发出悦耳动听的声音,又有温润柔和的手感;因此玉具有人格化的象征意义,就好像是风度翩翩的君子一样。更重要的是,如风胡子所说,玉被看作是上天赐予的、能够沟通天与人的关系的神物。由于这些因素,古人很看重玉,"君子无故,玉不去身;君子于玉,比德焉。"③《越绝书》把玉器作为一种比石器质地更为坚硬、加工更为精细的器物单列了出来,并赋予它文化史上标志性的意义,应该说是独具慧眼的。

简而言之,风胡子所举的器物中,既有生产工具,有武器,还有礼器:这些制造物具象地反映出中国早期文明的特

---

① 《越绝书》卷一一《记宝剑》,《四部丛刊》影明双柏堂刊本。
② 《家庭、私有制和国家的起源》,页156。
③ 《礼记注疏》卷三〇,《十三经注疏》,下册/页1482。

点。就生产工具而言,石器、铜器、铁器缓慢地迭代演进;与此同时,社会朝着一个既有高度礼乐文明,又充满暴力战争的方向发展——其实"礼乐"与"战争"本来也就是一个铜钱的两面。

中国的青铜时代,就是在这样的背景下拉开帷幕的。

一、青铜兵器

《左传》里说:"国之大事,在祀与戎。"[①]"祀"指的是祭祀,"戎"指的是战争:这是上古时代国家生活中最重要的两件事。中国的青铜时代并不以大规模使用铜制生产工具为特征,真正能体现中国青铜时代的社会特征并代表中国古代青铜制造工艺最高水准的是礼器和兵器。

青铜兵器的出现,意味着更有战斗力的军队的建立,这使得青铜器可以直接影响社会的政治。[②]春秋鲁僖公十八年(前642),郑伯朝见楚王,楚王"赐之金",也就是青铜。但楚王很快就后悔了,便与郑伯盟约:"无以铸兵。"要求郑国不要用这些青铜铸造兵器,郑伯于是将这些青铜铸成了三口钟。[③]这说明当时各诸侯国对青铜兵器都格外重视。

《越绝书·记宝剑》中曾以瑰丽宏伟的想象描绘出欧冶子铸造青铜宝剑时的情景:

> 当造此剑之时,赤堇之山破而出锡,若耶之溪涸而出铜。雨师扫洒,雷公击橐,蛟龙捧炉,天帝装炭,太一下观。天精下之,欧冶乃因天之精神,悉其伎巧,造为大刑三、小刑二。[④]

[①] 《春秋左传正义》卷二七,《十三经注疏》,下册/页1911。
[②] 朱凤瀚《中国青铜器综论》,上海:上海古籍出版社,2009,上册/页24。
[③] 《春秋左传正义》卷一三,《十三经注疏》,下册/页1809。
[④] 《越绝书》卷一一《记宝剑》。

欧冶子铸剑时，赤堇之山崩坏，露出锡矿；若耶溪水干涸，现出铜矿——青铜正是锡与铜这两种金属的合金。按照《越绝书》的说法，欧冶子所造的剑，凝聚了天地的精华，是鬼斧神工的制作。雨师前来洒水，雷神帮助鼓风，蛟龙护住火炉，天帝亲自添炭，太一神从上界俯视下方。上天的精神附着在欧冶子的身上，欧冶子用尽平生的本事，才造出了五柄宝剑。春秋时期，吴越两国的铸剑工艺最高。1965 年湖北江陵出土的刻有"越王鸠浅（勾践）自作用剑"铭文的青铜剑，因为深埋墓中，与空气隔绝，所以保存完好，时隔数千年，仍然锋利无比，毫无锈迹。可见古书上对于越国造剑工艺的赞许，并不全是溢美之辞。

剑是近距离的格斗兵器，比剑更短小的是匕首，可用于防身或行刺。春秋时吴国的公子姬光（即后来的吴王阖闾）为了刺杀姬僚，假意设宴款待姬僚。姬僚内穿三重"棠铁之甲"，命亲信执戟在身旁护卫。刺客专诸将名为"鱼肠剑"的匕首藏在炙鱼的腹中，就在献鱼之际，用匕首刺死了姬僚。匕首"贯甲达背"，可见其锋利的程度。①

用于远距离攻击的兵器，主要有戈、矛、戟、钺等。古代兵书《尉缭子》中曾说："杀人于百步之外者，弓矢也；杀人于五十步之内者，矛戟也。"②意思是弓箭能在百步之外，取人性命；而五十步之内的格杀，所用的兵器主要是矛与戟。《尚书·牧誓》中有"称尔戈，比尔干，立尔矛"的说法③，意思是"举起你的戈，排开你的盾，拿好你的矛"。可见商代军队中已普遍使用戈、矛、盾等兵器。

戈是由称为"柲"的木柄和戈头组成的。戈头的两侧有刃，横置时平直的外刃称为"援"，内侧弧形弯折的刃口称为

---

① 《吴越春秋》卷三《王僚使公子光传》，《四部丛刊》影明弘治邝璠刻本。
② 《尉缭子》卷一《制谈》，文渊阁《四库全书》。
③ 《尚书正义》卷一一，《十三经注疏》，上册/页 183。

"胡",戈头与柲相连接的部分,称为"内"。"援"的末端锐利如剑锋,形似鸟喙,在进击时可用于"啄"。"胡"则形似镰刀,可用于"勾"。①从形制上看,戈很可能是由镰刀类的工具发展来的。汉字中,许多与战争有关的会意字或形声字,都以"戈"做偏旁,如"武""战""戍"等。

矛是两侧开刃、前有锐利尖锋的格斗兵器,主要用于刺击。盾则是用于防卫的护具。《韩非子》中有一个著名的寓言:

> 楚人有鬻楯与矛者,誉之曰:"吾楯之坚,物莫能陷也。"又誉其矛曰:"吾矛之利,于物无不陷也。"或曰:"以子之矛,陷子之楯,何如?"其人弗能应也。②

这个楚国人号称自己的长矛无坚不摧,又说自己的盾牌无人可破。于是便有人质问他:"用你的矛攻你的盾,会怎样呢?"此即成语"自相矛盾"或"自相戈盾"的出处。

戟是戈与矛的结合体(故也有将戈称为"平头戟"的③),它既可以像矛一样向前刺击,又可以像戈一样,回手勾啄,战斗力更强。矛、戟的长柄或称为"矜"。秦始皇二十六年(前221),曾下令将天下的兵器收聚咸阳,铸成铜钟、金人。陈胜、吴广起义时,"斩木为兵,揭竿为旗",没有旗帜,就举起竹竿来代替,没有兵刃,便"锄櫌棘矜"④,即用锄头或是枣木棍充当兵器。

钺是长柄阔刃的大斧。钺不仅是兵器,还是权力的象征物。古文"王"字即象斧钺之形——谁掌握了斧钺,谁就掌握了杀伐的权力。殷墟妇好墓中,曾出土铸有"妇好"铭文的青铜大钺。妇好是商王武丁的配偶,又是善战的女统帅,陪葬

---

① 黄伯思《东观余论》卷上《铜戈辩》,文渊阁本《四库全书》。
② 《韩非子集解》卷一五《难一》,《诸子集成》,册 5/页 265。
③ 《说文解字》卷一二下《戈部》,扬州:江苏广陵古籍刻印社,1996,页 266。
④ 《史记》卷六《秦始皇本纪》,册 1/页 280—281。

的大钺昭示了她生前的权力与身份地位。

二、青铜礼器

现存青铜器中最大宗的还是礼器。所谓礼器,指的是在祭祀、丧葬、婚聘、朝会、宴飨等礼仪活动中所用的器物。下面有重点地介绍一些比较常见的青铜礼器。

在介绍之前,我们有必要对青铜器的分类与定名做个简单的说明。对青铜器进行分类与定名,是从宋代人开始的。宋代人命名古器的依据主要有两点:第一是"古器自载其名"的,也就是器物上有铭文明确标示器名的,如钟、鼎、鬲、甗等。第二是宋代人根据前代文献的记载,再结合器物的形状、大小比例等来确定名称的,如爵、觚、觯、角、斝等。① 比较起来,第一种有"自名"的当然更为可靠一些,因为"自名"最接近于历史的真实。不过,"自名"也并不是完全没有问题,因为有时候也会出现同一类的器物有不同的"自名",而同样的"自名"又指向不同器物的现象。用第二种方法所命名的,其可靠性虽然稍差一点,但是由于约定俗成,多数器名也就沿用了下来。

至于分类,各家的标准并不一致,但大多数学者都倾向于分类的第一原则应当依据器物的用途。根据用途,我们大致可以将青铜器划分为容器、乐器、兵器、工具、车马器、杂器等六大类。②下面所说的礼器,从用途上说,主要指的是各类的容器。

---

① 王国维《观堂集林》卷三《说觥》:"凡传世古礼器之名,皆宋人所定也。曰钟、曰鼎、曰鬲、曰甗、曰敦、曰簠、曰簋、曰尊、曰壶、曰盉、曰盘、曰匜、曰盦,皆古器自载其名,而宋人因以名之者也;曰爵、曰觚、曰觯、曰角、曰斝,古器铭辞中均无明文,宋人但以大小之差定之,然至今日仍无以易其说,知宋代古器之学,其说虽疏,其识不可及也。"(北京:中华书局,1959,上册/页147)

② 这是朱凤瀚《中国青铜器综论》一书所用的分类方法,见上册/页81—82。

(一) 食器

1. 鼎

《说文》中对鼎的解释是:"三足两耳,和五味之宝器也。"①"三足两耳",描述了鼎的最基本的形制;"和五味之宝器"则指明了鼎的用途和性质。

《淮南子·说山训》里有"尝一脔肉,知一镬之味"的说法。"镬"是锅的意思,煮了一整锅的肉,只要取其中的一小块来尝一尝,就知道一整锅的味道如何。高诱对"镬"的解释是"有足曰鼎,无足曰镬"②,鼎就是有脚的锅,是可以用于烹煮的。现在考古发现的一些形体较小的鼎,其底部带有烟炱的痕迹,说明确实是在火上煮过东西的。《周礼·天官篇》又说:"亨人,掌共鼎镬,以给水火之齐。"郑玄对"鼎"和"镬"的解释是:"镬所以煮肉及鱼腊之器,既孰乃脀于鼎。"③也就是说,镬是用来煮肉或煮鱼的,东西煮熟了以后,则陈设于鼎中。按照这个解释,鼎既是烹煮器,又是盛食器。

鼎是商周青铜器中最重要的器类之一,直到后世,仍以"钟鸣鼎食"来描绘富豪之家的生活。鼎不仅频见于祭祀、宴飨等礼仪活动中,在贵族的墓葬中,鼎又常以奇数组合成套出现。按《春秋公羊传注疏》的说法:"礼祭:天子九鼎,诸侯七,卿大夫五,元士三也。"④墓葬中经常可以见到的一整套形制完全相同而大小依次递减的鼎,列鼎数目的多少,直接显示出墓主人的身份。不过在春秋战国时期,不按照礼制规定,在墓葬中出格地使用更多数量的鼎来陪葬的现象时有发生,这反映出当时"礼崩乐坏"的政治局面。

---

① 《说文解字》卷七上《鼎部》,页143。
② 《淮南子》卷一七《说山训》,《诸子集成》,册7/页285。
③ 《周礼注疏》卷四,《十三经注疏》,上册/页662。
④ 《春秋公羊传注疏》卷四,《十三经注疏》,上册/页2214。

鼎不仅是"宝器",更是"国之重器",是国家政权的代称。《墨子·耕柱篇》中曾有"九鼎既成,迁于三国"的谶言①,象征夏朝政权的"九鼎",将随着夏、商、周三代政权的兴替而播迁——因此"鼎革"或"鼎迁"后来成为江山易主、政权变迁的同义语。春秋鲁宣公三年(前660),楚王讨伐陆浑之戎,在周天子的王畿附近耀武扬威。周天子十分紧张,派王孙满犒劳楚军,楚王便趁机向王孙满询问鼎的大小和轻重,表露出想取周天子而代之的野心②。因此"问鼎"一词,又成为夺取政权的代称。

图 2-1　鼎③

2. 鬲

和鼎一样,鬲也是较有中国特色的器类。鬲最突出的特

---

① 《墨子间诂》卷一一《耕柱》,《诸子集成》,册 4/页 256。
② 《春秋左传正义》卷二一,《十三经注疏》,下册/页 1869。
③ 本章插图作者为林正中。

征是有三个中空的袋状足。《汉书·郊祀志》中说:"(鼎)空足曰鬲",旧注说:"鬲音历,足中空不实者,名曰鬲也。"①这里指出了鬲与鼎的一个区别:鬲是空足的,鼎多数则是实足的。鬲与鼎的另一区别之处在于:鼎除"三足两耳"之外,还有"鼓腹"的特点,鼎的腹部是明显的,可以与足部区分开来,而鬲的腹部和足部是连成一体的,无法截然区分开来。②鬲的"空足"和"腹足不分"的外形特点,有利于增加其炊煮时的受热面积。

鬲的起源很早。考古所见的实物中,有新石器时代晚期的陶鬲。《说苑·反质篇》中记载了一段与鬲有关的故事:

> 鲁有俭者,瓦鬲煮食,食之而美,盛之土铏之器,以进孔子。孔子受之,欢然而悦,如受太牢之馈。弟子曰:"瓦甒,陋器也;煮食,薄膳也。而先生何喜如此乎?"孔子曰:"吾闻好谏者思其君,食美者念其亲;吾非以馔为厚也,以其食美而思我亲也。"③

有个鲁国的贫民,用土制的瓦鬲煮东西,煮出来的东西味道很好,还献给孔子享用。孔子吃得很高兴,就像是得到了珍贵的祭肉一样。弟子们都瞧不上这样粗糙的器皿与伙食,反问孔子为什么吃得这么高兴。孔子的回答是:"人们在吃到美食的时候,首先会想到与最亲近的人分享。我并不是觉得这食物有多么丰厚,我看重的是他们拿我当作亲人,愿意和我共享美食的那份情谊。"

从这个故事可以看出,青铜鬲的前身陶鬲(或"瓦鬲")在早先是一种非常普通的炊具。后代所说的礼器,就是从日常生活中这些实实在在的炊具分化、发展出来的。孔子的弟子

---

① 《汉书》卷二五上《郊祀志上》,册4/页1225、1226。
② 《中国青铜器综论》,上册/页112。
③ 《说苑》卷二〇《反质》,《四部丛刊》影明钞本。

们,只看到瓦鬲粗糙的外形,认为用土制的器皿来招待孔子,显得有些失礼;而孔子看到的是更为本质的东西。《论语·八佾篇》记载,林放曾经问孔子:"礼的本质是什么?"孔子的回答是:"礼,与其奢也,宁俭;丧,与其易也,宁戚。"①在礼仪方面,与其奢侈浪费,毋宁俭朴节约;参加丧礼的时候,与其表面周到,不如流露出悲伤的真情。《说苑》里孔子说的话,和《论语》里孔子对林放所表述的观点是吻合的,反映出孔子对"礼"的根本性的看法。

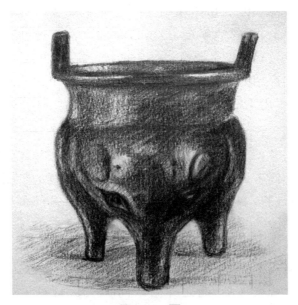

图 2-2　鬲

《说文·鬲部》中还记载了一种"三足釜也,有柄、喙"的"鬵"②。这种叫做"鬵"的器物,在考古发现的新石器时代晚期的实物中也能见到,是一种可以用来烧水或者煮粥的三足炊具。和鬲一样,鬵的主体部分也是三个袋状足;所不同者,

---

① 《论语注疏》卷三,《十三经注疏》,下册/页 2466。
② 《说文解字》卷三下《鬲部》,页 62。

三个袋状足向上直接与器体的颈部相连,器口有折角分明的"流"(即《说文》中说的"喙"),便于倾泻;其中的一个袋足又连接有弧形的"鋬"(即《说文》中说的"柄"),便于使用者抓持。很明显,"鬶"是由鬲进一步发展来的。

3. 甗

甗也是由鬲发展来的一种器型,甗的下部是鬲,上部接连敞口的"甑",二者的中间放置一个圆形有孔的薄片,称为"箅"。殷墟妇好墓出土的甗中,还有上部的"甑"与下部的"鬲"分置的。甗的功用相当于今天用的蒸锅。"甑"是用来放置食物的,下部的鬲用来烧水,热的水蒸气透过"箅"上的气眼把食物蒸熟。

以上介绍的几种属于食器中的烹煮器,下面介绍几种设食器,即专用于盛放食品之器。

4. 簠、簋

簠与簋都是用来盛放黍、稷、稻、粱等主食类食品的器具。所不同者,簠是方体的,簋是圆体的①。簋的形制圆形似碗,侈口鼓腹,多有双耳,多有圈足或方座。簠的盖与身均为完全对称的斗形,平底平顶,四面斜壁笔直平坦,棱角突折。簋通常认为也就是礼器中的"瑚"或"胡"。《礼记·明堂位》载:"有虞氏之两敦,夏后氏之四琏,殷之六瑚,周之八簋。"郑玄注云:"皆黍稷器,制之异同未闻。"②又《诗经·小雅·伐木》有"陈馈八簋"的说法;传云:"圆曰簋,天子八簋。"③在祭

---

① 《周礼注疏》卷一六:"凡祭祀共簠簋,实之陈之。"郑玄注:"方曰簠,圆曰簋,盛黍稷稻粱器。"(《十三经注疏》,上册/页749)《说文》卷五上《竹部》:"簠,黍稷方器也,从竹从皿从甫声。"(页97)按《周礼》郑注的说法,簠是方的,簋是圆的;《说文》的观点正好与郑玄相反。容庚《商周彝器通考》:"簠簋方圆,许郑之说不同。然二器一方一圆,断无疑义。今所见臣(引者按:字通"簠",下同)皆方,无一圆者;所见殷(字通"簋")皆圆,无一方者,知郑说为不谬。"(上海:上海人民出版社,2008,页252)

② 《礼记注疏》卷三一,《十三经注疏》,下册/页1491。

③ 《毛诗正义》卷九之三,《十三经注疏》,上册/页411。

祀活动中,主要用于放置肉类食物的鼎,常以奇数组合成套出现;而用以盛放主食的簠簋,则以偶数组合配合出现。簠簋和鼎一样,也是礼器中的重器。《左传》记载:

> 孔文子之将攻大叔也,访于仲尼。仲尼曰:"胡簋之事,则尝学之矣;甲兵之事,未之闻也。"(杜预注:胡簋,礼器名,夏曰胡,周曰簋。)①

孔文子在发动战争前征询孔子的意见,孔子的回答是:"若要问祭祀中簠簋摆放的问题,我曾学过;军事方面的事,却从没学过。"这显然是间接地表示不认可孔文子的军事行动。孔子说的"胡簋之事",代表的是一整套的礼乐制度。古代大臣因不廉政而罢职的,不直说贪污腐化,而采用一种文雅的说法,叫做"簠簋不饬"②。这都说明了器物可以代表制度,礼器就是礼制的载体。

图 2-3　簋

5. 盨

盨的用途与簠簋相同,其外形则同时结合了簋与簠的特征。盨的外形椭方,敛口鼓腹,盖可仰置盛物,但盖的大小要

---

① 《春秋左传正义》卷五八,《十三经注疏》,下册/页 2167。
② 《汉书》卷四八《贾谊传》,册 8/页 2257。

比器身小得多。由于盨"有四隅而刌之",即虽有四隅,但已不见棱角,磨成了流线型,因此宋代图录中也有将盨著录为簋的①。由于盨是较晚出的一种器形,只行用于西周晚期,春秋战国时期便不再出现,因此以往学者少有能说清楚的。直到近代的容庚才将盨与簋区别开来:盨"其形长方而圆其四角,两旁有耳,下有圈足;上有盖,盖上有四足如矩形。有圈足旁有四兽首下垂为足者,有附耳四足者,有长方者。"②

图 2-4 盨

6. 敦

在礼书与宋人的图录中,敦(作礼器器名时读"对"音)与簋是通用的,其用途也与簋相同。③宋人又认为:"敦与簠簋容

---

① 如吕大临《考古图》卷三之"叔高父旅簋""小子师簋"等,皆为盨。(《考古图·续考古图·考古图释文》,北京:中华书局,1987,页55、58)
② 《商周彝器通考》,页277—278。
③ 《考古图》卷三"散季敦":"此图所载敦,形制不一:有如鼎三足,腹旁两耳,大腹而卑,耳足皆有兽形,其盖有圈足,却之可置诸地者,如散季敦、郘敦、伯庶父敦;有如尊而夹腹,两耳圈足者;有如盂而高,圈足无耳者,戠敦是也;有略如散季敦而圈足,足下又连一圈,高三寸许者,牧敦是也。"以上这些敦中的绝大多数都可以归为"簋"。(《考古图·续考古图·考古图释文》,页40)

受虽同,上下内外皆圆为异。"①目前学界习惯将上下对称为两个半圆,各有双耳、三个短足,合成为一球体,分开各可仰置盛物者称为敦,俗称为"西瓜鼎"。《考古图》中著录有一件"三牛敦","盖伏三牛以为足,蟠三蛟以戏于中"②,圆盖上铸的三只牛,不仅有装饰作用,把上盖翻过来之后,三只牛又可变为三只支撑的脚。这件"三牛敦"径长九寸,高五寸半,接近半圆,遗憾的是只有上盖存世,难以推知其全器的样式。

7. 豆、笾

豆是盛放腌菜、肉酱等调味品的器具,上部为圆盘或碗形的盘,高圈足,或有盖。另有一种上部为直壁外沿的浅盘,而足部镂空作花纹状,且有铭文自名为"甫"或"铺"的,学者们认为即典籍所载之"笾",是专用来盛放干果、干肉的。③《尔雅·释器》说:"竹豆谓之笾。"④可见笾最初是从豆分化出来的。笾和豆一样,新石器时代即已出现有陶制和木制的,进入青铜时代以后,又出现了铜豆与铜笾。

图 2-5　豆

---

① 《尔雅注疏》卷七《释丘》引《孝经纬说》,《十三经注疏》,下册/页 2617。
② 《考古图》卷三"三牛敦":"右得于京师,惟盖存,径九寸,高五寸半,容三升,重四斤四两。"(《考古图·续考古图·考古图释文》,页 54)
③ 详《中国青铜器综论》,上册/页 149。
④ 《尔雅注疏》卷五《释器》,《十三经注疏》,下册/页 2598。

《尔雅·释器》又说:"瓦豆谓之登。"①铜豆又写作"镫"。古代的灯,最初就是由豆发展来的。古人发现膏油可以燃烧之后,便在豆中放置灯主(灯芯),点燃后即可用于照明。《说文》中解释"主"字为"镫中火主也",其字形就像是在豆的中央放上了灯主。("主"字上方的一点,即读作"主",本意是读书时在停顿处画的点号,后引申为灯芯。②)

图 2-6 灯

(二) 酒器

1. 尊、彝

"尊彝"与"簠簋"一样,首先是礼器的共名,泛指一组祭器。《说文》对"尊"字的解释是"酒器也",其字象双手捧酉之

---

① 《尔雅注疏》卷五《释器》,《十三经注疏》,下册/页 2598。
② 《说文解字》卷五上《丶部》,页 105。又参《考古图》卷五"镫"。

形①;"彝"字,《说文》的解释是"宗庙常器"②,其甲文的字形则象双手捧鸡或鸟形③。从字形上看,尊、彝表示的是捧酒、奉鸡祭祀之意。彝不作为器物的专名,目前学界沿用容庚的说法,将方口、方腹、方圈足,或带有形似四面坡的屋顶的方盖的大中型的盛酒器称为"方彝"④。

图 2-7 方尊

尊作为礼器的专名,主要是指一些高体的大中型盛酒器。从造型上看,宋人所谓的"尊"主要分为三类:一是侈口、高颈、圈

---

① 《说文解字》卷一四下《酉部》,页 313—314。
② 《说文解字》卷一三上《糸部》,页 277。
③ 达世平、沈光海《古汉语常用字字源字典》,上海:上海书店出版社,1989,页 157。
④ 《观堂集林》卷三《说彝》:"尊彝皆礼器之总名也。古人作器,皆云作宝尊彝,或云作宝尊,或云作宝彝。然尊有大共名之尊(礼器全部),有小共名之尊(壶、卣、罍等总称),又有专名之尊(盛酒器之侈口者);彝则为共名而非专名。"(上册/页 153)《商周彝器通考》:"(方彝)其状长方而有盖,盖上有纽如柱。有盖器有八棱者。有两侧及盖有柱旁出者。有鼓腹而敛足者。有腹旁两扁耳上出者,有腹旁有两耳者。多不著器名,其称共名者,则为宝尊彝。"(页 310—311)

足的筒体或方体的"觚形尊";一是侈口、折肩、深腹或鼓腹、圈足的"有肩大口尊";另外还有整体为鸟兽形状的"鸟兽尊"。

　　古书中常提到的"牺尊""象尊",究竟是何形制?汉代的儒生语焉不详。魏太和年间(227—233),青州出土了兽尊的实物,证实了王肃所说的:"牺、象二尊,并全牛、象之形,而凿背为尊。"①考古实物中常见的鸟兽尊主要有:犀尊、象尊、虎尊、驹尊、牛尊、羊尊、鸟尊、鸮尊等等。华盛顿的弗利尔美术馆藏有一件貘尊。貘是一种形体似犀而较矮小,鼻端无角而向前突出的哺乳动物,善游泳,栖息于热带雨林中,目前主要分布在马来西亚等国家,中国境内几乎已看不到野生的貘。青铜貘尊说明了在商周时代,貘在中国也是常见的动物,而且当时中原地区的环境气候也应该是雨林密布、炎热多雨的。

图 2-8　牺尊

---

①　《容斋三笔》卷一三《牺尊象尊》,《容斋随笔》,北京:中华书局,2005,下册/页577;又参《重修宣和博古图》卷七《尊二》。《考古图》卷四中著录一种"象尊",其形态为圈足,鼓腹,颈部有兽耳衔环,"立象之形于盖上"。(《考古图·续考古图·考古图释文》,页95)北京故宫博物院所藏"九象尊"(又称"友尊"),圆形,侈口、鼓腹、颈内凹、有圈足,主体纹饰为环腹平雕的九只象纹。(《故宫博物院藏宝录》,上海:上海文艺出版社,香港:三联书店(香港)有限公司,1986,页16,89—90)这种表面有平雕或浅浮雕象纹以及盖顶有象形装饰的"象尊"都是个例。考古发现更多见的则是王肃所说的全象、全牛而内部中空的兽形尊。

2. 罍

罍也是一种大型的盛酒器,既有圆体又有方体的,通常为敞口、鼓腹、广肩、圈足,其最鲜明的特点是两肩上有兽耳(或有衔环),下腹部前有鼻。《诗经·小雅·蓼莪》里说:"瓶之罄矣,维罍之耻。鲜民之生,不如死之久矣。"①瓶是比罍小的盛酒器。瓶里的酒已经倒光了,而比瓶大的罍里的酒却还满着。这是讽刺贫富不均,而统治者却还在劫贫济富,让自己赚得盆满钵满,却把百姓的瓶子倒空了。这也说明罍的功能是用来贮酒的,饮酒之时,先要把罍中的酒分注于尊内,而后再分到更小一点的酒杯中。

图 2-9　罍

---

① 《毛诗正义》卷一三之一,《十三经注疏》,上册/页 459。

《诗经·周南·卷耳》中有"我姑酌彼金罍"的诗句,旧注认为:罍即酒尊,"其形似壶,容一斛,刻而画之为云雷之形。"①但"雷"的形状究竟是什么样的?古人语焉不详,宋代的沈括曾得到一个古铜罍:

> 环其腹皆有画,正如人间屋梁所画曲水,细观之乃是云雷相间为饰。如"㠪"者,古"云"字也,象云气之形;如"㘎"者,"雷"字也,古文"㘎"为"雷",象回旋之声。其铜罍之饰,皆一"㠪"一"㘎"相间,乃所谓"云雷之象"也。②

原来"雷"的古字就是回字形的漩涡,象征打雷时的回鸣之声,而礼器"罍"的得名,就源自其回旋状的云雷纹样③。

3. 壶

壶是小口、有盖、长颈、圆腹的筒体或方体的盛酒器。壶的样式繁多,但归根结底,其原型都是从瓠瓜(或作"匏瓜")演变而来的。④古人将瓠瓜刨空之后,既可用于贮水,大个儿的瓠瓜还可以充当救生圈。《庄子》里讲了一个故事:惠子有一个很大的瓠瓜,因为太大,如用来装水,怕承受不了水的重量。庄子便建议惠子:"何不虑以为大樽而浮乎江湖?"⑤意即可做成大的救生圈。古乐府里有一首《公无渡河》,说有"白首狂夫披发提壶,乱河游而渡",这个"壶"即通"瓠",不是酒

---

① 《毛诗正义》卷一之二,《十三经注疏》,上册/页278。
② 《梦溪笔谈》卷一九,长沙:岳麓书社,1998,页155。
③ 《说文解字》卷六上《木部》亦云:"櫑,龟目酒尊,刻木作云雷象,象施不穷也。"(页122)所谓"施不穷",即指云气或雷声回旋无穷。
④ 详赵彦卫《云麓漫钞》卷二:"长者为瓠,在夏中则可食;至秋坚实,乃为器。《诗名物解》云:'瓢与瓠一物,甘者名瓢,苦者名瓠,瓠以器言也。瓢亦名壶。齐鲁间,长者为瓢,团者为胡卢。'今人又有'匾蒲'之名。匾蒲即'壶'之切近也。形长嫩而可食为瓠,经霜而坚则谓之瓢,圆或匾为胡卢,其间盖有苦者,初不以此别也。"(北京:中华书局,1996,页24)
⑤ 《庄子集释》卷一《逍遥游》,《诸子集成》,册3/页20。

壶,而是瓠瓜。这个狂夫抱着一个瓠瓜,想借此渡过河流,结果不幸淹死。其妻阻之不及,见丈夫溺死后,援箜篌而歌,歌罢亦投河自尽。①

山西太原今胜村 251 号墓出土的战国鸟盖瓠壶与台北故宫博物院所藏的绚纹鸟首瓠形壶②,皆为鼓腹高颈,腹部有用于抓持的錾,錾上有链连接鸟首形的壶盖,而器身总体上依然保持了瓠瓜的形态。这种形制的壶,自《宣和博古图》始,命名为"瓠壶",沿用至今。③ 至于瓠壶的鸟盖,张晗认为与古代天文星宿名称有关。由于"匏瓜一名天鸡",故以鸡隐喻瓠瓜,壶上的鸟盖实为鸡首。④

4. 卣

卣是中型的盛酒器,《尔雅·释器》说:"卣,中尊也。"⑤《尚书·洛诰》说:"予以秬鬯二卣。"⑥《诗经·大雅·江汉》说:"秬鬯一卣。"⑦可见卣是用来装鬯酒的。

卣的名称是宋人定的。《考古图》中虽然提到了卣,但却指向了几种形制各不相同的器类;至《宣和博古图》始将小口、有盖、鼓腹、圈足、有提梁挂于两肩的酒器命名为卣,并沿用至今。⑧ 和尊一样,卣也有圆形、筒形、方形与鸟兽形等多种形态,而其最基本的特点则在于皆有提梁,便于携带,故《考

---

① 崔豹撰,马缟添注《中华古今注》卷下《箜篌引》,沈阳:辽宁教育出版社,1998,页 31。
② "绚纹鸟首瓠形壶"图见《吉金耀采:院藏历代铜器》,页 118,台北:台北故宫博物院,2015。
③ 《重修宣和博古图》卷一二《壶一》,文渊阁本《四库全书》。
④ 《史记》卷二七《天官书》:"《索隐》案:《荆州占》云'匏瓜,一名天鸡,在河鼓东。匏瓜明,岁则大熟也。'"(册 4/页 1310)说详张晗《瓠形壶与瓠瓜星》,《光明日报》1979 年 8 月 22 日;又参《中国青铜器综论》,页 238—239。
⑤ 《尔雅注疏》卷五《释器》,《十三经注疏》,下册/页 2601。
⑥ 《尚书正义》卷一五,《十三经注疏》,上册/页 216。
⑦ 《毛诗正义》卷一八之四,《十三经注疏》,上册/页 574。
⑧ 详《重修宣和博古图》卷九至卷一一《卣》;参《中国青铜器综论》,页 200。

古图》曾将其名为"挈壶"①。正因为其体量适中而又有提梁,便于移动,故天子常将装有鬯酒的卣,赐予有功的贵族。

图 2-10　卣

5. 爵

《礼记·礼器》中说:"宗庙之祭,贵者献以爵,贱者献以散,尊者举觯,卑者举角。"郑玄的注解说:"凡觞,一升曰爵,二升曰觚,三升曰觯,四升曰角,五升曰散。"②按照郑玄的说法,爵、觚、觯、角、散等皆为饮酒器,只是容量大小有所区别。下面介绍的这五种礼器,其名称便是宋代人参考文献记载后所定的。

---

① 《考古图》卷四,《考古图·续考古图·考古图释文》,页 100。又,《云麓漫钞》卷二:"古以壶为酒器。周用铜谓之壶尊,亚于尊彝,有方圆之别。周又有瓠壶,形长一尺二寸六分,阔五寸,口径一寸,两鼻有提梁,取便于用。挈壶氏掌挈壶,然致挈者,非有环梁不可。"(页 24)这里所说的有提梁的"瓠壶",与我们前面说的瓠壶不同,亦应为卣。

② 《礼记注疏》卷二三,《十三经注疏》,下册/页 1433。

第二章 青铜器与古代礼乐文明

爵是三足、圆腹的酒器,器口狭长,前为"流",后为"尾",腹旁有鋬。流上有两个立柱(也有单柱的)。容庚所藏的父乙爵的底部留有烟炱的痕迹,可见爵(以及下面要介绍的角、斝、盉)的高足,是为便于在下面置火的。① 由于爵的流很长,如果用来喝酒,是很不方便的,爵的功能主要还是用来温酒②。

爵的口沿上有两个立柱(早期的爵也有用单柱的),柱的作用绝不仅限于装饰,一定也有其实际的功能,而且越是早期的柱,其实用性应该越突出。但柱究竟是做什么用的,长期以来,学界没有一致的看法。马承源认为,柱应该是用来固缚或悬挂某种物件的,而这种物件一定又与爵的用途(即饮酒)有关。《说文》里说:"爵,礼器也。象爵之形,中有鬯酒。"③ "鬯酒"是古代祭祀所用的酒,这种酒是带有酒糟的,要用特定的茅草过滤之后才好饮用,即《左传》中说的"尔供包茅不入,王祭不共,无以缩酒"④。"缩酒"就是过滤,成束的茅草竖在地上,把酒浇在茅草上,渣滓滤去,酒汁渗入地下,仿佛神灵享用过了一样。古代一般用来饮用的酒,如"泛"或"醴",也都是有沉淀物的,所谓"自醴以上尤浊"⑤,也要经过"缩酒"才能饮用。能起到过滤作用的物件,应该是网状或者袋状的。爵上的立柱,很可能就是用来悬系这种过滤网的。上海博物馆入藏了一件商代早期的爵,流上没有立柱,而有一道横梁。这种横梁没有任何装饰的意义,只有实用的价值。横梁也可以用于悬系,可以旁证立柱的功用。如果是用来悬系过滤网,在横梁、单柱与双柱三者中,显然双柱是最合

---

① 《商周彝器通考》,页287。
② 又参孙机《中国古代物质文化》第二章"酒、茶、糖、烟",北京:中华书局,2014,页39。
③ 《说文解字》卷五下《鬯部》,页106。
④ 《春秋左传注疏》卷一二,《十三经注疏》,下册/页1792。
⑤ 《周礼注疏》卷五,《十三经注疏》,上册/页668。

用的,因此双柱成为主流的形态。①

6. 觚

爵不用来饮酒,那么用什么来饮酒呢,孙机认为应该是觚②。《论语·雍也》中说:"觚不觚。觚哉!觚哉!"③意思是说:"觚也不像觚了。觚啊!觚啊!这能叫是觚吗?"看来在孔子的时代,觚的形制就已经很多样化了,孔子观念中的"觚"究竟应该是什么样的,不仅现代人不得而知,其实汉代人已经说不清楚了。《说文》里只说:"觚,乡饮酒之爵也。一曰:觞受三升者谓之觚。"④目前采用宋代人的命名,将敞口、细腰、圈足的喇叭形的酒器称为觚。根据目前的考古发现,墓葬中觚与爵常等量配对出现,是礼器组合形式的核心,这说明觚与爵在用途上是相关联的。⑤

图 2-11　爵、觚、斝

---

① 详马承源《爵和斝的口沿为什么要设一对柱》,《中国青铜器研究》,上海:上海古籍出版社,2008,页 495—500。
② 《中国古代物质文化》第二章"酒、茶、糖、烟",页 42。
③ 《论语注疏》卷六,《十三经注疏》,下册/页 2479。
④ 《说文解字》卷四下《角部》,页 94。
⑤ 《中国青铜器综论》,页 243。

7. 觯

宋代人将似尊而形小的饮酒杯命名为觯,通常为敞口、鼓腹而圈足。《礼记·檀弓》里记载,春秋时,晋国的知悼子死后,还未下葬。晋平公却在饮酒取乐,宠臣李调在旁侍奉,乐官师旷演奏编钟。杜蒉听到钟声后,寻声进入寝宫,拾级而上,给师旷、李调各倒了一杯酒,自己也坐下喝了一杯。随后下阶,小步走出寝宫。晋平公感到奇怪,问杜蒉是什么意思。杜蒉回答说:"知悼子停灵在堂。师旷身为乐官,却不遵守国家的礼制,所以罚他喝酒;李调是国君的近臣,却为了吃喝忘了国君的忧患,也要罚酒;我负责掌握国君的膳食,也没

图 2-12　觯

有尽到自己的责任,也自罚一杯。"晋平公听了之后说:"这么说我也有过失,也给我倒一杯酒吧。"礼书上说:"杜蒉洗而扬觯。公谓侍者曰:'如我死,则必毋废斯爵也。'"杜蒉洗过酒杯之后,将觯高高举起。晋平公对侍者说:"我死之后,也不要废弃了这一礼节。"直到如今,凡献酒已毕,都要高举起酒

杯,这称为"杜举"。①这个故事详细记述了祝酒之后高举酒杯致意这一礼节的由来。杜蒉用的酒杯就是觯,晋平公说的是"毋废斯爵",是以"爵"作为饮酒器的通称。

8. 角

作为古代礼器的"角"字,读音与"爵"字相同。目前学界相沿宋人的习惯,将形态与爵相似但无立柱,无流而器口两端皆如爵尾,又或有盖者,称为角。1990 年安阳西北郭家庄 160 号墓出土了 40 件青铜礼器,其中觚与角各十件,但没有爵,可见是以角代爵的,说明角与爵的功用近似。②

9. 斝

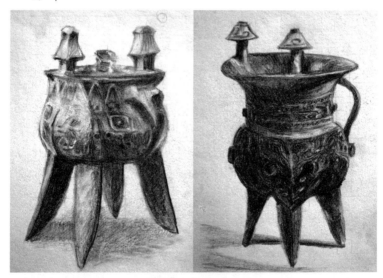

图 2-13　斝

斝通常认为是饮酒器,殷墟妇好墓中出土有形体很大的斝,显然不可能是饮酒的,应该是用于盛酒或温酒的。斝通体为正圆或正方,侈口,口缘亦有双柱,或有盖,侧旁有鋬。

---

① 《礼记正义》卷九,《十三经注疏》,上册/页 1305。
② 《中国青铜器综论》,页 165—166。

王国维认为经籍中提到的"散",实即"斝",是举行"祼(灌)礼"时所用的礼器。①

10. 觥

觥也是典籍中常见的酒器,字或写作"觵",《说文》:"觵,兕牛角可以饮者也。"②觥就是饮酒用的犀角杯。今仍用成语"觥筹交错"形容宴会上酒杯、酒筹你来我往的热闹场面。《宣和博古图》中著录了一件"汉牺首杯",全器呈牛角型,牛角的一端为"牛首颈颔状",牛鼻处贯以连环小索,《博古图》评价此杯"镕冶之工非今人可到",并认为《诗经·周南·卷耳》中的"我姑酌彼兕觥"的"兕觥"大约就是这种形态。③

1934～1935年间,中央研究院在发掘安阳侯家庄西北冈1022号墓时,发现一件牛角形器,有盖,器口有一贯耳,可以悬挂;1954年江苏丹徒烟墩山也出土一件仿牛角形的铜器;宋代《三礼图集注》所著录的"觥",形似龙舟,一头铸为龙首,一头平截,而全器亦呈牛角状④:都与古人所说的"兕觥"十分吻合。《毛诗》对兕觥的解释是"角爵也"⑤,因此有许多学者认为,这种牛角形的酒器,才是名副其实的"角"。⑥

目前学界所说的觥,乃袭用《续考古图》之说⑦,其基本形态为椭口带流,深腹或鼓腹,盖呈兽形,底部为圈足或兽足,多有鋬。但这种有盖的兽形觥,究竟是不是古人所说的"兕

---

① 详《观堂集林》卷三《说斝》,上册/页145。
② 《说文解字》卷四下《角部》,页94。
③ 《重修宣和博古图》卷一六"牺首杯"。
④ 聂崇义《三礼图集注》卷一二"觥",文渊阁本《四库全书》。
⑤ 《毛诗正义》卷一,《十三经注疏》,上册/页278。
⑥ 《中国青铜器综论》,上册/页166—168、192—194;又参《商周彝器通考》,页322—323。
⑦ 赵九成《续考古图》卷二,《考古图·续考古图·考古图释文》,页210、236。

觥",学界颇有不同的看法。①

图 2-14　觥

　　1959年山西石楼桃花庄曾出土一件"龙形觥",器形亦为牛角状,铸成昂首向上的龙头之形(与《三礼图》所著录者近似),顶部龙背上有盖,内部中空,可以贮酒,龙口为流,用以倒酒。两侧各有一贯耳,可用于悬挂。底部为圈足,解决了一般牛角杯不易平置的问题。外部纹样的主体为鳄鱼纹,纹饰走向与龙首的朝向相反,显出动感。潘建明认为,石楼"龙形觥"的意义在于,它提供了"觥"从牛角杯向后代的兽形觥演变的中间样态:"从最初原始的牛角杯,先发展到横置的角形觥,继而器体升高为有流的瓢形觥,其盖覆流处,兽头昂起,后置一鋬。"②

---

①　详《中国青铜器综论》,上册/页191—194。
②　《上海博物馆藏宝录》,上海:上海文艺出版社,香港:三联书店(香港)有限公司,1989,页91。

图 2-15 龙形觥

（三）水器

1. 盘

盘是用来行"沃盥"之礼的。《礼记·内则》载："进盥，少者奉盘，长者奉水，请沃盥，盥卒授巾。"①洗手的时候，一人从上倒水，另一人用盘在下承接。盘的形制多为圆形，个别也有方形的，通常为大口，浅腹，双耳，有圈足。

2. 匜

《左传》有"奉匜沃盥"的说法②，说明匜也是用来行"沃盥"之礼的，用匜从上倒水，下面用盘承接。匜的形制为椭圆形，敞口，有较长的流，有鋬，或有兽足。兽足和鋬，实际上都是后起的装饰物，如果撇开这二者，只看匜的器身，可以看出，匜其实就是民间用来舀水的瓢。前面介绍过，整个的瓠瓜掏空之后可以用来贮水，大个的瓠瓜甚至可以做"救生圈"。人们更经常把瓠瓜对半切开，做成舀水的瓢。《宣和博

---

① 《礼记注疏》卷二七，《十三经注疏》，下册/页 1461。
② 《春秋左传注疏》卷一四，《十三经注疏》，下册/页 1816。

古图》中著录了一件"汉注水匜":"此器形制如盂而浅,且其旁复出一流,与匜略不相类。"其实这种既没有兽足,也没有鋬,只是一个椭圆形、带口、有流的瓢状器,恰恰反映了较原始的匜的形态。①

宋人的图录中经常把"匜"和"觥"混淆②,王国维对这二者做了细致而严密的区分。首先,从形态上看,其"器浅而钜,有足而无盖,其流狭而长"者为匜;"器稍小而深,或有足、或无足,而皆有盖,其流侈而短,盖皆作牛首形"者实为觥。匜是从瓢发展而来的,是用来舀水的,因此是没有盖的;觥是用来盛酒的,因此是有盖的。其次,很重要的一点是,许多匜(如《博古图》"汉注水匜")的铭文中已自名为匜,而觥的铭文中却没有自名,更不见有"匜"的字样。③

图 2-16 匜

---

① 《宣和博古图》卷二一《匜》;按:殷墟妇好墓出土的一件青铜匜与此形制类似,四川省博物院亦有类似收藏。另,台北故宫博物院所藏"鹰首带流匜","俯视成桃形,流作鹰头状,流口作鹰嘴勾喙"(《吉金耀采:院藏历代铜器》,页118)也较接近较原始的匜的形态。

② 如《宣和博古图》卷二一《匜》中著录的"周遍地雷纹匜""周夔匜",其器形实皆为觥。

③ 详《观堂集林》卷三《说觥》,上册/页149—151。

3. 盉

水器中还有一类形态比较特殊的,类似茶馆中用的长嘴大铜壶,大腹敛口,封顶或有盖,有提梁或大鋬,比较突出的特点是多有细长的管状的流,这种器形称为盉。按照《说文》的解释,盉是用来"调味"的,①但具体如何调味,以前没有人说得清楚。王国维从盉的外形特征出发,认为应该是用来调酒的:

> 余谓盉者,盖和水于酒之器,所以节酒之厚薄也。……自其形制言之,其有梁或鋬者,所以持而荡涤之也;其有盖及细长之喙者,所以使荡涤时酒不泛滥也;其有喙者,所以注酒于爵也。②

酒先在盉中与水调兑之后,方才注入爵中饮用。宴会的时候,即使人很多,坐得比较远,由于盉有细长的流,倒酒也较方便。

如果从墓葬出土成套礼器的组合关系看:殷商早期平谷刘家河墓中出土的壶形盉在出土时放置在盘内,安阳殷墟西区1713号墓与盉同时出土的有食器、酒器还有盥器盘,安阳郭家庄160号墓也随葬有一盘一盉。可见盉的作用与匜相似,二者可以互相取代,与盘配合,用于行"沃盥"之礼。③

4. 鉴

《说文》云:"鉴,大盆也。"④鉴的基本功能是盛水。此外又可用来盛冰,即《周礼·天官》中所谓的"冰鉴":"凌人掌冰……春始治鉴。"注云:"鉴如甄,大口以盛冰,置食物于中,以御温。"⑤更大型的鉴还可以用来充当浴缸,《庄子·则阳》

---

① 《说文解字》卷五上《皿部》,页104。
② 《观堂集林》卷三《说盉》,上册/页153。
③ 详《中国青铜器综论》,上册/页296—297。
④ 《说文解字》卷一四上《金部》,页294。
⑤ 《周礼注疏》卷五,《十三经注疏》,上册/页671。

中说:"灵公有妻三人,同滥(通"鉴")而浴。"①

由于鉴是盛水的,在铜镜发明以前,盛水的鉴还可以充当镜子。因为可以照形鉴影,因此"鉴"又与"监察"的"监"相通。铜镜发明之后,"监(监)"多加"金"旁而写作为"鑑",以后才声转为"镜"。

三、中国青铜器的特点及礼器的实质

青铜礼器不仅代表青铜铸造工艺的最高水平,礼器上铸刻的铭文更是重要的史料。目前发现的商代青铜器,铭文字数不多,内容主要为标记器主族徽的"徽记",或标明器名、用途、存放地点。西周以后,开始出现长篇的铭文,内容包括祭祖追孝、君臣训告、赏赐册命、朝聘盟会、交易约契、奴隶买卖、婚媾媵辞及物勒工名等等,反映了当时生活的方方面面。

周人作器铸铭的直接目的是为了崇尚孝道,颂扬祖德。《礼记·祭统》里说:

> 夫鼎有铭,铭者自名也。自名以称扬其先祖之美,而明著之后世者也。……铭者,论撰其先祖之有德善、功烈、勋劳、庆赏、声名,列于天下,而酌之祭器,自成其名焉,以祀其先祖者也,显扬先祖,所以崇孝也。身比焉,顺也;明示后世,教也。②

祭器上的铭文,一方面是要赞美先人,在祭祀的时候,彰显先辈的伟绩;另一方面是要教育子孙,使后世知晓祖上的功德。以1976年陕西临潼县出土的"利簋"为例,其器内底铸有铭文:

> 珷征商,佳甲子朝,岁鼎,克闻。夙又商。辛未,王

---

① 《庄子集释·则阳》,《诸子集成》,册2/页391。
② 《礼记注疏》卷四九,《十三经注疏》,下册/页1606。

在阑师,易又吏利金,用乍㫃公宝尊彝。

铭文的大意是说:武王在甲子日征讨商朝,当时恰逢岁星当空,只用了一昼夜的工夫就攻克了商朝。辛未日,武王在阑师这个地方赐给有司利青铜,利就用青铜铸成纪念其先祖㫃公的宝器。①铭文所载的武王伐纣的时间是甲子日的清晨,这和《尚书·牧誓》所记的"时甲子昧爽,王朝至于商郊牧野"吻合,②从而证实了《尚书》这一部分内容的记载是真实可信的。"利簋"也成为目前已发现的年代最早的西周青铜器。

图 2-17 利簋铭文

---

① 释文参唐兰《西周时代最早的一件铜器利簋铭文解释》,《文物》1977 年第 8 期,页 8—9;于省吾《利簋铭文考释》,《文物》1977 年第 8 期,页 10—12;张政烺《〈利簋〉释文》,《考古》1978 年第 1 期,页 58—59;徐中舒《西周利簋铭文笺释》,《四川大学学报》(哲学社会科学版)1980 年第 2 期,页 109—110、93;李学勤《夏商周年代学札记》,沈阳:辽宁大学出版社,1999,页 204—205。

② 《尚书正义》卷一一,《十三经注疏》,上册/页 182。

周朝的两大基本制度是"分封制"与"宗法制"。分封制指的是周在建国之后，周天子将其兄弟与近支亲属、功臣及前代遗民等封为诸侯，并赐予一定的领地及在领地之内的统治权。宗法制则是指子孙根据血统关系来继承、分配家族乃至国家的权力。简言之，子孙的财富与权力继承自其祖先，而其祖先的合法地位最终又是来源于周天子的。

从"利簋"的铭文可以看出，利是参加了牧野之战的有功人员，因此周天子赐给利青铜。利将此经过刻记在铭文中，既告慰其先祖，更重要的是，将周王封赠的事实晓之子孙，有助于说明及加强其家族在宗法体系中的地位。正如侯外庐所说："在器谓之'尊''爵'，在人谓之亲、贵。"铭文使尊、彝变成了权利与义务的象征物，①是周代制度最直观的体现，也可以说青铜礼器就是周代礼乐文明的物化标志。

【主要参考文献】

1. 《故宫博物院藏宝录》，上海：上海文艺出版社，香港：三联书店（香港）有限公司，1986。

2. 《上海博物馆藏宝录》，上海：上海文艺出版社，香港：三联书店（香港）有限公司，1989。

3. 马承源《中国青铜器（修订本）》，上海：上海古籍出版社，2003。

4. 容庚《商周彝器通考》，上海：上海人民出版社，2008。

5. 阴法鲁、许树安、刘玉才《中国古代文化史（插图本）》第二十四章"古代礼器和日用器物"（分章作者：许青松），北京：北京大学出版社，2008，下册/页1055—1090。

6. 朱凤瀚《中国青铜器综论》，上海：上海古籍出版社，2009。

---

① 侯外庐、赵纪彬、杜国庠《中国思想通史》第一卷，北京：人民出版社，1957，页78—79。

7.《吉金耀采：院藏历代铜器》，台北：台北故宫博物院，2015。

【阅读与思考】

张敞反对将出土的鼎"荐于宗庙"的理由是什么？

是时，美阳得鼎[1]，献之。下有司议，多以为宜荐见宗庙[2]，如元鼎时故事[3]。张敞好古文字，按鼎铭勒而上议曰[4]："臣闻周祖始乎后稷[5]，后稷封于斄[6]，公刘发迹于豳[7]，大王建国于岐、梁[8]，文、武兴于丰、镐[9]。由此言之，则岐、梁、丰、镐之间，周旧居也，固宜有宗庙坛场祭祠之臧[10]。今鼎出于岐东，中有刻书曰：'王命尸臣[11]："官此栒邑[12]，赐尔旂、鸾、黼黻、琱戈[13]。"尸臣拜手稽首曰[14]："敢对扬天子丕显休命[15]。"'臣愚不足以迹古文，窃以传记言之，此鼎殆周之所以褒赐大臣，大臣子孙刻铭其先功，臧之于宫庙也。昔宝鼎之出于汾脽也[16]，河东太守以闻，诏曰：'朕巡祭后土，祈为百姓蒙丰年，今谷嗛未报[17]，鼎焉为出哉？'博问耆老[18]，意旧臧与？诚欲考得事实也。有司验脽上非旧臧处，鼎大八尺一寸，高三尺六寸，殊异于众鼎。今此鼎细小，又有款识[19]，不宜荐见于宗庙。"制曰："京兆尹议是。"[20]

——《汉书》卷二五下《郊祀志》（清乾隆武英殿本）

【注释】

［1］美阳：古县名，治所在今陕西武功西北。
［2］荐：进献；祭祀。
［3］如元鼎时故事：汉武帝元鼎四年（前113），汾阴有个名叫锦的巫师挖出一个宝鼎。汉武帝派人调查得实，乃以礼祭祀宝鼎，并将其迎至甘泉宫。武帝回到长安后，群臣认为鼎是神物，鼎的出现是天子有德的象征，于是将此鼎供奉于宗庙。事见《汉书》卷二五上《郊祀志》。

[4] 铭勒：镌刻，这里指鼎的铭文。

[5] 后稷：周之先祖，名弃，姬姓。

[6] 斄(tái)：古邑名，在今陕西武功西南，字或作"邰"。

[7] 公刘：后稷的曾孙，周文王的祖先，他率领周民迁徙到豳(bīn)地定居，"周道之兴自此始"(《史记·周本纪》)。豳：古邑名，在今陕西旬邑西南，字或作"邠"。

[8] 大王：古公亶父。由于面临戎狄进攻的威胁，古公亶父率领周部族"去豳，度漆沮，逾梁山，止于岐下"(《史记·周本纪》)。大，通"太"。岐：岐山，在今陕西岐山县东北。梁：梁山，在岐山之东。

[9] 文、武：指周文王(太王之孙姬昌)与周武王(姬昌之子姬发)。丰：周文王时都城，在今陕西长安县西北沣河西岸。镐(hào)：西周国都，在今陕西省西安市西南。

[10] 臧：通"藏"，收藏。

[11] 尸臣：主事的臣子；尸，主持。或将"尸臣"理解为人名亦可。

[12] 栒邑：即豳地。

[13] 旂、鸾、黼黻、琱戈：旂(qí)，古代的一种旗帜，上有交龙图案，并系有铜铃。鸾：有鸾凤图案的车。黼黻(fǔfú)：本指古代礼服上的花纹，这里指代礼服。琱戈：有雕饰、刻缕的戈；琱，通"雕"。

[14] 稽首：叩头至地。

[15] 敢对扬天子丕(pī)显休命：大意是怎敢答受天子如此重大、显赫的荫庇与任命。敢："岂敢""怎敢"或"不敢"的意思。对扬：答谢、颂扬。丕：大。显：显赫、光明。休：字形为"人息木阴"(张参《五经文字》)，故"休命"有荫庇意。或将"休命"理解为美好的任命，亦通。

[16] 汾脽(shuí)，汾水东岸的高丘，长有四五里，广二里余，高十余丈。

[17] 谷嗛：粮食歉收；嗛，通"歉"，少。这说的是汉武帝在汾阴得宝鼎的时节，正是黄河泛滥，粮食歉收。武帝为此四处巡行祭祀，祈求丰年。这时竟出现宝鼎这样的祥瑞，连武帝也感到疑惑。

[18] 耆(qí)：老年人。

[19] 款识(zhì)：铭刻在钟鼎等器物上的文字。

[20] 京兆尹：西汉太初元年（前104）之后，以京兆尹、左冯翊（píngyì）与右扶风为"三辅"，共同治理长安畿辅。京兆尹的官职相当于郡守，治所在长安（今陕西西安西北），其辖境约当今陕西秦岭以北、西安以东、渭河以南地。这里的京兆尹指的是张敞。

第三章　古代书写制度与书籍装帧形式的演进

《淮南子》里说:"昔者苍颉作书,而天雨粟,鬼夜哭。"①苍颉(或作"仓颉")是传说中黄帝时代的史官,古人尊他为创制汉字的始祖,"作书"即指造字而言。苍颉造字的时候,粟米像雨一样从天而降,鬼神在夜里哭泣——在古人的眼里,文字一经产生,便具有惊天泣鬼的神力。

文字的最大作用是使人们可以跨越时空,进行更深刻的交流与对话。而当文字与特定形式的载体结合之后,其传播的职能更加凸显,力量也更放大——书籍就是这样一种结合物。在这一章里,我们拟从书的定义、书写习惯的变化、古书装帧形式的演进等书籍史方面的基本问题入手,对学问的产生、学术的承传、印刷术的起源等文化史上的一些重要环节做初步的探讨。

一、书的定义与书籍的起源

我们所要讨论的严格意义上的图书,"是人们自觉地为了传播知识的目的而以文字写在具有一定形式的材料上的著作物"。②这个定义包含了三个要素:其一是作为"著作物",

---

① 《淮南子》卷八《本经训》,《诸子集成》,册7/页116。
② 刘国钧《中国书史简编》,北京:高等教育出版社,1958,页16。

图书的作用是传播知识;其二是图书的内涵特征是将文字记录于某种材料之上;其三是图书还要有一定的外在形式。这三个要素缺一不可。

"书"字最早的含义是书写(write)。书写这一动作本身,连同写下来的东西(writing)都可以称为"书"。"苍颉作书"的"书",指的就是写下来的东西,也就是文字。有人认为:"文字与记载文字的材料结合在一起,形成一个整体,一种不同于文字和材料的事物,则不论所记内容是什么,记的字数有多少,记下后起什么作用,都可以称为书。"① 如果按照这种观点,商代用来占卜的甲骨,只要有字,就可以称为"甲骨的书";周代铸有铭文的礼器、兵器可以称为"青铜的书";刻了字的石碑,可以称为"石头的书"。② 在现代生活中,文字几乎无处不在,是否所有有字的物件都可以称为书呢?显然,这个定义只注意到了图书概念中"文字"这一要素,因而失之宽泛。

甲骨文是中国已发现的最早的成熟且成体系的文字。甲骨在当时是用来占卜的,甲骨文中的绝大部分内容是"卜辞",其实质是一种占卜的记录。铜器铭文、石刻碑文,则主要是为了铭记先人功业,用以传示子孙的,是具有纪念性的东西。甲骨、青铜、石碑上的文字,其作用是在占卜与祭祀活动中,充当人与鬼神之间的媒介,并非人际交往的工具。③ 这类文字记录既不具备图书的外型,其书写的目的也不是为了传播知识,都不能算是严格意义上的书籍。正如著名的书史专家钱存训所说:

> 古时用作思想交流的载体,显然有两大类,易损的

---

① 奚椿年《中国书源流》,南京:江苏古籍出版社,2002,页11。
② 刘国钧将春秋以前的书籍称为"初期的书籍",包括了"甲骨的书""青铜的书""石头的书"和"竹木的书"(《中国书史简编》,页16—27)。
③ 钱存训《书于竹帛:中国古代的文字记录》,上海:上海书店出版社,2004,页5。

材料价格比较便宜,大量用作公文、史册、文章、信件及其他各种日常用途;坚硬耐久的材料,则用作有纪念性或可流传后世的铭文。我们也可以说,前者用于空间上的横向交流,是人与人之间往来的媒介;后者是时间上的直向交流,是人与鬼神及后代子孙间联系的工具。①

因此,真正意义上的书籍,只能追溯到竹简与木牍。《尚书·多士》里说:"惟殷先人,有册有典。"②殷商的时候已经有了比较成熟的文字体系与记事文体。现在多数学者也倾向认为,除了甲骨之外,当时的人一定也还使用了竹、木等相对轻便、简易的书写材质(只是这类材质没有保留下来而已)。那么殷商时代,是否已经出现了正式的书籍呢?

"书"在古汉语里作为专有名词的时候,所指的是《尚书》。《尚书》中部分篇章的撰作年代确实可以上溯到商周时期,其中的一些文字还可以和考古发现的青铜铭文互相印证。如果在商周时代没有比较成规模的档案文献,我们很难想象后人能在没有任何文字依据的情况下,把那么多统治者的宣言、战争前誓师的誓文、任命官员的命辞等各种类型的官方文档编辑成书。实际上,"图书""典籍"这些词语,在最早的时候,所指的就是官方的档案(documents,archives)。③

作为"档案"的图书概念,是作为"著作"(books,texts)的图书概念的先声,但档案还不能算作严格意义上的书籍。首

---

① 《书于竹帛:中国古代的文字记录》,页157。
② 《尚书正义》卷一六,《十三经注疏》,上册/页220。
③ 《孟子·告子下》:"天子之地方千里,不千里不足以待诸侯;诸侯之地方百里,不百里不足以守宗庙之典籍。"旧注:"守宗庙典籍,谓先祖常籍法度之文也。"(《孟子注疏》卷一二下,《十三经注疏》,下册/页2760)《史记》卷五三《萧相国世家》:"沛公至咸阳,诸将皆争走金帛财物之府分之。(萧)何独先入收秦丞相御史律令图书藏之。沛公为汉王,以何为丞相。项王与诸侯屠烧咸阳而去。汉王所以具知天下厄塞,户口多少,强弱之处,民所疾苦者,以何具得秦图书也。"(册6/页2014)这里的"典籍""图书"指的都是律令、地图等官方档案而言。

先，档案只是一种原始的记录，其作用在于保存资料；著作的目的则是为了传播思想。清代学者章学诚对此做了明确的区分，他把档案类的作品称为"记注"，而把有思想性作品称为"撰述"：

> 《易》曰："筮之德圆而神，卦之德方以智。"间尝窃取其义，以概古今之载籍，撰述欲其圆而神，记注欲其方以智也。夫"智以藏往，神以知来"，记注欲往事之不忘，撰述欲来者之兴起，故记注藏往似智，而撰述知来拟神也。藏往欲其赅备无遗，故体有一定，而其德为方；知来欲其抉择去取，故例不拘常，而其德为圆。①

"记注"是为了再现历史，因此内容上要求完备无缺，同时还要遵循一定的章法，力图在方整严正的格式中蕴藏智慧；"撰述"则是为了开示未来，其内容经过了一番别择取舍，体例可以不拘一格，追求以圆融活泼的形式传神达意。

其二，档案通常没有明确的著作人。作为古代学术源头的"六经"，都不是个人的著作。"六经"虽然与孔子关系密切，但孔子并不是"六经"的作者，至多是"六经"的整理者或传习者。正如章学诚所说：

> 有官斯有法，故法具于官；有法斯有书，故官守其书；有书斯有学，故师传其学；有学斯有业，故弟子习其业。官守学业皆出于一，而天下以同文为治，故私门无著述文字。……后世文字，必溯源于六艺。六艺非孔氏之书，乃周官之旧典也。《易》掌太卜，《书》藏外史，《礼》在宗伯，《乐》隶司乐，《诗》领于太师，《春秋》存乎国史。夫子自谓"述而不作"，明乎官司失守，而师弟子之传业，于是判焉。②

---

① 章学诚《文史通义》卷一"书教下"，北京：古籍出版社，1956，页12。
② 章学诚《校雠通义》内篇一"原道"，北京：古籍出版社，1956，页1。

早先的时候,并不存在私人的著作,只有官方的文书和档案,而所有的官职和档案又都是由固定的家族世袭掌管的。官方档案通常又只有一两份存世,具有"唯一性""机密性"的特点,因此知识很容易地被少数人垄断了。到了东周列国时代,由于周王室衰微,有些失其常守的官员出奔他国,另谋高就;连带着官方秘藏的文籍也开始流传、散落于民间了。

作为周代文化传承者的孔子,在诸侯争霸的环境下,自比怀揣美玉、待价而沽的商人;①为了给自己的学说找一个好买主,他周游列国,宣传其政治思想,同时又广收门徒,开始私家讲学。当时还有许多像孔子一样的思想家,为了自售于王者之门,纷纷著书立说,阐释政见。正是在这种社会背景下,原本"学在官府"的局面被打破了,开始有了私门的著述。中国历史上影响最为深远的一批元典性的著作在这一时代产生。

从全世界范围看,在公元前一千年之内,中国、印度、以色列、希腊这四个古代文明,都不约而同地经历了一个"哲学的突破"的阶段。这一"突破",建立在对人性、对历史深刻反省的基础之上,展现了人类在精神领域方面所能达到的深度。当时这几个地区的经济都比较繁荣,政治方面都存在着许多并立的小国或城邦国家;"哲学的突破"就发生在这种充满竞争而又有活力的社会背景之下。与"哲学的突破"有关的几位圣哲,如中国的孔子、老子,印度的释迦牟尼,以色列的先知,希腊的苏格拉底、柏拉图等,他们所创立的哲学与宗

---

① 《论语·子罕》:"子贡曰:'有美玉于斯,韫椟而藏诸?求善贾而沽诸?'子曰:'沽之哉!沽之哉!我待贾者也。'"(《论语注疏》卷九,《十三经注疏》,下册/页2490)

教学说,迄今为止仍发挥着世界性的影响。①

二、简牍制度及其对后世书籍的影响

甲骨和青铜都不能成为书籍的载体,因此中国书籍的起源只能追溯至竹简和木牍。竹、木在成为书写材料之前,先要经过一番整治。王充在《论衡·量知篇》中说:

> 夫竹生于山,木长于林,未知所入。截竹为筒,破以为牒,加笔墨之迹,乃成文字。大者为经,小者为传、记。断木为椠,析之为板,力加刮削,乃成奏牍。②

竹子先要截成一段一段的,再劈成薄的竹片。有青皮的一面叫做"篾青",另一面叫"篾黄",两面都可以用于书写,不过多数还是写在"篾黄"的一面上。新鲜的竹子因为饱含水分,容易受到虫蛀,所以要经过烘烤之后才能使用。竹子在火上烤时,竹汁渗出的样子好像人们流汗似的,所以叫做"汗简"或"汗青"。竹子烤过之后,颜色由青变黄,这个过程又叫"杀青"。(现代汉语中仍把著作完成称为"杀青"。)古代的历史都是记在竹简上的,故有"青史"的说法,又常用"汗青"来指代史册。文天祥《过零丁洋》诗中的名句"人生自古谁无死,留取丹心照汗青",所谓"照汗青",就是名垂史册的意思。

"版"或"牍"指的是刮削之后用于书写的木板,地图因为常画在版牍上,所以一个国家的疆域图又称叫"版图"。一份公文或者一封书信,如果分写在几处不同的地方,就不太方

---

① 说详余英时《士与中国文化》,上海:上海人民出版社,1987,页 26—33。"哲学的突破"的提法,源于德国哲学家卡尔·雅斯贝斯(Karl Jaspers)在《历史的起源与目标》一书中所提出的"轴心时代"的概念:"这个时代产生了直至今天仍是我们思考范围的基本范畴,创立了人类仍赖以存活的世界宗教之源端。无论在何种意义上,人类都已迈出了走向普遍性的步伐。"(魏楚雄、俞新天译,北京:华夏出版社,1989,页 9)

② 王充《论衡·量知篇》,《诸子集成》,册 7/页 124。

便,一般是写在一整块的版牍上,所以古人习称公文、书信为"公牍""尺牍"。

用来整治竹木的削刀(又称为"书刀",或简称为"削")还可用于修正文字。书刀主要不是用来刻字的,王充说得很清楚:"加笔墨之迹,乃成文字。"简牍上的文字是用笔墨写上去的,而不是用刀刻的(这与甲骨文、金文不同)。碰到写错了的地方,可以用书刀刮去原有的文字,重新书写。苻秦时代的道士王嘉在《拾遗记》一书中提到:三国时,蜀汉的周群到岷山上采药,看见一只白猿从绝峰而下,周群随手抽出所佩的书刀掷向白猿。① 这说明一直到魏晋南北朝时代,书刀都是读书人随身常备的文具。

信牍需要缄封。在简牍时代,人们把写好的文件用麻绳、草索捆扎,而后在结绳之处用湿泥封裹,并在泥上捺印后烘干,以为验信,这叫"斗检封",这些带印记的泥土被称为"封泥"。"斗检封"是秦汉时代十分常见的一种封缄方式,其使用的范围不仅限于信牍。《拾遗记》里说:大禹治水之时,凡"所穿凿之处,皆以青泥封记其所,使玄龟印其上";又说神仙的金壶"上有五龙之检,封以青泥";东汉时还用外国进贡的兰金之泥,"封诸函匣及诸宫门,鬼魅不敢干。当汉世,上将出征及使绝国,多以此泥为玺封。卫青、张骞、苏武、傅介子之使,皆受金泥之玺封也。"②封泥上钤盖的带有官衔的印章是用来检查核对以验证真伪的,所以叫做"检",或叫"检署";当时外派的使节,都带有玺印泥封的文书。至于五龙之类的封检,按照《拾遗记》中的说法,古人在观念上认为它们还具有驱鬼避邪的职能。

单根的竹简写不了多少字;如果要写的内容比较多,可以把若干根竹简用绳子编连起来,就成了"简册"(或"简

---

① 王嘉《王子年拾遗记》卷八,济南:山东人民出版社,2018,页121。
② 《王子年拾遗记》卷二、三、五,页41、61、82。

策")。简册真正具有了书籍的外形。简册的优点之一是其篇幅长短可以视所写内容的多少而灵活决定。内容多了,可以分"篇"书写。古书最早都是以单篇的形式存在的,以后才汇编成书;因此很多的作品原先只有篇名,而没有书名,甚至最开始的时候连篇名也没有。我们今天看到的篇名和书名多是后人追题的。《史记》上记载:韩非"作《孤愤》《五蠹》《内外储》《说林》《说难》,十余万言"。这十万多字的作品,在当时并没有合成一部书,而是以单篇的形式行世的;后代人以作者的名字命名这些作品,才将其合成《韩非子》一书。汉初的陆贾为汉高祖记述成败兴亡的道理,"凡著十二篇。每奏一篇,高帝未尝不称善,左右呼万岁,号其书曰《新语》。"①陆贾的这些篇章也是陆续写成的,最后共凑成十二篇,汉高祖认为这十二篇的文字、见解十分新颖,所以命名为《新语》。②

简册除以"篇"计之外,还可以"卷"为计量单位,因为简册在收藏的时候,一般是卷束起来的。简册的篇题既可以写在开头,也可以写在结尾;还可以写在头尾的竹简的背面,写在背面的好处是当简册卷束起来之后,背面的篇名恰好就露在外面了,方便查找。

简册的大小(也就是所用竹简的长度)则与书籍的性质相关。汉代的时候,儒家的经典作品一般写在比较长的竹简上,而解释经典的"传""记"等,则写在比较短一点的简上(当然这只是大体上的惯例,目前考古也发现了一些例外的实物),即王充所说"大者为经,小者为传、记"。

简册的编绳,或用丝,或用革,前者称为"丝编",后者称"韦编"。编绳因为磨损或者糟朽,日子久了,难免断裂。《论

---

① 《史记》卷六三《老庄申韩列传》,册 7/页 2147;《史记》卷九七《郦生陆贾列传》,册 8/页 2699。

② 说详余嘉锡《古书通例》卷一《古书书名之研究》,《目录学发微·古书通例》页 210—217,北京:中华书局,2007。

语》上说:孔子晚年爱读《易》,以致"韦编三绝",①读书读得太勤,编绳磨断了好几次。

编绳断了以后,竹简散落了,可能会造成书籍内容上的缺失,古人把这种情况叫做"脱简"。把散落的竹简,重新编连起来,有时又可能把先后次序打乱了,这会导致书籍内容的错讹,这种情况叫做"错简"。

生活经验告诉我们,编绳的头尾是最脆弱的地方,头尾的绳结一旦散开,竹简就掉出来了。考虑到这种情况,古人在书写的时候,往往在头尾留出几根竹简不写,这些空白的竹简称为"赘简"。"赘"就是多余的意思,头尾多出来的这几根简,因为没有内容,即便磨损或丢失了,也没关系。后代的书籍在装帧方面,一般都留有"护页"或"扉页",这和古人留"赘简"的做法是一脉相承的。

三、帛书的起源与简帛时代的学术传承

简牍的最大毛病是过于笨重。汉代的东方朔给皇帝上书,共用了三千枚奏牍,合两个人的力量一块儿抬着,都还感到勉强。这三千枚的奏牍,汉武帝前后看了两个月才看完。②缣帛则是比简牍稍晚而又相对轻便的书写材料。由于书写材料不便,古人有时情急之下只好把一些重要的信息记在衣料之上以备忘。《论语》里记载,孔子的学生子张向孔子请教问题,得到答案之后,"子张书诸绅。"③"绅"就是腰间垂下的大带。这种做法大概就是帛书的起源了。《拾遗记》里也说:西汉时刘向校书天禄阁,有个老者来传授他《五行洪范》之

---

① 《史记》卷四七《孔子世家》,册6/页1937。
② 《史记》卷一二六《滑稽列传》,册10/页3205。
③ 《论语注疏》卷一五,《十三经注疏》,下册/页2517。

文,刘向恐怕忘记,"乃裂裳及绅,以记其言";东汉有个学问家任末,勤奋好学,看书看到有合意的地方,"题其衣裳,以记其事",日子长了,衣服上写满了字。他的门徒见老师这样好学,只好替他又买了一件干净的衣服。①

帛书的收藏方式,既可以折叠,也可以卷束。和简册不同的是,因为帛书的质地柔软,所以卷束时候需要加一根轴子,形成"卷轴装"。

在以简帛为主要书写材质的时代,书籍的流布主要是靠传钞。为了区别于后代刊印出版的"刻本",手钞的书籍通常称为"钞(抄)本"或"写本"。在现代汉语中,"抄写"已成为常用的词语,其实在魏晋南北朝时代,"抄"与"写"还是有一定区别的。

"钞"字的本义是"叉取",俗字又写作"抄"。②"叉取"是一种有目的、有选择的拿取,现代汉语中仍有"抄起(某物)"的说法,即用此义。因此,"抄书"的本义应该指的是一种有别择、有取舍地迻录,而不全是"依样画葫芦"。古人在读书的时候,或者是节抄部分的篇章段落,或者又把相关的内容合抄在一起,这样抄成的东西和原作并不完全一致,甚至在抄的过程中会出现对原有资料进行重组或加工从而又"抄"出一部新书的情况。

"写"字的本义则是"置物"③,把东西从一个地方挪到另一个地方就叫"写",所以又引申为照原样临摹。古人把画像叫"写真",意即摹写人的真容样貌;现代汉语中的"写生"一词用的也是此义。因此,"写书"或"写本"更强调的是不加改

---

① 《王子年拾遗记》卷六,页100、101。
② 《说文解字》卷一四上《金部》:"钞,叉取也,从金少声。臣铉等曰:今俗别作'抄'。"(页298)
③ 《说文解字》卷七下《宀部》,页151。

变地照样眷录。①

人们从事"抄写"通常是出于两种目的：一是为了学习，二是为了保存复本。抄书的人也可以分为两种：一种是自己动手的，还有一种就是雇佣专职的钞手。如果人们是为了学习的目的而抄写，那么并不需要把整本的书都抄下来，只要有重点地摘抄即可；这种情况下，一般的读书人会自己动手抄。但如果是为了保留复本而抄写，就有必要忠实地把全书誊写下来；由于工作量很大，有条件的人会选择雇佣职业的钞手来完成工作。

古书中经常记载有些读书人因生活拮据，只好靠"佣书"为生。《拾遗记》里说：张仪、苏秦二人好学而贫穷，经常"佣力写书"；汉代的王吉"家贫不得仕，乃挟竹简插笔，于洛阳市佣书"。② 所谓"佣力写书"或"佣书"，指的就是作"钞胥"或"写手"，替人抄抄写写，赚一点小钱。读书人如果没有别的特长，"佣书"也许是最简便的谋生手段了，不过收入是微薄的。《拾遗记》里提到的王吉，据说后来靠"佣书"而致富；如果真是这样，那也只是极个别的现象。

在书籍相对不易获得的时代，除了手抄之外，口诵是另一种重要的学习手段。"诵"指的是背诵，古人读书注重博闻强记，对于常见的经典，要求反复吟诵而后默记于心。梁代的王筠自言：

> 幼年读《五经》，皆七八十遍。爱《左氏春秋》，吟讽常为口实，广略去取，凡三过五钞。余经及《周官》《仪

---

① 关于"钞"与"写"之区别，说详吕思勉《两晋南北朝史》第二十三章"晋南北朝学术"："钞字之义，今古不同。今云钞者，意谓眷写，古则意谓摘取。故钞书之时，删节字句，习为固然。"又："古人言钞，义与今异。（自注：经籍：钞，钞胥异写手，写多不自为，官或役人，亦有高才屈居。）……眷写非易，钞最遂多。"（上海古籍出版社，2005，下册/页1225、1298）又参童岭《"钞"、"写"有别论——六朝书籍文化史识小录一种》，《汉学研究》2011年第2卷第1期，页257—280。

② 《王子年拾遗记》卷四、卷六，页73、95。

礼》《国语》《尔雅》《山海经》《本草》并再钞。子史诸集皆一遍。未尝倩人假手,并躬自钞录,大小百余卷。不足传之好事,盖以备遗忘而已。①

王筠从小就把《五经》读了七八十遍,特别喜欢读《左传》,张口就能背诵。除了经常讽诵经典之外,他还亲手抄录了很多书。他明确表示,抄这些书不是为了传之后世,只是"备遗忘而已",也就是说,主要是作为一种学习的手段。

相传汉代的贾逵小时候家中贫穷,听到邻居家有读书声,贾逵的姐姐就抱着贾逵在门外静听。贾逵到了十岁的时候,能够"暗诵六经",姐姐问他:"我们家贫困,从来没有请过老师,你怎么会背这么多书呢?"贾逵回答:"都是小时候从邻居家听来的。"贾逵还剥下桑树的树皮用来写字,或者干脆写在墙上、门上,就这样"且诵且记",最后成了大学问家。② 贾逵成才的故事,其中有夸张的成分,但是能"暗诵"经典,这是当时读书人普遍的本领。

秦始皇"焚书"之后,古代的经典烧毁了。汉初的时候,朝廷专门派人找到那些仍然能够背诵经典的老师宿儒,请他们把已经焚毁的经典背出来,并用当时的文字重新记录下来。这说明在特定的情况下,"口诵"也是书籍流传的途径之一。到汉代中叶的时候,又在孔府旧宅的夹壁墙以及其他一些地方,陆续发现了当年"焚书"时人们有意藏留下来的一些旧典。这些旧典是用先秦的古文字写成的,故称"古文经";相应地,由经师口诵而后笔录下的文本,就称为"今文经"。今、古文经之间,不仅存在文字体系的差异,二者在传承路径、政治理念、学术方法等方面均有显著的差别,由此产生了文化史上影响深远的"今古文之争"。

---

① 《梁书》卷三三《王筠传》,北京:中华书局,1973,册 2/页 486。
② 《王子年拾遗记》卷六,页 100。

四、纸的发明与"敬惜字纸"现象

缣帛虽然轻便,但价格昂贵,还不是最理想的书写材料。东汉元兴元年(105),蔡伦以树皮、麻头、破布、渔网等为原料,改进了造纸术,天下称便,将其命名为"蔡侯纸"①。到了西晋时候,又出现了质量更好的"左伯纸"②。晋人傅咸作有《纸赋》,极赞纸张之可贵:

> 夫其为物,厥美可珍。廉方有则,体洁性真。含章蕴藻,实好斯文。取彼之淑,以为己新。揽之则舒,舍之则卷,可屈可伸,能幽能显。③

不过受习惯的影响,纸并没有很快地取代简帛,在整个魏晋时代,纸张都是与简帛并行的。《拾遗记》中说,晋武帝曾赐给张华青铁砚、麟管笔、侧理纸。所谓"侧理纸"是"南人以海苔为纸,其理纵横邪侧,因以为名"④。《拾遗记》一书中有不少关于简帛时代的书写制度的故事,但提到"纸"的就这一次。书里说的青铁砚、麟管笔与侧理纸,都是外国进献的贡品,皇帝又将其赐予臣子。这说明在魏晋南北朝时代,纸张在某种程度上仍是奢侈品。

西晋时,大文豪左思写成《三都赋》,"于是豪贵之家竞相传写,洛阳为之纸贵"⑤。为了传写一篇文学作品,大家竞相买纸,竟然导致当地的纸价上涨,也可见当时的市面上纸张

---

① 蔡伦并不是纸的发明者,考古发掘与古籍记载中均可见到时代更早的纸。"纸"的概念也有一个变化的过程。《后汉书》卷七八《宦者传》:"自古书契多编以竹简,其用缣帛者,谓之为纸。缣贵而简重,并不便于人。"(册9/页2513)可知在蔡伦之前,缣帛也可以叫"纸"。蔡伦的功绩在于首次制造出价廉质美、适于书写的纸张。
② "左伯纸"之名见《太平御览》卷七四引《三辅决录》,但其具体制作工艺不详。
③ 《初学记》卷二一,北京:中华书局,1962,册3/页517—518。
④ 《王子年拾遗记》卷九,页130。
⑤ 《晋书》卷九二《左思传》,北京:中华书局,1974,册8/页2377。

的供应量还相对有限,远不像现在这样普及。

到了东晋末年,桓玄下令:"古无纸,故用简,非主于敬也。今诸用简者,皆以黄纸代之。"①从这时候开始,纸成了官方文件的指定书写材料。所谓"黄纸",又称"黄卷",是用黄檗(俗作"黄柏")的汁液染过的纸张。黄檗是一种很苦的中药,用黄檗染过的纸张,颜色发黄,可以防止虫蛀。这一技术称作"染潢"("染黄")或"入潢"("入黄")。现代汉语中仍频繁使用的"装潢"一词,最初即指对纸书进行染潢;现在"装潢"一词的使用范围已涵盖小至书籍装帧,大到家居装修的一切装饰艺术。

在黄纸上书写,如果写错了,古人又用一种叫雌黄的矿石粉末来进行涂改,雌黄的颜色和黄纸十分接近,涂抹在错处之后,再重新写上正确的。② 成语"信口雌黄"就是形容说话不负责任、胡言乱语,就好像在纸上写了文字之后又随意用雌黄涂改一样。

由于造纸的工艺比较繁复,尤其要造出好纸不太容易,因此即便在纸已经普及之后,人们对纸张还是比较珍视的。中国国家图书馆藏有司马光《资治通鉴》手写稿(残卷)一种,从中可以看到,司马光是把稿子写在范纯仁寄给自己的信札的空白之处。这份手稿的卷末还附有司马光手书的《谢人惠物状》,这份状不知道是要感谢谁的,大概也是司马光在写信之前打的草稿。③ 一张纸上同时写了三宗并不相干的文字,

---

① 《初学记》卷二一引《桓玄伪事》,册3/页517。
② 《齐民要术》卷三《杂说》"染潢及治书法""雌黄治书法",南京:江苏古籍出版社,2001(影《四部备要》本),页110—112。又,沈括《梦溪笔谈》:"尝校改字之法:刮洗则纸伤,纸贴之又易脱,粉涂则字不没。涂数遍,方能漫灭。唯雌黄一漫则灭,仍久而不脱,古人谓之'铅黄',盖用之有素矣。"(页5)
③ 汪砢玉《珊瑚网》卷三:"温公起《通鉴》草于范忠宣公尺牍,其末又《谢人惠物状》草也。幅纸之间,三绝具焉,诚可宝哉!"(文渊阁《四库全书》)此手写稿1961年北京的文物出版社曾以《宋司马光通鉴稿》为名影印出版。

看来即使像司马光这样的高官,对于纸张的使用也还是很节约的。这种在用过的纸张的背面或者空白处书写的做法,称作"反故",在古代是很常见的。敦煌发现的文书有很多是两面书写的。宋元时期,还有利用官府废弃的公文纸来印书的,这种印本习称为"公文纸本"。①

由于古人认为文字本身具有神性,再加上纸张的不易得,到了明清时代,人们对于写有或印有字迹的纸张抱有超乎寻常的敬畏与爱惜之情,形成近乎崇拜的信仰,即所谓的"敬惜字纸"。这种观念宣扬对于有字纸张不能随意处理,更不允许践踏、损毁,而应深埋净地,或虔心焚烧,否则将受神谴。为此,许多道观、寺庙还专设"惜字炉"用以焚烧字纸。②而官方大力宣扬这一观念的背后,还带有借助对文字的神化,达到使普通民众敬畏"圣人之言"的目的。③

五、从卷轴到册叶

(一) 卷轴装

帛书和早期的纸书均以卷轴的式样装帧。卷轴装在其成熟阶段,也形成了一整套完整的制度。为了保护书卷,卷首要裱以较好的纸张,再好些的则用绫、绢之类,称之为

---

① 详叶德辉《书林清话》卷八"宋元明印书用公牍纸背及各项旧纸"、卷一〇"古人钞书用旧纸",《书林清话(附书林余话)》,北京:华文出版社,2012,页221—223、277—278。
② 详白化文《中国纸文化中特有的"敬惜字纸"之现象》,《中国典籍与文化》2011年第3期,页108—117、30。
③ 石峰《敬字碑记》:"字者万古之英灵所萃,两大之精气所凝。《易》上古结绳之治,百官万民之宰,是以苍颉夫子制字成,天雨粟,鬼夜哭,龙乃潜藏,盖物之至秘而至神者,造化亦靳惜而宝贵之。……嘻嘻,精华泄露,造物者所忌,务令葆其精真,韫其元神,仍若储之名山石室焉。由敬生畏,畏之维何?畏圣人之言也。"见《纳溪县志》卷一〇,嘉庆十八年修民国二十六年铅字重印本。

"褾";褾的中间系有用于捆束卷子的"带";为了便于查检,轴头挂着写有书名、卷次的牌子,称为"签",考究些的用象牙制作,称"牙签"。

一部书往往有许多卷,为了避免不同的书混在一起,也为了保护书籍,平时要把书卷收在书囊中。书囊又称为"书帙(书袠)""书衣",①通常用较好的布料或者细竹制成,是用来盛书的装具,《拾遗记》里就有"剥树皮编以为书帙,以盛天下良书"的说法。古人的习惯,一般以五卷或十卷为一帙。②

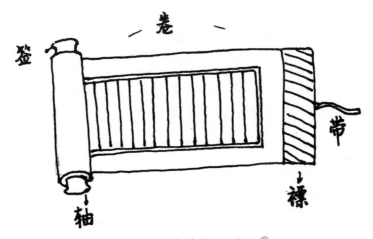

图 3-1 "卷轴装"示意图③

卷轴装的书籍上架的时候,通常是平放在架上,轴端向外,露出题签,便于取阅。韩愈在诗中曾言:

---

① 《说文解字》卷七下《巾部》:"帙,书衣也","袠,帙或从衣。"页159。
② 《王子年拾遗记》卷四,页73。叶德辉认为:"竹织者当称函",又云:"敦煌石室所藏卷子,外皆以细织竹帘包之,盖即竹帙之一种。见罗振玉《鸣沙山石室秘录》。"(《书林清话》卷一,页23)据《拾遗记》所述,以细竹、树皮等编织者,亦可称帙。马衡亦言:"日本正仓院藏唐代杂物,有经帙,皆以细竹为纬,各色绢丝为经,以织成之,四周有锦缘,一端有带。"(《凡将斋金石丛稿》,页270—271)
③ 除另署名者外,本章插图作者皆为董岑仕。

> 邺侯家多书,插架三万轴。一一悬牙签,新若手未触。①

描绘的是唐代邺侯李泌的藏书。而当时的官方藏书,不仅装帧更为考究,而且还以不同质地与颜色的卷轴、缥带与牙签来标示、区别不同类目的书籍。②

(二) 龙鳞装

卷轴装的书籍,如果内容稍多一些,那么不论是要摊开长卷或是阅后卷束起来,都很费事;如果要在卷中寻找特定的文字内容,更显得麻烦。如欧阳修所说:

> 唐人藏书皆作卷轴,其后有叶子,其制似今策子。凡文字有备检用者,卷轴难数卷舒,故以叶子写之,如吴彩鸾《唐韵》、李郃彩选之类是也。③

有的书用来"读"的,有的书是用来"查"的;《唐韵》就属于后一种,即所谓"备检用者"。为了更便于检阅,人们开始酝酿对卷轴装进行改进。欧阳修提到的吴彩鸾《唐韵》,宋元两代的学者曾多次提及,其中元代王恽所描述的较为详细:

> 吴彩鸾龙鳞《楷韵》。后柳诚悬(柳公权字诚悬,引者)题云:"吴彩鸾,世传谪仙也。一夕书《广韵》一部,即鬻于市,人不测其意。稔闻此说,罕见其书,数载勤求,方获斯本。观其神全气古,笔力遒劲,出于自然,非古今

---

① 《韩昌黎全集》卷七《送诸葛觉往随州读书》,北京:中国书店,1991(影1935年世界书局本),上册/页120。
② 《旧唐书》卷四七《经籍志下》:"凡四部库书,两京各一本,共一十二万五千九百六十卷,皆以益州麻纸写。其集贤院御书:经库皆钿白牙轴,黄缥带,红牙签;史书库钿青牙轴,缥带,绿牙签;子库皆雕紫檀轴,紫带,碧牙签;集库皆绿牙轴,朱带,白牙签,以分别之。"(北京:中华书局,1975,册6/页2082—2083)
③ 欧阳修《归田录》卷二,《欧阳修全集》卷一二七,北京:中华书局,2001,册5/页1937。

学人可及也。时泰和九年九月十五日题。"其册共五十四叶,鳞次相积,皆留纸缝。(天宝八载制)①

1947年故宫博物院曾购进一部唐代王仁昫《刊谬补缺切韵》的古写本。全书共有二十四叶,依次裱在一幅长卷上。其中第一叶是单面书写的,全幅裱在底纸的右端;从第二叶开始的后二十三叶,均为双面书写,而后自右向左,逐叶以右侧之一端粘于底纸之上。这样装成的书籍,展开之后,书叶就像鱼鳞一样依次相叠;而卷起之后,外形仍是卷轴。学者们认为:屡见于古书的吴彩鸾"龙鳞《唐韵》"大致就是此种形态,因此将这种装帧样式称为"龙鳞装"(或"鱼鳞装")。②

大英图书馆藏有一件敦煌唐写本《金刚般若波罗密经》(《敦煌遗书总目索引》S5444号),其装帧的样式与故宫所藏的王仁昫《切韵》大同小异。这件S5444的各叶均为双面书写,装法是把最末一张纸的右侧空白处裱在底纸最右端上;接下来的纸张不裱在底纸上,而裱在前一张纸的右侧空白处,但位置又比前一张纸的粘裱处靠左一点;依次类推。③ 这样裱成的长卷,正面的第一张纸盖住了下面的各张,但是如果反过来看,仍然符合王恽所说的"鳞次相积,皆留纸缝",所以也应属于龙鳞装。

龙鳞装不仅出现在敦煌遗书中,近年来,有学者在云南省大理州凤仪北汤天法藏寺的大理国时期的佛经写卷中也发现了龙鳞装。遗憾的是其中有些写卷在修复、重装的过程中被改为了卷轴装。如云南博物馆所藏的《诸佛菩萨金刚等启请》,卷末有"敬写诸佛菩萨金刚等启请叶一百张壹卷"之

---

① 王恽《玉堂嘉话》卷二,《玉堂嘉话·山居新语》,北京:中华书局,2006,页68。
② 马衡《中国书籍制度变迁之研究》,《凡将斋金石丛稿》,北京:中华书局,1977,页274—275。
③ 李致忠、吴芳思《中国书史研究中的一些问题(之二)——古书梵夹装、旋风装、蝴蝶装、包背装、线装的起源与流变》,《图书馆学通讯》1987年第2期,页77—79。

题记。所谓"一百张",指的是展开之后有散叶百张,但这一百张收卷起来之后又可以合为"壹卷":这是典型的龙鳞装的特征。①

龙鳞装在粘裱的过程中之所以要鳞次相错,而不采取把书脊对齐粘裱的方法,主要原因当在于古代写卷的纸幅一般都比较长,如故宫的王仁昫《切韵》,每叶长 47.8 厘米;大理凤仪北汤天法藏寺佛卷中,单叶纸张长度超过 100 厘米的并不少见,甚至有一纸超过 130 厘米的。这样长的纸幅决定了其装帧方式从总体上说应是卷轴式。因此,为了最后能够卷束起来,就不能采用对齐粘裱的办法,而只能是鳞次相错地粘贴,以避免书脊处的厚度过大。

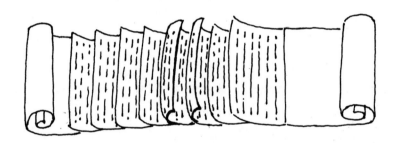

图 3-2 "龙鳞装"示意图

(三) 梵夹装

梵夹装并不是中国固有的书籍装帧形式,它来源于古印度的贝叶经。隋朝杜宝在《大业杂记》中说:

> 左掖门东二里,有承福门,即东城南门。门南洛水有翊津桥,通翻经道场东街。其道场有婆罗门僧及身毒僧十余人。新翻诸经,其所翻经本从外国来,用贝多树叶书,书即今胡书体。贝多叶长一尺五六寸,阔五寸许,

---

① 侯冲《从凤仪北汤天大理写经看旋风装的形制》,《文献》2012 年第 1 期,页 46。

叶形似枇杷叶而厚大,横作行书,随经多少,缝缀其一边,怗怗然,今呼为"梵夹"。①

古印度人在贝树叶子上书写经文,写毕后将贝叶按序叠好,前后各用一块木板或竹片夹住,而后再凿孔穿绳。绳子要穿透夹板,并要留出一段余绳。余绳不仅为翻叶留下空间,收藏的时候还用于捆束经文。这种装帧形式称为贝叶装,传入中土之后,又称梵夹装。由于古印度的佛经多采用梵夹装,所以"梵夹"后来也常成为佛经的代称。《资治通鉴》记载唐懿宗崇信佛教,"于禁中设讲席,自唱经,手录梵夹。"胡三省谓:

> 梵夹者,贝叶经也;以板夹之,谓之梵夹。段成式曰:贝多叶出摩伽陀西国土,用以写经,其树长六七丈,经冬不凋。②

受古印度佛经装帧形式的影响,中国的纸写佛经也有采用梵夹装的。如大英图书馆所藏敦煌遗书《禅门经》(S5532)、《佛经疏释》(S5533)、《唯识三十论要释》(S5537)等三件,距书叶边栏三分之一处均留有一个或两个圆孔,且圆孔的边缘有绳磨的痕迹,显然其最初装帧形态应为梵夹装。③中国国家图书馆所藏的敦煌遗书《思益梵天所问经》至今仍遗存一块木质夹板与贯穿夹板、书叶的穿绳,是中国纸书梵夹装最典型的实物。④

---

① 辛德勇辑校《两京新记辑校·大业杂记辑校》,西安:三秦出版社,2006,页4—5。
② 《通鉴》卷二五〇"唐懿宗咸通三年",册17/页8097。
③ 李致忠、吴芳思《中国书史研究中的一些问题(之二)——古书梵夹装、旋风装、蝴蝶装、包背装、线装的起源与流变》,《图书馆学通讯》1987年第2期,页74—77。
④ 李致忠《中国古代书籍的装帧形式与形制》,《文献》2008年第3期,页12。

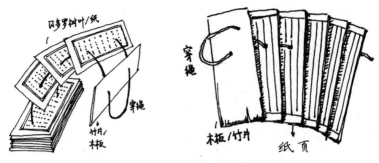

图 3-3 "贝叶经"与"梵夹装"示意图

梵夹装本来是适应于以贝树叶为书写材料的印度佛经，未必适合其他纸张。前面提到的四件梵夹装的敦煌遗书，均写在较粗厚的麻纸上。而中国大多数书籍的纸张都比较柔软，故除佛经之外，俗世的书籍鲜有采用梵夹装的。

(四) 经折装

梵夹装是外来的装帧形式，它对中国书籍装帧史的主要贡献是直接启发了经折装。经折装是将长卷一正一反地折叠成长方形的折子，并在首尾各用厚纸装裱保护，由于这种装帧形式常用于佛经，故称经折装。①梵夹装本来是横写的，传入中国后，适应汉字竖行书写的习惯，也出现了竖写的汉文梵夹装。同时目前在少数民族地区又发现有横写的经折装（如西藏《法典》）。在大英图书馆所藏的敦煌遗书中，还有的汉文书写的经折装中间已打了一个穿绳的小孔，但还没有把边沿裁开，仍是一幅长卷：这些部分保留梵夹装特点的经

---

① 以往有些学者混淆了经折装与梵夹装之间的区别。如阴法鲁、许树安、刘玉才《中国古代文化史（插图本）》第八章《古代书籍制度的发展》："这种折叠而成的'折本'与从印度传来的梵文佛经的装帧形式有些相像，所以又称为'经折装'或'梵夹装'。"显然将"经折装"与"梵夹装"混为一谈。（但该书所配的"敦煌出土梵夹装"插图则是正确的，见页 368—369。）

折装,有助于说明经折装是在梵夹装的影响下产生的。① 而经折装首尾各用厚纸装裱的做法,也和梵夹装前后用夹板保护的做法一脉相承。

图 3-4 "经折装"示意图

龙鳞装、梵夹装收卷起来之后都可以用带子捆住;而经折装最大的问题就在于,拿取的时候稍不留意就会滑落而成一幅长纸。一旦散开了,再按原样折回去,不但麻烦,而且纸张的折痕之处还容易断裂。如何防止折本在取阅时散开?宋元时期有些经折装就在这方面用了心思。如元刻《径山藏》本《宗镜录》残卷,其装帧形式是在经折的封面裱糊一张与折面大小相当的稍硬稍厚的暗褐色纸皮;封底所用的纸张与封面质地相同,但横向幅度更为宽展,左右两侧都各留出一小段余纸;经折叠好之后,把封底从左右两侧兜裹上来,先把左侧留出的余纸压在封面之上,再把右侧的余纸盖在最上面。左、右两侧的余纸,在上封皮之外,又形了两道"压叶";整幅封底则起到了"书衣"的作用。② 这样装成的折本,至少在

---

① 说详杜伟生《中国古籍修复与装裱技术图解》,北京:中华书局,2013,页55—57。

② 辛德勇《赏玩零篇残简是一种快乐的智力游戏》,澎湃新闻 http://www.thepaper.cn/newsDetail_forward_1358217(2015-08-29)。又见杜伟生《中国古籍修复与装裱技术图解》,页56。

拿取的时候,是不易散开的。

(五) 旋风装

在从"卷轴"向"册叶"过渡的几种装帧形态中,旋风装是最有争议的一种。古书中提到的"旋风叶""旋风册子",其具体形态究竟如何?学界至今没有统一的意见。概括起来,以下三种看法比较有影响而又有一定理据。

第一,认为旋风装是对经折装的改进。具体做法是把一张厚纸对折之后,一半裱在经折的封面,一半裱在封底。这样装裱之后,折本不会完全散开,还可以回旋往复地翻阅,故名"旋风装"。宋朝人看见日本传入的折扇能开能合,"展之广尺余,合之只两指",曾名之为"旋风扇";[①]"旋风装"得名之由,盖与此类似。首先提出此观点的是日本学者岛田翰,他说:

> 何谓旋风叶?予犹逮见旧钞本《论语》及《醍醐杂事诗》,所谓旋风装也。旋风叶者,盖出于卷子之变。夫卷子之制,每读一书、检一事,绅阅展舒,甚为烦数。于是后世取卷子叠折成册,两折一张裱纸,犹宋椠《藏经》而其制微异。而其翻风之状宛转如旋风,而两两尚不相离,则又似囊子,故皇国谓之囊草子也。[②]

刘国均等中国学者支持岛田翰的观点[③]。但目前除岛田翰提到他本人曾见过的"旧抄本《论语》及《醍醐杂事诗》"之

---

① 江少虞《宋朝事实类苑》卷六〇"日本扇":"熙宁末,余游相国寺,见卖日本国扇者,琴漆柄,以鸦青纸厚如饼,揲为旋风扇。"(上海:上海古籍出版社,1981,页799)又,郎瑛《七修续稿》卷六《事物类》之"折叠扇":"折扇由成化初高丽贡至,朝命效制以答,复书格言以赐群臣,民遂效而为之,故《水东日记》云起自本朝,人随道焉。不知北宋已有之矣,故东坡云:'高丽白松扇展之广尺余,合之只两指。'正谓是也。"(《七修类稿》,上海:上海书店出版社,2009,页601)按:高丽白松扇亦源于日本。

② 岛田翰《古文旧书考》卷一"书册装潢考",上海:上海古籍出版社,2014,页16。

③ 刘国均《中国书史简编》,页50。

外,缺乏其他的实物佐证。

图 3-5　岛田翰所说的"旋风装"示意图

最近,辛德勇重申了岛田翰、刘国均这一派学者的观点,认为旋风装只能是一种方册,而且这种折叠式的旋风装印本是雕版印本从卷轴装向蝴蝶装转换过程中最重要、最直接的环节。①

第二,认为旋风装即龙鳞装。南宋张邦基曾云:

> 裴铏《传奇》载:成都古仙人吴彩鸾,善书小字,尝书《唐韵》鬻之。今蜀中导江迎祥院经藏中《佛本行经》六十卷,乃彩鸾所书,亦异物也,今世间所传《唐韵》犹有,皆旋风叶,字画清劲,人家往往有之。②

李致忠根据张邦基"旋风叶"的说法,认为故宫所藏王仁昫《刊谬补缺切韵》即旋风装之实物。③这一观点在二十世纪八十年代曾产生很大的影响。

---

① 辛德勇《重论旋风装》,《长安学研究》第二辑,北京:科学出版社,2017,页 318。
② 张邦基《墨庄漫录》卷三"吴彩鸾善书小字",《墨庄漫录·过庭录·可书》,北京:中华书局,2002,页 98。
③ 李致忠《古书"旋风装"考辨》,《文献》,1981 年第 2 期,页 75—78。此后李致忠又在多部论著中申说过此观点。

第三,二十世纪九十年代,杜伟生根据英、法等国所藏敦煌遗书实物提出:旋风装是将书叶的一侧码齐,在纸边涂上浆糊,逐叶粘牢后加轴。

如法国国家图书馆藏敦煌 2046 号,原件缺题,全书十叶,"全部书叶以左侧为准码齐,各叶之间先以浆糊粘连,然后用宽约 5 厘米左右的竹条二根夹住书叶,再在竹条上打眼七个,用一根麻线从上向下,再从下向上循环串连装订"。法藏敦煌遗书 2490 号,缺题,有"广明二年次岁正月日记"一行(广明为唐僖宗年号,其二年为公元 881 年),共六叶,"全部书叶以右侧为准集齐,然后再粘在一根直径 1 厘米左右的小木棍上"。大英图书馆藏敦煌遗书 S6349 号《筮宅吉凶法》,共五叶,"全部书叶以左侧为准集齐,逐叶粘好,再用一根直径约 9 毫米的竹棍破开,夹住书叶,竹棍上再打三个眼,用麻线串连缝好。"另外,法国国家博物馆也藏有一件和故宫藏本基本相同的《唐写本王仁昫刊谬补缺切韵》,全部书叶都经过整叶托裱,故原书装帧状况不得而知,杜伟生认为其原本形态也应与前三件敦煌遗书近似。至于故宫所藏的《切韵》,照片显示书叶中间有明显折痕,杜伟生推测"龙鳞装"也不是其原本的样态。①

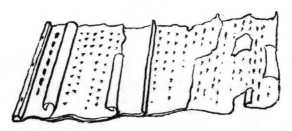

图 3-6　杜伟生所说的"旋风装"示意图②

---

① 杜伟生《从敦煌遗书的装帧谈"旋风装"》,《文献》,1997 年第 3 期,页 181—190。
② 示意图选自杜伟生《从敦煌遗书的装帧谈"旋风装"》,《文献》,1997 年第 3 期,页 190。

目前学者们在讨论"旋风装"问题时的常见方法是：先从一定的实物证据出发，而后结合古书中的相关记载，寻找二者的契合点，再对"旋风"之名称做出推测性的解释。但由于古书中对"旋风叶""旋风册"的描述过于笼统，导致不同学者引用的古籍资料都差不多，但各自的解释却不尽相同，甚至结论迥异。同时，古籍中对各种装帧形态的描述往往是个案的、静态的，而书籍装帧形式的实际演变又是由许多渐进的动态过程构成的。因此理论上也存在这种可能性，即宋元学者笔下的"旋风叶"所指向的实物形态，在很多具体环节上可能并不一致。实物证据相对而言虽然更重要、更可靠；但文物能够保存下来，本身又具有很大的偶然性，例如故宫所藏的《切韵》，究竟代表的是一种普遍的样态，还是经后人修复装裱后而出现的特例呢？这些问题都促使我们重新进行思考。

目前要对"旋风装"给出一个十分明确的说法，看来确实还有一定的困难。在这种情况下，我们能否换一种思路：即把现有的这些有可能是旋风装的实物，放置在由"卷轴"向"册叶"过渡的大背景之下考察，具体分析其利弊与成因，看看这些实物各应处于书籍装帧史链条的哪一环节上，最后再考虑如何来命名这些装帧样式。

如前所述，故宫所藏的王仁昫《切韵》的装帧形式，在敦煌遗书与凤仪北汤天大理写经中均发现了类似实物，说明这种装法并不是偶然为之的权宜之计，而是带有普遍性的，其内涵特征也比较明显，前人将其命名为"龙鳞装"是准确而合适的，不会引起歧义。

而仔细分析杜伟生提到的三种被认为是"旋风装"的敦煌遗书，其最突出的特点是，全部书叶对齐粘贴之后，或是粘在一根小木条上，或是夹在劈开的竹条中，再缝线固定。但必须注意的是，杜伟生提到的这三种敦煌遗书，厚度均不超过十叶;而故宫的王仁昫《切韵》有二十四叶,云南省图书馆藏的大理国《密教散食仪》(拟名)写本,脱落了十余叶之后也还留存十三叶。①设想一下,如果叶数再增多一些,就很难做到全部叠齐后固定在小木棍上,用竹条破开夹住更是不可能。杜伟生也指出了这些写卷的规格基本上都是"横长竖短",最后还是要卷束起来收藏的。因此小木条所起的取齐、加固作用是十分有限的,主要还是在收卷书叶时起轴心的作用,属于卷轴装之孑遗。所以我们认为:杜伟生所说的"旋风装"只适用于叶数比较少的情况,实际上应视为一种卷轴装的变异,或者说是卷轴装的发展也可以。

岛田翰所说的"旋风装",尽管目前没有人见过这样的书籍,但既然岛田翰本人曾见过两种实物,我们也不宜贸然怀疑这种装帧样式在历史上曾存在过的真实性。这种装法,其立意应与前面提到的元《径山藏》本《宗镜录》残卷相仿,即为防止折本散落,但却更具匠心,其性质应视为对经折装的改良。

这几种由"卷轴"向"册叶"过渡的装帧形态中,龙鳞装的特点是外观保留了卷轴式样,打开来又是散叶;经折装的书籍,外观上已和今天的书本近似,但全幅展开来却又是长卷。杜伟生所谓的"旋风装",我们认为它可以从属于广义的卷轴装;而岛田翰所说的"旋风装"则可从属于经折装的范畴。②

(六) 缝缋装

伴随社会总体文化的积累与发展,书籍的内容越来越丰

---

① 侯冲《从凤仪北汤天大理写经看旋风装的形制》,《文献》2012年第1期,页42。
② 如果一定要把某一种装帧形态定义为"旋风装"的话,我们倾向于尊重学术界既往的习惯,沿用历史较久、亦有一定影响的岛田翰一派的说法(或可用辛德勇之提法,称为"折叠式旋风装"),而不主张在理据尚不充分的情况下,再增加新的说法,使原本已经复杂的问题更加复杂。

富,篇幅也越来越长,卷轴装容量有限的缺点就越发暴露了。当书籍装帧样式彻底摆脱卷轴的外形而发展为册叶之后,如何汇集散叶就成为首要的问题,而这时候的散叶不再是十叶八叶的规模了,散叶的数量有可能比较多。

汇集散叶的方法无非两种,一是用浆糊粘贴,二是用针线缝连;古人称前者为"粘叶",后者为"缝缋"。张邦基《墨庄漫录》中曾言:

> 王洙原叔内翰尝云:"作书册,粘叶为上。久脱烂,苟不逸去,寻其次第,足可抄录。屡得逸书,以此获全。若缝缋,岁久断绝,即难次序。初得董氏《繁露》数册,错乱颠倒。伏读岁余,寻绎缀次,方稍完复,乃缝缋之弊也。①

王洙所说的"缝缋"的最大缺点,也可以说是最大特点,就是一旦缝线断裂了,书叶的顺序就错乱了,而且很难恢复。可见,这是一种特定的装帧形态,用线缝连只是其特征之一,但并不是其最本质的特征。

缝缋装指的是,在书叶比较多的情况下,先将若干张书叶按顺序叠好后对折,形成一沓儿;再把若干沓的书叶码放整齐,用针线在书脊处缝固。如大英图书馆藏敦煌遗书5433号,是以两叶对折为一沓,共6沓;5458号,四张书叶对折为一沓,共7沓;法国国家图书馆藏3292号,八叶对折为一沓,共6沓。这样装成的书籍,其相邻的两叶的文字,很可能并不写在同一张纸上,所以一旦缝线断开、书叶散乱了,再要恢复原有的次序就很困难。

缝缋装的版面排列方法,实际上和近代的洋装书籍相似,直到今天仍有部分书籍采用的是类似的装法。日本人把缝缋装进行了改良,书脊上打四个眼,用两根针,每根针只在

---

① 《墨庄漫录》卷四"王原叔作书册粘叶",《墨庄漫录·过庭录·可书》,页129。

两个眼中反复穿连,从而又演变出一种新的装帧形式"和缀"。

图 3-7 "缝缋装"的《古今和歌集》

但宋代以后,中国的古书却很少采用缝缋装。这其中的原因除王洙分析的"缝缋之弊"以外,最主要的原因还是制作的困难。缝缋装的写本都是先将白纸装订好了之后,再进行书写的;如果是写完了再装订,书写者在提笔之前就必须充分考虑每一沓计划用多少张纸,在每一纸张上应该抄写什么内容,这样才能保证全书装成之后,所有内容都能接续上。雕版印刷普及之后,印本书籍如果要采用缝缋装,排版必须十分精确,这显然难度太大,成本太高。① 因此,从书籍装帧史的角度看,技术工艺十分"超前"的缝缋装在古代中国却只是昙花一现。②

---

① 1991 年,宁夏贺兰县拜寺沟方塔废墟出土一批西夏文献,其中《汉文诗集》《修持仪规》《众经集要》等三种汉文写本为缝缋装。整理者发现:"在《汉文诗集》中,除个别页码外,大部分页码前后两面文字大小和墨色浓淡有差异,甚至行数也不一致。在《修持仪规》中,每页前后两面上下栏线墨色浓淡不匀,甚至高低也有差距。只有先装订,后画栏书写,才能形成上述状况。"此外,敦煌与拜寺沟方塔发现的缝缋装均为写本,而未发现有印本。详牛达生《从拜寺沟方塔出土西夏文献看古籍中的缝缋装》,《文献》2000 年第 2 期,页 86。

② "缝缋装"部分主要参考杜伟生《中国古籍修复与装裱技术图解》,页 456—465。

六、雕版印刷术发明之后纸书册叶制度的发展

雕版印刷术发明之后,为了节省成本并提高效率,书籍的用纸通常比较薄,并且采用单面刷印的方法,这就对书籍的装帧提出了新的要求。缝缋装因为制作过于麻烦,不适合印本书籍,那么"粘叶"的办法又如何呢?

(一) 蝴蝶装

在敦煌遗书中已出现先将书叶对折,使每张书叶形成四个叶面,而后折好的书叶码放整齐并在书脊处涂抹浆糊的做法,这种做法已和后代的蝴蝶装十分相似了。[①]所不同者,敦煌的写本用的是粗厚的麻纸,可以双面书写,而后世的蝴蝶装印本只是一面有字。蝴蝶装的具体装法就是把有字的一面向内对折,折好之后空白叶面向外;然后将折好的一叠书叶码齐,在书背上涂抹浆糊;最后包上一层坚硬的书衣。

书叶对折的地方,习称为"中缝",又叫"版心",版心上通常有鱼尾形的标记,作为折叠时候的参照物。蝴蝶装的书籍,版心是向内的,也就是说中缝的地方最后是要糊起来的。这样装成的书籍,在翻阅的时候会产生有字的叶面和无字的叶面交替出现的情形,这种一面有字一面空白、版心向内折叠的书叶形态,有点像蝴蝶的双翼,故得名为蝴蝶装。

---

① 如大英图书馆所藏的敦煌遗书《金刚般若波罗密经》(S5450、S5451)与《敦煌录》(S5448)。S5450 有题记"天祐三年丙寅二月二日八十三老人手自剎血写之";天祐为唐昭宗年号,其三年为公元 906 年。详李致忠、吴芳思《中国书史研究中的一些问题(之二)——古书梵夹装、旋风装、蝴蝶装、包背装、线装的起源与流变》,《图书馆学通讯》1987 年第 2 期,页 79—80。

图 3-8 "蝴蝶装"示意图

蝴蝶装的书衣比较坚固,插架的时候可以立着放。不过要把书背朝上,书口朝下;书根上通常写有书名、卷数,应该朝向外面,以便取阅。

(二) 包背装

蝴蝶装始于唐末,宋元时期皆流行。《明史·艺文志》里说:"先是,秘阁书籍皆宋、元所遗,无不精美,装用倒折,四周外向,虫鼠不能损。"[1]明代人看到蝴蝶装的时候,已经觉得很稀奇了,所谓"装用倒折,四周外向",说的就是蝴蝶装版心是向内、书口向外的特征——这在明代人眼里,感觉就好像是装反了一样。

蝴蝶装最大的问题是一叶有字一叶无字,容易破坏人们阅读时的连续感。因此后来就有人把空白的叶面向内对折,把有字的一面露在外面;码放书叶的时候,以版心为书口,露在外面,而在另一旁书脊的内侧打眼,穿上纸捻后砸平;最后再用一张厚纸从后向前裹住书背,故名包背装(或裹背装)。

---

[1] 《明史》卷九六《艺文志》,北京:中华书局,1974,册 8/页 2344。

明清两代的官书,如《永乐大典》《四库全书》等,采用的都是包背装。

把空白叶面向内折的办法,解决了蝴蝶装阅读不连贯的问题,但如果原书中有整叶横幅的图画或地图,对折之后,一张图就被分裂在两个半叶上了,看的时候还要翻叶,反而不如蝴蝶装方便了。①

图 3-9 "包背装"示意图

包背装是以中缝为书口的,如果也按照蝴蝶装那样书口朝下的方法来上架,日子长了,书口磨损了,中缝处容易裂开,所以包背装的书籍要平放在书架上。因为是平放,所以包背装的书衣就不需要用硬纸了。

(三) 线装

包背装是用纸捻穿起来的,所以不结实,明代中叶以后,

---

① 如阮元仿刻的《绘图列女传》即有此问题,原书当为蝴蝶装,仿刻本因改变了原有的装帧样式导致不便横阅。(详《书林清话》卷一"书之称本",页 20—21)又如国家图书馆所藏蒙古刻本《孔氏祖庭广记》,前有整叶的版画,原书即为蝴蝶装,后经清藏书家黄丕烈改装。黄丕烈改进后的蝴蝶装"在两张书叶的背面书口部位,点少许浆糊使其相互粘住。书背的处理不再像传统蝴蝶装那样涂满浆糊,而是直接用书皮包裹,从而避免版心部分被蠹虫蛀坏",世称"黄装"(杜伟生《中国古籍修复与装裱技术图解》,页 62)。

在进一步改良包背装的基础上产生了线装书。与包背装相比,线装书除用纸捻加固之外,还要用线穿钉;也不用整张的裹背纸护面,而是用两张与书同大的软纸分置前后,作为封面和封底,因此线装书的书脊是裸露的。裸露的书脊的上下角容易磨损或打卷儿,讲究一些的人还要用绫纸把书角包裹起来,称为"包角"。

线装书破旧之后还可以重装,把书叶全部拆散摊开之后,把旧书叶托裱在幅面稍大一点的新纸上,而后重新装订。衬纸洁白崭新,衬出旧有的书叶颜色泛黄,这样装衬后的书籍有个形象的名字称为"金镶玉",又名"惜古衬"。"金镶玉"装衬之后的书籍,虽然美观了,但古书原有的一些信息(如原书用纸的情况)可能又被破坏了,因此在古籍修复过程中,是否采用"金镶玉"要十分慎重。

需要说明的是,这里所说的线装书,有一整套严格的制作工艺,并不是所有用线缝连的书籍都可以叫线装书。作为书籍史上的专有名词,线装与前面提到的缝缋装,都各自指向特定的装帧形态;用线穿连,只是其众多特征之一。

线装书在上架时也要平放。在图书馆的书库里,经常可以看到有人错把线装书像洋装书一样立着放在书架上,由于线装书的纸张与书衣皆十分柔软,立着放很容易变形。为了保护书籍,过去的藏书家常为线装书定制装具。硬纸糊制的书函是最常见的装具,一般的书函只将书籍的四面包起,而留下书头和书根;因为书根上通常写有书名,露出书根,便于查找。还有的人干脆就用两块和书籍一样大的夹板,把书前后夹住,再用带子扎紧,既简便又结实。如果用了夹板,即无变形之忧,线装书就可以和洋装书一样立着插架了。

七、书籍装帧形态演进的原因

书籍装帧形态的演变,首先是由书写材质的变化引起的,中国古代书写材质的发展历程是由简牍、缣帛再到纸张,而纸张又是由厚到薄,书籍装帧形态相应地则由卷轴向册叶发展。其次,则与书籍的生产方式有关,最初的书籍是手写的,唐中期以后发明了雕版印刷术,①开始批量地生产书籍,书籍制度也随之发生变化。这些观点在前文已有详细论述。我们这里还要强调的是一些社会文化方面原因,正如钱存训所说:"要了解中国古代典籍的制作、保存、传播和散佚的流绪,更需要从当时社会、经济和文化发展的背景中去研讨。"②

在众多社会原因中,特别值得注意的是佛教对书籍制度的影响。例如,梵夹装来源于佛教的贝叶经;而书籍的纸张之所以称"叶",叶德辉认为也与贝叶经有关,因古印度在未有纸张之前,将经文写在贝叶上,所以称一翻为一叶。③又如佛教信徒很重视写经,将其视为一项日常修行的重要功课。在卷轴装的时代,虔诚的写经者在每卷经文之前粘贴佛画,起到类似"赘简"的保护作用,以后便相沿为习惯,故后代方册本的佛经也都以佛画作为扉页。④

---

① 关于雕版印刷术发明的时间,学界有多种不同的说法。其中持汉朝说、东晋说、六朝说、隋代说、唐初贞观说等观点的学者,其论证过程在不同程度上皆存在对文献资料的误读与对实物证据的误判。辛德勇在辨析传世文献中有关印刷术的相关记载的基础上,对现存雕版印刷早期实物证据进行研判,认为印刷术在中国产生的时间不会早于唐玄宗开元年间。说详辛德勇《论中国书籍雕版印刷技术产生的社会原因及其时间》,《中国典籍与文化论丛》第16辑,南京:凤凰出版社,2014,页1—176。

② 《书于竹帛:中国古代的文字记录》,页4。

③ 《书林清话》卷一"书之称叶":"吾尝疑叶名之缘起,当本于佛经之梵贝书。释氏书言西域无纸,以贝多树叶写经,亦称经文为梵夹书。此则以一翻为一叶,其名实颇符。不然,木之叶,于典册之式何涉哉?"(页22)

④ 周绍良《书籍形成的过程——略论梵夹本的产生》,《佛教与中国文化》,北京:中华书局,1988,页183。

印刷术作为人类的一项重要发明，其产生的原因也与佛教有关。我们已经介绍过，钞手（即"佣书"者）在古代是很廉价的劳动力，很容易就可以雇到，就像今天的打字员一样，价钱是很便宜的。① 因此如果只是为了复制少量的书籍，不论是从价格还是时间的因素考虑，雇人抄写都要比刻板印刷划算。只有在印制的数量很多的情况下，雕版的优势才能显现，佛教恰好就创造了这种条件。佛教徒把传播经典看作是功德无量的事，正是这种超量的需求，刺激了印刷术的发展。目前发现的东亚地区的较早的印刷实物②，几乎全是佛经佛画，也可说明这一问题。③

【主要参考文献】

1. 马衡《中国书籍制度变迁之研究》，《凡将斋金石丛稿》，北京：中华书局，1977，页 261—275。
2. 钱存训《书于竹帛：中国古代的文字记录》，上海：上海

---

① 又参《书林清话》卷十"钞书工价之廉"，页 278。

② 斯坦因所得的敦煌卷子《金刚般若波罗密经》，其卷首《说法图》线条细腻，并有"咸通九年四月十五日王玠为二亲敬造普施"刊记（咸通为唐懿宗年号，其九年为 868 年），为现存最早有明确纪年的雕版印刷品实物，今藏大英博物馆。日本最古的印刷品为 770 年（相当于唐代宗大历五年）日本称德天皇为纪念平定藤原仲麻吕兵乱而印造的陀罗尼经咒，当时曾造一百万座小木塔来存放这些经咒，习称"百万塔陀罗尼"。美国学者卡特（T. F. Carter）认为：唐代中叶是日本派出遣唐使最盛的时期，当时日本的先进文明，包括佛教文化在内，大都源自中土。根据"百万塔陀罗尼"的年代大概可以推测雕版印刷的发明时间可能在此前不久的唐玄宗时期。（卡特《中国印刷术的发明和它的西传》，吴泽炎译，北京：商务印书馆，1957，页 44）1966 年，韩国庆州佛国寺释迦塔内发现《无垢净光大陀罗尼经》，这一被认为产生于公元八世纪的世界上最古老的印刷品引起了学界的极大关注，但其是否为韩国刊本及与印刷文化起源的关系等问题仍存在争议。

③ 卡特《中国印刷术的发明和它的西传》："印刷术过去的开拓新境界的每一步，都有宗教的扩张作为它的动机。从中国发明印刷术开始起，直至二十世纪止，在印刷术进步的悠久历史中，无论何种语文或在任何国家，其最初的印刷，几乎无不和神圣经典或和世界三大宗教之一的神圣艺术有关。中国最早的印刷，即为佛经和佛教图像。"（页 33）近来，辛德勇在其长文《论中国书籍雕版印刷技术产生的社会原因及其时间》中也详细讨论了这一问题，认为中国印刷的产生得益于从古印度传入的佛像捺印技术。（《中国典籍与文化论丛》第 16 辑，页 146—176）

书店出版社,2004。

3. 李零《三种不同含义的"书"》,《中国典籍与文化》2003年第1期,页4—14。

4. 李致忠《中国古代书籍的装帧形式与形制》,《文献》2008年第3期,页3—17。

5. 阴法鲁、许树安、刘玉才《中国古代文化史(插图本)》第八章"古代书籍制度的发展"(分章作者:吕艺),北京:北京大学出版社,2008,页349—379。

6. 杜伟生《中国古籍修复与装裱技术图解》,北京:中华书局,2013。

7. 辛德勇《重论旋风装》,《长安学研究》第二辑,北京:科学出版社,2017,页299—332。

【阅读与思考】

活字印刷有何优点与不足?宋代人发明了"泥活字",但相当长的时期内,雕版印刷仍占据主流的地位,有何原因?

板印书籍,唐人尚未盛为之。自冯瀛王始印五经[1],已后典籍皆为板本。庆历中有布衣毕昇又为活板[2]。其法用胶泥刻字,薄如钱唇[3],每字为一印,火烧令坚。先设一铁板,其上以松脂、腊和纸灰之类冒之。欲印则以一铁范置铁板上[4],乃密布字印。满铁范为一板,持就火炀之[5]。药稍熔,即以一平板按其面,则字平如砥[6]。若止印三二本,未为简易,若印数十百千本,则极为神速。常作二铁板,一板印刷,一板已自布字。此印者才毕,则第二板已具,更互用之,瞬息可就。每一字皆有数印,如"之""也"等字,每字有二十余印,以备一板内有重复者。不用则以纸贴之,每韵为一贴,木格贮之。有奇字素无备者,旋刻之,以草火烧,瞬息可成。不以木为之者,木理有疏密,沾水则高下不平,兼与药相粘,不可取,不若燔土。用讫再火令药镕[7],以手拂之,其印自落,殊不沾污。昇死,其印为予群从所得[8],至今保藏。

——沈括《梦溪笔谈》卷十八(《四部丛刊》续编影明刊本)

【注释】

[1] 冯瀛王:即冯道(882—954),字可道,瀛洲景城人,死后追封瀛王。

[2] 庆历:宋仁宗年号,1041—1048年。

[3] 钱唇:铜钱的边缘。

[4] 铁范:铁的版框。范,模子。

[5] 炀(yáng),烘烤。

[6] 砥:磨刀石。

[7] 用讫再火令药镕:用完再用火烘烤,使药物(即前文所说"松脂、腊和纸灰之类")熔化。

[8] 群从:指众亲属。

第四章　岁时节令与古代社会生活

梁启超在《中国历史研究法补编》中曾这样概括节日的研究价值：

> 中国的过节实在别有风味，若考究他的来源，尤其有趣味。常常一种本来不过一地方的风俗，后来竟风靡全国。如寒食是春秋晋人追悼介之推的纪念日，最初只在山西，后来全国都通行了，乃至南洋美洲，华人所至之地都通行。可是现在十几年来，我们又不大实行。……本来清明踏青，重阳登高已恰合自然界的美，再加上些神话，尤其格外美。又如唐宋两代正月十五晚，皇帝亲身出来凑热闹，与民同乐。又如端午竞渡，万人空巷。所以，最少，中国的节都含有充分的美术性；中国人过节，带有娱乐性。如灯节、三月三、端午、七夕、中秋、重阳、过年，都是公共娱乐的时候。我们都拿来研究，既看他的来源如何。又看他如何传播各地，某地对于某节特别有趣，某时代对于某节尤其热闹，何地通行最久，各地人民对于各节的意想如何，为什么能通行，能永久。这样极端的求得其真相，又推得其所以然，整理很易得的资料，参用很科学的分类，做出一部神话同风俗史来，可以有很大的价值。①

---

① 《中国历史研究法》，北京：东方出版社，1996，页301。

民俗节日不仅具有独特的审美与娱乐价值,研究与之相关的神话与风俗,弄清这些节俗的来龙去脉与其在地域上的分异性,对于深入理解何为地方文化乃至了解中国人的民族心理均有助益。

需要注意的是,由于不存在一种亘古不变且可推之于各地的民俗,因此在研究民俗节日的过程中要对习俗的时代性与地域性做必要的限定。在这一章里,我们拟以《荆楚岁时记》与《东京梦华录》为研读对象,重点探讨中古时期荆楚地区与北宋都城开封的主要节俗。

一、《荆楚岁时记》与中古时期节日的神圣化

南朝梁代宗懔的《荆楚岁时记》(以下简称《岁时记》)记载的是中古时期以江汉平原为中心的楚地的岁时节序。全书按照节令的顺序,依次记载了正月一日、正月七日、立春之日、正月十五、正月晦日、二月八日、春分日、社日、寒食、三月三日、四月八日、四月十五日、五月五日、夏至、伏日、七月七日、七月十五日、八月十四日、九月九日、十月朔日、冬至、腊日、岁暮等特定时令的生活习俗。

《岁时记》中的节日,从性质上可以分为以下几类:第一是节气类的,如立春、春分、夏至、冬至等。节气是根据日影的高低及昼夜的长短,在一年之中定出的时间节点。如冬至(北半球约在阳历每年 12 月 22 日前后)是一年中白昼最短的日子,魏晋时期,这一天有"量日影"的活动。[1]节气的作用主要是能为农事活动提供时间参照,如:

> 春分日,民并种戒火草于屋上。有鸟如乌,先鸡而

---

[1] 《荆楚岁时记》(以下简称《岁时记》):"冬至日,量日影,作赤豆粥以禳。"注云:"晋魏间,宫中以红线量日影。冬至后,日影添长一线。"(《梦粱录(外四种)》,哈尔滨:黑龙江人民出版社,2003,页 210)

鸣,"架架格格",民候此鸟则入田,以为候。①

春分(北半球约在阳历每年3月20日前后)是万物萌动的时候,鸟开始叫了,这就是所谓的"物候"。农人听到鸟啼声,就准备春耕了。老百姓就是根据这些物候来安排生产、生活的。

第二是占卜、祈福与辟恶类的。如正月一日,要"鸡鸣而起,先于庭前爆竹,以辟山臊恶鬼。帖画鸡,或斫镂五采及土鸡于户上。造桃板著户,谓之仙木。绘二神贴户左右,左神荼,右郁垒,俗谓之门神"。爆竹的本来意思是"以火燃竹,使发爆裂之声"②,用来驱除恶鬼,后代改为燃放火药制作的鞭炮。正月七日称"人日",这一天要吃七种菜煮成的羹,还要将彩纸剪成纸人,或将金箔镂刻成人形,贴在屏风上或戴在鬓间。③

> 正月一日为鸡,二日为狗,三日为猪,四日为羊,五日为牛,六日为马,七日为人,八日为谷。以阴晴占丰耗。④

所谓"鸡日""人日"的意思,大抵是要根据此日的天气情况,来占卜今年该物种或人口的繁衍是否兴盛,反映了农业社会祈望人畜两旺的心理。值得一提的是,直到今天,日本仍有元月七日"七草祭"食用菜粥的习俗⑤,这是因为《岁时

---

① 《岁时记》,《梦粱录(外四种)》,页204。
② 《岁时记》及注,《梦粱录(外四种)》,页199。
③ 《岁时记》,《梦粱录(外四种)》,页201。
④ 《类说》卷六引《荆楚岁时记》佚文,《梦粱录(外四种)》,页219。
⑤ [日]紫式部著,约成书于1001—1008年间的《源氏物语》第十九回《薄云》中有"年辈较长的人,都在初七吃七菜粥的节日赶来庆祝"的记载。(丰子恺译,北京:人民文学出版社,1980,上册/页333)又参[日]前谷宏《熱々すすって無病息災》,《每日新闻(夕刊)》2016-01-07(1)。按:由于日本已不再使用阴历,现"七草祭"的日期是在公历的1月7日。

记》传入日本后,也对日本的节日民俗产生了影响①。

第三是祭祀与宗教类的。如:"社日,四邻并结宗会社,宰牲牢,为屋于树下。先祭神,然后享其胙。"②社日是祭祀土神的,参与祭典的主要是乡邻与宗亲,大家会合之后,宰杀牲口谢神,而后再共同分享祭肉。因此,祭祀土神的地方,以及负责祭祀活动的基层组织,也都可以称为"社"。

又如十二月八日为腊日,"其日,并以豚酒祭灶神。"③灶神的起源很早,《论语》中已有"与其媚于奥,宁媚于灶"的说法。"奥"是居室的西南角,是比较尊贵的祭祀场所,而"灶"则是日常烧火做饭的地方,比喻需要经常打交道的对象。这句话的大意是说与其献媚于尊贵的人,还不如巴结那些具体管事的人。④"祭灶"的习俗一直延续至今,不过"祭灶"的具体日期则因时代与地域而异。南宋范成大《祭灶词》云:

> 古传腊月二十四,灶君朝天欲言事。云车风马小留连,家有杯盘丰典祀。猪头烂熟双鱼鲜,豆沙甘松粉饵圆。男儿酌献女儿避,酹酒烧钱灶君喜。婢子斗争君莫闻,猫犬触秽君莫嗔,送君醉饱登天门,杓长杓短勿复云,乞取利市归来分。⑤

《岁时记》里祭灶的日期是腊月初八,从范成大的诗里可以看出,南宋祭灶的日期是在腊月二十四(近代以来,"祭灶"的日期多在腊月二十三或二十四)。但是祭灶的目的与核心思想并没有多大改变,即用佳肴美酒与纸钱"收买"灶神,令

---

① 成书于日本宽平三年(891,为唐昭宗大顺二年)的《日本国见在书目录》中已著录有《荆楚岁时记》一卷。(藤原佐世《(宫内厅书陵部所藏室生寺本)日本国见在书目录》,东京:名著刊行会,1996,页41)
② 《岁时记》,《梦粱录(外四种)》,页204。
③ 《岁时记》,《梦粱录(外四种)》,页211。
④ 《论语注疏》卷三,《十三经注疏》下册/页2467。
⑤ 《石湖居士诗集》卷三〇《腊月村田乐府十首(并序)》,《四部丛刊》本。

其护佑家宅。

南北朝是佛教在中国迅速发展的时期,《岁时记》里有关佛教的节日有二月八日(释迦太子出家日)、四月八日(浴佛节)、四月十五日(自此日起九十日,僧尼安居寺院,谓之"结夏")与七月十五日(盂兰盆会)等。

> 七月十五日,僧尼道俗悉营盆供诸寺。(注云:按《盂兰盆经》云:"有七叶功德,并幡花歌鼓果食送之。"盖由此也。《经》又云:"目连见其亡母生饿鬼中,即以钵盛饭,往饷其母。食未入口,化成火炭,遂不得食。目连大叫,驰还白佛,佛言:'汝母罪重,非汝一人所奈何,当须十方众僧威神之力。至七月十五日,当为七代父母厄难中者,具百味五果,以著盆中,供养十方大德。'佛敕众僧,皆为施主祝愿七代父母行禅定意,然后受食。是时目连母得脱一切饿鬼之苦。目连白佛:'未来世佛弟子行孝顺者,亦应奉盂兰盆供养。'佛言:'大善!'故后人因此广为华饰,乃至刻木割竹,饴蜡翦彩,模花叶之形,极工妙之巧。")①

根据《盂兰盆经》记载,目连见死去的母亲堕入地狱饿鬼道中,乃祈求佛祖救护其母。佛祖感其孝心,敕令僧众举办十方大会,将百味五果置于盆中,使得一切信众的七代父母,所有在地狱中受厄者,皆得以超度。这是目前能看到的关于"盂兰盆会"的较早的记载。

第四是竞技或娱乐类的。如正月又称"端月",是新年的开始,各种庆祝活动不断,从元日至月晦(阴历每月末日称晦),"并为酺聚饮食,士女泛舟,或临水宴会,行乐饮酒";立春的时候,"为打球、秋千之戏";"三月三日,四民并出江渚池沼间,临清流,为流杯曲水(《兰亭》有曲水流觞之记,亦此义

---

① 《岁时记》,《梦粱录(外四种)》,页209。

也)之饮";五月五日要举行"竞渡";七月七日,妇女要"结彩缕,穿七孔针"以乞巧;九月九日,"四民并籍野饮宴"。①

对于节日的职能,法国汉学家谢和耐总结说:"这些一年一度的各种节日的初始目的乃在于摆脱浊气、瘟疫和魔障,以便重新把万物塑造得新颖纯净,取一个吉祥的先兆,并开拓一帆风顺的前景。与此同时,这些节日还提供了种种娱乐,使人们爱好娱乐的天性得以放纵,而在这寻欢作乐的瞬间,日常生活的紧张感亦得以片刻遗忘。"②

目前我们能读到的《岁时记》,正文的部分是宗懔作的,注释通常认为是隋代杜公瞻所作(以下只称"旧注")③。正文对节俗的记述十分洗练,往往只说这一天要做什么;注释的文字量则大大超过了正文,不仅补充了节日的来源,而且还特别注意解释相关仪式的意义。如果认真比照正文与注释,再结合以相关材料,可以发现民俗节日既有传承的一面,又有变异与迁移的一面,其中颇有一些耐人寻味的现象。

其一,许多阐释节日意涵的神话是后人追补的。如关于正月"帖画鸡"的习俗,旧注中引的《括地图》说:"桃都山有大桃树,盘屈三千里。上有金鸡,日照则鸣。下有二神,一名郁,一名垒,并执苇索,以伺不祥之鬼,得则杀之。"④而苻秦道士王嘉的《拾遗记》中是这么说的:

---

① 《岁时记》,《梦粱录(外四种)》,页202、203、205、207、208、209。

② [法]谢和耐(Jacques Gernet)著、刘东译《蒙元入侵前夜的中国日常生活(插图本)》第五章"四时节令与天地万象",北京:北京大学出版社,2008,页174。

③ 《新唐书》卷五九《艺文志》著录"宗懔《荆楚岁时记》一卷",其下又出"杜公瞻《荆楚岁时记》二卷"。(册5/页1538。)四库馆臣认为,很可能原书只有一卷,杜公瞻的注本分成两卷,后代又再合并为一卷。另外注中多次引用隋开皇年间(581—600)杜台卿的《玉烛宝典》,杜公瞻即杜台卿之兄子,二人并见《北史·杜弼传》中。(详《四库全书总目》卷七〇《史部地理类三》,北京:中华书局,1965,上册/页622—623)但今本《岁时记》九月九日条下有注谓:"按杜公瞻云,九月九日宴会,未知起于何代。"余嘉锡指其"殊不类自叙之语",怀疑是否为杜公瞻所注。(《四库提要辨证》,北京:中华书局,2007,册1/页445)

④ 《岁时记》注,《梦粱录(外四种)》,页200。

第四章 岁时节令与古代社会生活

尧在位七十年,有鸾雏岁岁来集,麒麟游于薮泽,枭鸱逃于绝漠。有秪支之国献重明之鸟,一名双睛,言双睛在目。状如鸡,鸣似凤。时解落毛羽,肉翮而飞,能搏逐猛兽虎狼,使妖灾群恶不能为害。饴以琼膏,或一岁数来,或数岁不至。国人莫不扫洒门户,以望重明之集。其未至之时,国人或刻木,或铸金,为此鸟之状,置于门户之间,则魑魅丑类自然退伏。今人每岁元日,或刻木铸金,或图画为鸡于牖上,此之遗像也。①

这是说尧在位的时候,秪支国来献重明神鸟。神鸟的样子和鸡很像,但有双睛在目(即有两个瞳孔),这种鸟能搏击猛兽,使妖怪不能为害。所以百姓都盼望神鸟降临,每到新年的头一天,或者是刻木铸金,或者描绘神鸟的图形,置于门窗之上。王嘉生活的时代,大约要比宗懔早一个世纪,其活动的范围主要是在北朝。可见"帖画鸡"是一项流传久远且分布地域范围十分广泛的节俗。不同时代与地域的人们对于"帖画鸡"的意涵的认识是大体一致的,即鸡能辟鬼;至于"桃都山"或"重明之鸟"之类的神话传说,显然都是后人附会追补的。②

距离冬至一百零五天为"寒食节",按《岁时记》的说法,要"禁火三日"。至于禁火的原因,《岁时记》没有说。旧注则认为是纪念春秋时候被火焚死的贤人介子推:"介子推三月五日为火所焚,国人哀之,每岁暮春为不举火,谓之禁烟。犯之则雨雹伤田。"但旧注中同时又说:

> 据《左传》及《史记》,并无介推被焚之事。《周礼·司烜氏》:"仲春以木铎修火禁于国中。"注云:"为季春将

---

① 《王子年拾遗记》卷一,页 35。
② 东汉应劭的《风俗通义》卷八中已有"鸡主以御死避恶也"的说法,但《风俗通义》只是征引古书,而没有这方面的神话故事。见《梦梁录(外四种)》,页 565。

出火也。"今寒食准节气是仲春之末,清明是三月之初,然则禁火盖周之旧制也。①

如按照后一种说法,介子推的传说不见于正史的记载,寒食应该是起于周代的禁火之制。历代有不少学者都主张寒食的起源应是"禁火"或"改火",而非介子推被焚。②但由于时代变迁,人们对于某一习俗的本意只会越来越陌生;不同地域的人,因为生活习惯的不同,也很难理解其他地方的风俗。在这种情况下,用介子推传说来解释寒食的起源,显然更容易被人们接受。

其二,后人不仅为节日追补神话,还将其修饰、美化,从而拓展了节日的意涵,甚至改变了节日的性质。寒食的节俗,如果以"禁火"或"改火"而论,本来是属于禁忌性质的;追补了介子推传说之后,就变成祭祀性质的节日。上巳节、端午节的情况也与此类似。上巳节在每年的三月三日,旧注云:

> 按《韩诗》云:"唯溱与洧,方洹洹兮。唯士与女,方秉兰兮。"注谓今三月桃花水下,以招魂续魄,祓除岁秽。③

《诗经·郑风·溱洧》描写春冰融尽之后,溱水与洧水潺潺流动,青年男女手持兰草,相会于水滨。④汉代初年韩婴所注的《诗》,认为人们携兰草来到水滨的目的是为了"招魂续

---

① 《岁时记》注,《梦粱录(外四种)》,页205。
② 如顾炎武著,黄汝成集释《日知录》卷二五《介子推》,长沙:岳麓书社,1994,页880—883。参裘锡圭《寒食与改火——介子推焚死传说研究》,《文史丛稿:上古思想、民俗与古文字学史》,上海:上海远东出版社,1996,页90—121。按:"改火"指在新的一年或新的季节换取新的火种。又,寒食、清明前后,北方地区,特别是华北平原多风少雨,且气温攀升,进入一年中最干旱的节令(这与荆楚地区寒食前后"有疾风甚雨"不同),防火问题十分突出。在这段时间内,有一天或几天"禁火",完全不生火,只吃冷食,能够起到提醒民众注意用火安全的作用。
③ 《岁时记》注,《梦粱录(外四种)》,页205。
④ 《毛诗正义》卷四之四,《十三经注疏》,上册/页346。

魄,祓除岁秽"。所谓"祓除",指的是"以香薰草药沐浴"①。《论语·先进》中也有"莫春者,春服既成,冠者五六人,童子六七人,浴乎沂,风乎舞雩,咏而归"的说法②,可见暮春时节,天气转暖的时候到水滨沐浴,这是古已有之的习俗。

而据旧注所引的《续齐谐记》,晋武帝曾问尚书挚虞三月三日流觞曲水的涵义。挚虞的回答是:

> 汉章帝时平原徐肇以三月初生三女,至三日俱亡,一村以为怪,乃相与携酒至东流水边,洗涤去灾,遂因流水以泛觞。曲水之义起于此也。

东汉章帝时,平原县的徐肇在三月初一生了三个女孩子,但三个孩子都只活了三天就夭折了,所以全村人都在三月三的时候"洗涤去灾"。晋武帝听了后认为:"若如所谈,便非嘉事。"如果照这样解释,这个节日就不是什么好日子了。显然皇帝不满意这个说法。尚书郎束晳则说:

> 挚虞小生,不足以知此,臣请说其始。昔周公卜城洛邑,因流水以泛酒。故逸诗云:"羽觞随波流。"又秦昭王三月上巳置酒河曲,有金人自东而出,奉水心剑,曰:"令君制有西夏。"及秦霸诸侯,乃因其处立为曲水。二汉相沿,皆为盛集。

束晳认为流觞曲水的传说可以上溯到西周初年的周公,又说秦昭王曾于此日在水边获赐神剑,成其霸业,于是把这一天定为节日。挚虞的解释虽然是无稽之谈,但"洗涤去灾"与"祓除岁恶"之间,可以说是"虽不中,不远矣"。而束晳的说法却在整体上改变了上巳节的性质,使其成为一个纪念性的节日。武帝听了束晳的话后很高兴,赐给束晳"金五十

---

① 《周礼注疏》卷二六:"女巫掌岁时祓除衅浴",郑玄注曰:岁时祓除如今三月上巳如水上之类;衅浴谓以香薰草药沐浴。"《十三经注疏》,上册/页 816)
② 《论语注疏》卷一一,《十三经注疏》,下册/页 2500。

斤",而挚虞却由尚书贬为阳城县令。①可见,为了统治者的需要,也为了能让更多的人能理解、接受节日,文人们不仅为节日追补神话,而且还会根据需要进行调整、修改。

五月在《岁时记》中称为"恶月",有许多禁忌②;五月五日"浴兰节"(后代多称"端午节"或"端阳节")则是"恶月"中的"恶日"。古人甚至认为重五日出生的小孩会妨害父母。南朝刘宋时的王镇恶就是重五日出生的,如果不是祖父王猛制止,他险些被父母过继给别人,所以特意取名叫"镇恶"③。《岁时记》里提到的五月五日的习俗有:"采艾以为人,悬门户上,以禳毒气。以菖蒲或镂或屑,以泛酒。是日竞渡,采杂药。以五彩丝系臂,名曰'辟兵',令人不病瘟。"除竞渡之外,多与除秽避邪有关。④

后代多认为端午节是为了纪念战国时的爱国诗人屈原,如《太平广记》引《续齐谐记》云:

> 屈原以五月日投汨罗水,楚人哀之,至此日,以竹筒贮米,投水以祭之。汉建武中,长沙区曲白日忽见一士人,自云三闾大夫,谓曲曰:"闻君当见祭,甚善,但常年所遗,恒为蛟龙所窃。今若有惠,可以楝叶塞其上,以彩丝缠之。此二物,蛟龙所惮也。"曲依其言。今世人五月五日作粽,并带五色丝,皆其遗风。⑤

这是说东汉建武年间(25—56),长沙人区曲碰见了屈原的亡魂,屈原说:"往年的祭品都被蛟龙吃去了,如果再有祭

---

① 《岁时记》注,《梦粱录(外四种)》,页205—206。
② 《岁时记》,《梦粱录(外四种)》,页207。
③ 详刘昌诗《芦浦笔记》卷一《重五生日》,北京:中华书局,1986,页4—5。王镇恶事见《宋书》卷四五《王镇恶传》,北京:中华书局,1974,册5/页1365。
④ "竞渡"按照《隋书》卷三一《地理志》的说法:"(京口)俗以五月五日为斗力之戏,各料强弱相敌,事类讲武。宣城、毗陵、吴郡、会稽、余杭、东阳,其俗亦同。"(册3/页887)
⑤ 《太平广记钞》卷五二"神一",册4/页2180—2181。

品可用楝叶与彩丝缠裹,这样蛟龙就不敢吃了。"所以后代的粽子上都缠了五色的丝带。

但实际上,《岁时记》的正文里并没有提到五月五或"竞渡""食粽"与屈原有关。《拾遗记》中有两条与"竞渡"及屈原有关的材料:

> 1. 及昭王沦于汉水,二女(引者按:指延娟、延娱)与王乘舟,夹拥王身,同溺于水。故江汉之人,到今思之,立祀于江湄。数十年间,人于江汉之上,犹见王与二女乘舟戏于水际。至暮春上巳之日,禊集祠间。或以时鲜甘味,采兰杜包裹,以沉水中。或结五色纱囊盛食,或用金铁之器,并沉水中,以惊蛟龙水虫,使畏之不侵此食也。
>
> 2. 后怀王好进奸雄,群贤逃越。屈原以忠见斥,隐于沅湘,披蓁茹草,混同禽兽,不交世务,采柏实以合桂膏,用养心神;被王逼逐,乃赴清泠之水。楚人思慕,谓之水仙。其神游于天河,精灵时降湘浦。楚人为之立祠,汉末犹在。①

第一条说的是周昭王与他心爱的两个妃子同时溺水身亡。百姓思念昭王与二妃,在汉江边祭祀他们。百姓时常看见昭王与二妃的灵魂乘舟戏水,于是就在上巳日来在江边,用兰花、杜若的叶子包裹美味佳肴,投入水中,祭祀昭王与二妃。百姓还用五彩的纱囊包裹食物,或者用铁器等沉入水中,用来吓退水中的蛟龙鱼虾,使它们不来争食。

这个故事里几乎包含了后代端午节最主要的几个节日元素:一是用叶子包裹"时鲜甘味"投入水中,这和后代"以竹筒贮米"(即"粽子"的前身)投江祭祀屈原如出一辙;二是"结五色纱囊盛食",《岁时记》中则有"以五色丝系臂"的说法;三是将祭品投入水中时,还要设法防止蛟龙抢食。但《拾遗记》

---

① 《王子年拾遗记》卷二、十,页 49、145。

中说的这些习俗是在"暮春上巳之日",而不是五月五;祭祀的对象也不是屈原,而是周昭王和他的两个妃子。

第二条说的是屈原被楚怀王流放,后自沉于水中。楚人思念屈原,奉之为"水仙",并立祠祈祷。这条材料可以说明,在王嘉的时代,楚地确实已有对屈原崇拜与祭祀的习俗,但还没有成为专门的节日,更没有说是在五月五。有理由推测,当时的端午节与"祭祀屈原"无关。

而后代端午节另一项很重要的习俗"食粽",在《岁时记》中是在夏至(北半球约在阳历每年 6 月 22 日前后)进行的,也没有和五月五或屈原联系起来。①

简而言之,祭祀屈原——龙舟竞渡——裹粽投江,这三者本来是互不相干、分别在不同日子里举行的活动,以后才逐步整合到五月五这一天来举行,并成为端午节最主要的节日民俗。而五月五的性质,也从比较单一的"辟恶"类的节日,发展成同时具有"辟恶""祭祀""文娱游艺"等多重属性的重要节日。

其三,同一个节日,不同地域的人们的理解及所追补的神话不尽相同。把五月五竞渡与屈原联系起来的是《岁时记》的注,但是《岁时记》的注里不仅提到了屈原,同时还提到了伍子胥与曹娥:

> 按五月五日竞渡,俗为屈原投汨罗日,伤其死所,故命舟楫以拯之。舸舟取其轻利,谓之"飞凫",一自以为"水车",一自以为"水马"。州将及土人悉临水而观之。盖越人以舟为车,以楫为马也。邯郸淳《曹娥碑》云:"五月五日,时迎伍君。逆涛而上,为水所淹。"斯又东吴之俗,事在子胥,不关屈平也。《越地传》云,起于越王勾

---

① 《岁时记》:"夏至节日食粽。"注云:"按周处《风土记》谓为角黍。人并以新竹为筒粽,楝叶插五彩系臂,谓为长命缕。"(《梦粱录(外四种)》,页 208)

践,不可详矣。①

注里引用的东汉时期的《曹娥碑》中已有"五月五日,时迎伍君"的说法。看来五月五祭祀屈原,只是楚地的风俗;而在吴越地区,五月五祭祀的对象是伍子胥或曹娥。曹娥是东汉时的孝女,会稽上虞人,其父为巫祝。汉安二年(143)五月五日,曹娥之父在江上逆涛迎婆婆神时溺死,尸骸也没有找到。当时曹娥才十四岁,沿江号哭,昼夜不绝,十七天后曹娥投江而死。②《岁时记》的旧注中,甚至还有五月五日纪念介子推的说法:

> 《琴操》曰:"晋文公与介子绥俱亡,子绥割股以啖文公。文公复国,子绥独无所得,子绥作《龙蛇之歌》而隐。文公求之,不肯出,乃燔左右木,子绥抱木而死。文公哀之,令人五月五日不得举火。"③

这更加证实了此类传说都是不同时代、不同地区的人们逐渐追补的。裘锡圭说:"寒食之托始于介子焚死,跟五月五日竞渡之托始于屈子沉江是同性质的,都是在一种习俗的真意已不为一般人所理解时对它的起源所作的一种附会的解释。所不同的是屈子沉江确有其事,而介子推焚死之事则是为了解释寒食的起源而编造出来的。"④

现在姑且不论介子推焚死之事的真伪,我们不妨小结一下:介子推、周昭王、屈原、伍子胥等人,在不同的地域受到了人们的祭祀,与他们有关的一些传说则被认为是寒食、上巳、浴兰(端午)等节日的起源,这个过程可以称为节日的"神圣

---

① 《岁时记》注,《梦粱录(外四种)》,页207。
② 《后汉书》卷八四《列女传》,册10/页2794。
③ 《岁时记》注,《梦粱录(外四种)》,页205。
④ 《寒食与改火——介子推焚死传说研究》,《文史丛稿:上古思想、民俗与古文字学史》,页98—99。

化"。

这些与节日有关的"神圣"有几个共同点:第一他们都是贤人;第二他们都是非正常死亡的(被焚或溺水);第三他们又多数是被冤死或屈杀的。冤死的贤人不仅容易得到百姓的同情;更重要的是,古代人认为冤死的人精魂不散,很可能会做出一些"出格"的事,因此需要特别地加以祭祀,以使其灵魂安息。①《论衡》里说:

> 吴王夫差杀伍子胥,煮之于镬,乃以鸱夷橐投之于江。子胥恚恨,驱水为涛,以溺杀人。今时会稽丹徒大江、钱唐浙江皆立子胥之庙。盖欲慰其恨心,止其猛涛也。②

《史记索隐》也说:"子胥怨恨,故虽投江而神不化,犹为波涛之神也。"③江浙一带的民众认为钱塘江的大潮就是伍子胥"驱水为涛"而掀起的,因此只有抚慰了伍子胥的"恨心",才能止住江涛。不仅是伍子胥,赴水而死的周昭王、屈原,这三者在死后都曾被尊为"水仙""波神"或"涛神"而受祭祀,并立有祠庙(也包括介子推)。④有人曾给伍子胥庙题过这样一首诗:

---

① 明清时,人们已认识到此种观念之荒谬。顾炎武曰:"谓子推以三月三日燔死,而后世为之禁火。吁!何妄邪!是何异于言子胥溺死,而海神为之朝夕者乎?"(《日知录集释》,页882)

② 《论衡·书虚篇》,《诸子集成》册7/页37。

③ 《史记》卷八〇《乐毅列传》"子胥不蚤见主之不同量,是以至于入江而不化"句注,册7/页2432。

④ 洪亮吉《卷施阁诗》卷七:"胶舟南迈世人怜,传说昭王作水仙。"(《四部丛刊》本《洪北江诗文集》)《明一统志》卷六三"长沙府":"周昭王庙:有二,一在府城东门外,一在攸县东门外。周昭王南巡,沉于楚泽,后人作庙祀之。屈原庙:在湘阴县北六十里。原事楚王,被谗见疏,投汨罗江以死。唐封昭灵侯,宋封忠洁侯,本朝复其号,曰楚三闾大夫。"(文渊阁本《四库全书》)介子推也有祠庙,《后汉书》卷六一《左周黄列传》:"(周)举既到州,乃作吊书以置子推之庙,言盛冬去火,残损民命,非贤者之意,以宣示愚民,使还温食。"(册7/页2024)

> 夷墓鞭尸国竟墟,秦庭七日独唏嘘。如何后世忘恩怨,不祀包胥祀子胥。①

伍子胥本来是楚国人,其父伍奢被屈杀之后,子胥逃奔吴国借兵报仇,后来鞭打楚王陵墓以泄其恨;伍子胥的好友申包胥则为复国,到秦国搬请救兵,在秦庭长哭七日,终于感动了秦君。一个是灭楚的,一个是救楚的。诗人感到很奇怪,为什么后代人颠倒恩怨,只祭祀伍子胥,却不祭祀申包胥呢?这其中的原因就在于伍子胥后来是含冤而死的。受难而死,是成为节日里的"神圣"的必要条件。

二、唐代节日的律令化

形成于不同的历史时期,并且是在不同的地域流行的节俗,一旦写进书里,就会超越时空,有的演变为全国性的习俗,有的节日还会升格为政府的法定节日。成书于开元二十六年(738)的《唐六典》中规定:"内外官吏则有假宁之节。"当时的节假日主要有:

> 谓元正、冬至各给假七日,寒食通清明四日,八月十五日、夏至及腊各三日。正月七日、十五日、晦日、春秋二社、二月八日、三月三日、四月八日、五月五日、三伏日、七月七日、十五日、九月九日、十月一日、立春、春分、立秋、秋分、立夏、立冬、每旬,并给休假一日。②

政府通过颁发诏令对节日的习俗进行整齐、规范,这个过程可以称之为节日的"律令化",其实质是对产生于民间的风俗进行大力引导,使之更加符合官方意识与统治秩序。具

---

① 邓显鹤《沅湘耆旧集》卷一七〇《伍子胥庙》,道光二十三年邓氏南村草堂刻本。
② 《唐六典》卷二,北京:中华书局,1992,页35。

体而言，唐代政府主要从以下三个方面对传统的节日文化进行构建。

第一是移风易俗，对符合社会伦理的节俗予以提倡，对不符合统治需要的加以禁断。如开元二十年（732）四月颁发的诏旨称：

> 寒食上墓，礼经无文，近代相传，浸以成俗。士庶有不合庙享，何以用展孝思？宜许上墓同拜扫。礼于茔南门外，奠祭馔讫，泣辞。食余馔任于他处。不得作乐。仍编入五礼，永为恒式。①

寒食节上坟扫墓的做法，虽不见于礼书的记载，但民间已相沿形成习俗。追思先人，这是符合社会伦理的，也是符合统治者需要的。不是每个家族都有宗庙，因此皇帝认为应该允许百姓上坟祭扫以寄托哀思。寒食和清明两节的日期相近，唐代的规定是"寒食通清明"放假四天，因此这两个节日的一些习俗便逐渐合流了。直到今天，中国大部分地区仍保留清明前后上坟祭祖的习俗。

端午节"以五彩丝系臂"与寒食节"镂鸡子，斗鸡子"②，都是见于《荆楚岁时记》的古俗。开元二十五年（737）六月有敕旨称："五月五日，细碎杂物，五色丝算，并宜禁断。"次年正月又敕："比来流俗之间，每至寒食日，皆以鸡鹅鸭子，更相馈遗。既顺时令，固不合禁，然诸色雕镂，多造假花果及楼阁之类，并宜禁断。"③类似"五色丝""镂鸡子"这样的习俗，由于皇帝不理解，且与国家的文化建设无关或背离，就不被认可，甚至被禁绝。当然，扎根于民间的风俗传统有很强的生命力与延续性，尽管在官方层面上被禁，但仍有可能在基层社会保

---

① 《通典》卷五二《礼十二》，北京：中华书局，1988，册2/页1451。
② 《岁时记》，《梦粱录（外四种）》，页205。按："镂鸡子"即"画卵"。
③ 《唐会要》卷二九《节日》，北京：中华书局，1955年，上册/页543。

留下来。

第二是通过节庆赐物与进奉,加强君臣之间、中央与地方之间的联系。李肇《翰林志》中记载的皇帝每年赏赐给翰林的节物有:

> 每岁内赐春服物三十四、暑服三十四、绵七屯;寒食,节料物三十四、酒、饴、杏酪粥、屑肉馂、清明火;二社,蒸馔;端午,衣一副、金花银器一事、百索一轴、青团、镂竹大扇一柄、角粽三服、杪蜜;重阳,酒、糖粉糕;冬至,岁酒、兔、野鸡、其余时果新茗、瓜、新历:是为经制。①

寒食的古俗是要"禁火"并"改火",唐代的部分臣子有可能在这一天得到皇帝所赐的新火,即所谓的"清明火",指的是"清明取榆、柳火以赐近臣、戚里"②。韩翃《寒食》诗中写的"春城无处不飞花,寒食东风御柳斜。日暮汉宫传蜡烛,轻烟散入五侯家"③,反映的便是这一风俗。能得到皇帝"赐火",这是一种特殊的政治待遇。

节令赐物的做法一直延续到宋朝。宋朝对仆射、御史大夫、中丞、节度、留后、观察、内客省使、权知开封府等高级官员的节日赏赐有:"正、至、寒食,并客省赍签赐羊、酒、米、面;立春,赐春盘;寒食,神馂、饧粥;端午,粽子;伏日,蜜沙冰;重阳,糕,并有酒;三伏日,又五日一赐冰。"④

---

① 李肇《翰林志》,清知不足斋丛书本。
② 宋敏求《春明退朝录》中,北京:中华书局,1980,页29。
③ 刘克庄编,李更、陈新校证《分门纂类唐宋时贤千家诗选校证》卷三"节候门",北京:人民文学出版社,2002,上册/页78。
④ 《宋史》卷一一九《礼二十二》,册9/页2802。

当然,臣子在得到皇帝的赏赐之后,均要呈状答谢。遇有年节,地方官员也要向皇帝进献礼物、土俗。①

第三是首创"圣节"与"中和节"以歌"盛世"。所谓"圣节",是将皇帝的诞生日定为官方节日并举行一系列的"颂圣"活动。这是唐玄宗所开的先例。开元十七年(729),唐玄宗在其生日当天,于花萼楼下大宴群臣。宴会上百官上表,建议将每年的这一天,即八月五日,定为"千秋节";天宝二年(743)后改称"天长节"。后来又把"秋社"的日子,也移到八月五日举行,与千秋节合并起来。②唐肃宗则将自己的生日定为"天平地成节",后面的代、德、顺等几朝皇帝的生日,尽管没有特置为节日,也都依例放假了。③

如果说创设千秋节,是为了标榜唐玄宗个人的功业;"中和节"则是唐德宗在"安史之乱"后国势由盛转衰的背景下,为了粉饰太平而设置的。贞元五年(789)敕:"自今宜以二月一日为中和节,以代正月晦日,备三令节数,内外官司休假一日。"④原来正月晦日的休假,并没有什么政治意义。唐德宗把这一天的假改到二月一日,命名为"中和节",结合春季的节令特点,提倡"重农",并编排《中和乐舞》,表达了再造"中和之世"的愿景。这也是德宗朝通过变革礼制来重整秩序的重要举措之一。⑤

---

① 《通鉴》卷二二六"唐建中元年":"代宗之世,每元日、冬至、端午、生日,州府于常赋之外竞为贡献,贡献多者则悦之。武将、奸吏,缘此侵渔下民。"胡三省注云:"自代宗迄于五代,正、至、端午、降诞,州府皆有贡献,谓之四节进奉。"(册16/页7280)
② 《通鉴》卷二一三"唐开元十七年",册14/页6786。
③ 《唐会要》卷二九《节日》,上册/545。
④ 《旧唐书》卷一三《德宗纪》,册2/页367。
⑤ 说详王静《岁时与秩序——唐代的时间政治》,《唐研究》第二十一卷,北京:北京大学出版社,2015,页357—380。

三、《东京梦华录》与近世节日的市民化

宋代的官方节日,在很多方面沿袭了唐代的做法。例如先后将历朝皇帝的生日定为"长春节""乾明节"(后改"寿宁节")"承天节""乾元节""同天节""兴龙节""天宁节""乾龙节""天申节""会庆节""重明节""天佑节"(后改"瑞庆节")"天基节""乾会节""天瑞节"等,并且还将"圣节"的范围扩展到太后的生日。①当然,这些"圣节"在改朝换代之后自然也就消亡了。"中和节"尽管例行放假,但重视程度已大不如唐朝②。官修正史中对历朝"圣节"虽有记述,但缺乏社会基础又没有什么历史依据、纯属人为凭空创设的礼俗,是很难在历史上留下印迹的。

节日的生命力主要不在官方,而在民间。宋代节日的最大特点就在于其与市民社会形成了紧密的结合,这主要得益于宋代城市的繁荣与商品经济的发展。

孟元老所著的《东京梦华录》(以下简称《梦华录》),描绘的是北宋都城开封的生活图景。全书的前五卷介绍的是城市的规制、宫苑衙署与坊巷街市的布局、各行业的情形以及相关民俗;从第六卷开始,则依次介绍元旦、立春、元宵、清明、佛诞、端午、六月六日(崔府君生日)、六月二十四(灌口二郎生日)、七夕、中元节、立秋、秋社、中秋、重阳、十月一日、天宁节(徽宗生日)、立冬、冬至、除夕等节日期间,从皇帝直到平民,各阶层人等的活动以及四时之节物。贯穿全年的节庆

---

① 《宋史》卷一一二《礼十五》,册 8/页 2671—2680。
② 《武林旧事》卷二"挑菜":"二月一日谓之中和节,唐人最重,今惟作假,及进单罗御服,百官服单罗公裳而已。"(杭州:浙江人民出版社,1984,页 35)《梦粱录》卷一"二月":"二月朔,谓之中和节。民间尚以青囊盛百谷、瓜、果子种,互相遗送,为献生子。禁中宫女以百草斗戏。百官进农书,以示务本。"(页 17)

活动,把汴梁城市生活中最热闹而精彩的部分,都呈现了出来。

正月一日又称"年节","开封府放关扑三日"。"关扑",简称"扑",又称"博",宋代的商贩,常以所售商品为赌注,用较菲薄的赌筹,吸引顾客通过猜铜钱正反面等手段,进行博戏,获胜即可赢取商品。"扑卖"实际上是一种带有赌博性质的销售手段,所以在平时是被官府禁止的;而在年节期间,适度的放纵,却可以释放平时生活的压力。节庆期间"扑卖"的商品,不仅包括"食物、动使、果实、柴炭之类",还有专门面向妇女的"冠梳、珠翠、头面、衣着、花朵、领抹、靴鞋、玩好之类"。分布在城市各处的舞场歌馆,无不是车水马龙。傍晚时分,贵家的妇女们,"纵赏关赌",或者入场观看,或者入市店饮宴;即便是市井贫民,也要穿上洁净的新衣,把酒相酬。①宋代的节庆已经成为全民性的游艺活动。

立春这一天,从皇宫到州城府县,都要举行"鞭春"仪式。"鞭春"又称"打春",立春前一天,由开封府负责将土制的"春牛"送进皇宫。在开封府的府衙之前也放置有"春牛"。立春的清晨,在皇宫内和府衙前,鞭打土牛。宫内鞭春之后,百官入贺,皇帝将赏赐"金银幡胜"。开封府衙前开售装饰精美的"小春牛"。这些泥塑小牛,"往往花装栏坐,上列百戏人物、春幡雪柳,各相献遗"②,供百姓买回家去祈福、玩赏。立春时鞭打耕牛下田,本来只是示意春耕季节的开始。但宋代的"鞭春"活动,仪式感与市民的参与程度显然都更加强了。

正月十五夜赏灯的习俗,不见于《荆楚岁时记》。《岁时记》中只说"其夕迎紫姑,以卜将来蚕桑,并占众事"③。唐代

---

① 孟元老撰,邓之诚注《东京梦华录注》卷六"正月",北京:中华书局,1982,页154。
② 《东京梦华录注》卷六"立春",页163。
③ 《岁时记》,《梦粱录(外四种)》,页203。

神龙年间(705—707),"京城正月望日,盛饰灯影之会,金吾弛禁,特许夜行。贵游戚属,及下隶工贾,无不夜游。车马骈阗,人不得顾。"①在正月十五这个晚上,长安城解除"宵禁",从贵族到百姓,无不纵情游赏。不过这一做法,在唐代尚未形成定例。

北宋时,元宵节期间都城开封放灯五日。开封府在过年之前,就开始在宣德楼正对面的御街上"绞缚山棚"。"山棚"又称"灯山"或"鳌山",是一种大型的灯饰,将草木扎成长龙形状,用青布遮盖,草上密置数万灯烛,望之如同双龙蜿蜒飞走。从山棚到宣德门楼横街的百余丈地上,用荆棘围绕起来,称为"棘盆"。棘盆的作用是把展演区与观赏区分割开来。在棘盆内,设有高数十丈的长竿,竿上系着纸糊的百戏人物,风动宛若飞仙。宣德楼上当中间的位子,是皇帝的御座。楼下的两廊,表演各种奇术异能、歌舞百戏。②

除了宣德楼前御街之外,相国寺也是元宵赏灯的好去处。大殿前设有乐棚;两廊有"诗牌灯",木牌上镂刻着"天碧银河欲下来,月华如水照楼台"及"火树银花合,星桥铁索开"之类的诗句,外罩纱绢,内里点灯。其余一些寺院,也在夜间开放给信众烧香。光彩争华,直至达旦。

除官办的灯山与佛寺灯会之外,茶坊、酒肆等铺户商家也各出新奇,陈设灯烛。其中以"莲华王家香铺"的灯火最为出众,请有僧道做法事,"打花钹,弄椎鼓",引得游人驻足。商铺之所以精心陈设灯烛,并请人做道场,除求吉祥之外,同时可起到夸饰自家门面与商业实力的作用,具有广告效应。

官办的灯山与乐棚,星罗棋布于万街千巷。在没有乐棚的巷口,也会搭建"小影戏棚子",用皮影戏来引聚本坊的儿

---

① 刘肃《大唐新语》卷八,北京:中华书局,1984,页127—128。
② 《东京梦华录注》卷六"元宵",页164—165。

童,以防孩子走失。①

北宋京城的习惯,将冬至后的第一百零五天称为"大寒食"。大寒食的前一天称"炊熟",百姓们用面粉做成飞燕的形状,用柳条穿起来,插于门首,谓之"子推燕"。寒食后的第三天,即为清明节。官家与民间,皆在此日拜扫坟茔。除了给先人扫墓,汴梁人清明出郊,还带有踏青游春的成分。

"人间佳节唯寒食",唐宋两代的寒食与清明都是聚会游玩的佳日。②从《梦华录》的描写可以看出,宋代的清明节,充满了商业氛围与生活气息:

> 诸门纸马铺,皆于当街用纸衮叠成楼阁之状。四野如市,往往就芳树之下,或园囿之间,罗列杯盘,互相劝酬。都城之歌儿舞女,遍满园亭。抵暮而归,各携枣锢炊饼、黄胖掉刀、名花异果、山亭戏具、鸭卵鸡雏,谓之门外土仪。轿子即以杨柳杂花装簇顶上,四垂遮映。自此三日,皆出城上坟,但一百五日最盛。节日坊市卖稠饧、麦糕、乳酪、乳饼之类。缓入都门,斜阳御柳,醉归院落,明月梨花。诸军禁卫,各成队伍,跨马作乐四出,谓之摔脚。其旗旌鲜明,军容雄壮,人马精锐,又别为一景也。③

纸马铺出售的纸制楼阁,是烧给去世的先人,让其在另一个世界享用的。即使在世之时住家很破,死后也有可能住进高楼大厦,这是可以让死者与生者都略感快慰的事。清明

---

① 《东京梦华录注》卷六"十六日",页172—173。

② 钱锺书:"自唐至宋,寒食清明是游玩宴会的好日子,宋代思想家邵雍的《春游》诗第一句就说'人间佳节唯寒食'(《伊川击壤集》卷二)。北宋时汴梁在这几天的热闹情景,我们只要看柳永《乐章集》里咏清明的两首《木兰花慢》词和孟元老《东京梦华录》卷七的记载,就可以想象;中国艺术史上场面最巨大的一幅人物画、张择端的《清明上河图》——画里有一千六百四十三个人和二百零八头动物(据斋藤谦《拙堂文话》卷八所引统计)——正是描写北宋汴梁的这种盛况。"(《宋诗选注》,北京:人民文学出版社,1989,页7)

③ 《东京梦华录注》卷七"清明节",页178。

节的城外，郊游的人们对酒当歌，遍满园亭。城内的市场上，售卖各种应节的食物。从城外归来的人们，带回枣䭅（一种饼）、炊饼、黄胖等各种土产、玩物①。回城的轿子，轿顶上装饰着杨柳杂花。夕照之下，御道两侧，柳枝拂送。溶溶月色，笼着梨花院落，醉归的游人也都回到家中。旗帜鲜明的禁军马队，更是自成一景。这使人想到高九万的《清明》诗："南北山头多墓田，清明祭扫各纷然。纸灰飞作白蝴蝶，泪血染成红杜鹃。日落狐狸眠冢上，夜归儿女笑灯前。人生有酒须当醉，一滴何曾到九泉。"②越是悲伤的时候，有时越要用快乐来冲淡。生活化的场景与欢愉的气氛，恰恰能够避免由扫墓带来的哀伤、恐惧与不吉利等可能性。从这一点上看，宋代的老百姓对于生死，有更豁达、更正确的态度。

从三月一日到四月初八佛诞日期间，城西顺天门外的金明池与琼林苑照例向普通百姓开放。金明池最初是五代时的周世宗开凿的，预备在池内教练水军以伐南唐。琼林苑在顺天门大街面北，与金明池相对，本来是科举考试之后，为进士举行宴会的地方。北宋的金明池与琼林苑，相当于盛唐时的曲江③。由于池苑有固定的开放日期和特定的仪式与活动，某种程度上已成为聚纳各阶层游人的公共空间。在池苑

---

① 邓之诚认为黄胖是"泥制黄土偶"。（《东京梦华录注》卷七"清明节"，页181）瞿宣颖认为黄胖是风筝："迎春黄胖，乃宋人传说，以之制为纸鸢者也。"（《中国社会史料丛钞》甲集，上海：上海书店，1985，下册/页573—574）根据皆宋人笔记中所引之《咏黄胖诗》。按：查应广《靳史》卷二四引此诗，叙述较详明："韩侂胄尝以冬月携家游西湖，遍览南北两山之胜，末乃置宴南园，族子判院与焉，有献牵丝傀儡为土偶小儿者，名为迎春黄胖。韩顾族子咏之，既赋一绝云：'脚踏虚空手弄春，一人头上要安身。忽然线断儿童手，骨肉都为陌上尘。'侂胄怫然不终宴而归，未几祸作。"（明天启刻本）可知瞿说风筝非是，黄胖乃土制之悬丝傀儡（提线偶人）。

② 《分门纂类唐宋时贤千家诗选校证》卷三"节候门"，页80。

③ 《春明退朝录》中："唐曲江，开元、天宝中，旁有殿宇，安史乱后圮废。文宗览杜甫诗云：'江头宫殿锁千门，细柳新蒲为谁绿。'因建紫云楼、落霞亭，岁时赐宴。又诏百司于两岸建亭馆。太宗于西郊凿金明池，中有台榭，以阅水戏，而士人游观无存泊之所，若两岸如唐制设亭，即逾曲江之盛也。"（页29—30）

开放的一个多月间,即便是风雨天气,也不乏游人。节庆丰富了城市生活,与节庆有关的城市空间反过来也增强了节日的特色。①

金明池上皇帝校阅水军的"争标"活动,虽然带有竞技性质,但军事色彩已经很淡,而表演成分更浓。所谓的"诸军百戏",也主要是一些杂技类的节目。这些表演,都允许士庶观看,成为升平时代社会祥和的象征。

金明池东岸临水一带,植有垂杨,临时搭建了许多彩棚,租赁给观看"争标"的游人;又有很多"酒食店舍、博易场户、艺人勾肆"。池苑的当铺里质押的东西,如不尽早赎回,一旦闭池,很快就会被转卖。池苑在开放期间,"以彩幕结络,铺设珍玉、奇玩、匹帛、动使、茶酒器物关扑。有以一笏扑三十笏者,以至车马、地宅、歌妓、舞女皆约以价而扑之。"大概是因为游览池苑的人中,有随驾的高官贵族,所以这里扑卖的商品赌注特高,多有古玩玉器,乃至地宅、歌女等等。由此可以窥见开封城市生活中奢华的一面。日暮时分,游人用竹竿挑挂着关扑所得之物;贵家士女,小轿插花,不垂帘幕:都乘兴而归。

暮春季节,金明池上万花烂漫。"卖花者以马头竹篮铺排,歌叫之声,清奇可听。晴帘静院,晓幕高楼,宿酒未醒,好梦初觉,闻之莫不新愁易感,幽恨悬生:最一时之佳况。"②孟元老写作《梦华录》之时,北宋已经灭亡,宋室南迁。金明池上的醉生梦死的生活,就像清晨的卖花声一样,美好而虚幻,时在脑中回荡,成为开封人挥之不去的"乡愁"了。

夏季比较重要的节日有端午、七夕与中元节等。北宋开封的端午节,"自五月一日及端午前一日,卖桃、柳、葵花、蒲

---

① 参王静《岁时与秩序——唐代的时间政治》,《唐研究》第二十一卷,页376。
② 《东京梦华录注》卷七"三月一日开金明池琼林苑""驾幸琼林苑""池苑内纵人关扑游戏""驾回仪卫",页181—182、192、198、200。

叶、佛道艾。次日家家铺陈于门首,与粽子、五色水团、茶酒供养,又钉艾人于门上。士庶递相宴赏。"①

七月七夕是属于妇女与孩子们的节日。市面上出售应节玩具"磨喝乐"泥塑。"磨喝乐"据说就是佛经中的"摩睺罗",乃是释迦牟尼之子。七夕前三五日,"小儿须买新荷叶执之,盖效颦磨喝乐"——看来"磨喝乐"土偶的基本样态是擎荷叶的孩童,再配上精美的装饰,"以雕木彩装栏座,或用红纱碧笼,或饰以金珠牙翠。"一对"磨喝乐"的价钱,甚至可高达数千,不论皇亲贵族还是士庶平民都争相购买。北宋开封所卖的"磨喝乐",其性质与功能很像清代北京中秋节的"兔儿爷"②,都是既具备祭祀或宗教偶像属性,又有世俗审美娱乐职能的玩偶。

七夕的时物,除了"磨喝乐"之外,还有用黄蜡铸的凫、雁、鸳鸯、鸂鶒、龟、鱼之类,施以彩画金缕,谓之"水上浮"。又有一种称为"谷板"的缩微小盆景,是在小木板上培土,种植些能开花生苗的小植物,再摆上小茅屋,以模拟农家村落之态。吃的瓜,要雕刻花样,称为"花瓜"。点心,要"以油面糖蜜造为笑靥儿",追求样式的奇巧百端。这些节物,大抵都在展示妇女们的心灵手巧。

七月初六和初七两个晚上,富贵人家多在庭园搭建彩楼,"铺陈磨喝乐、花瓜、酒炙、笔砚、针线,或儿童裁诗,女郎呈巧,焚香列拜,谓之乞巧。"当晚,妇女对月穿针,并将小蜘蛛置于盒子内,次日清晨,如果蛛网圆正,便谓"得巧"。③

一过了七夕,艺人们就开始搬演《目连救母》杂剧,一直演到七月十五"中元节"。市面上开始售卖纸制的靴袜、幞

---

① 《东京梦华录注》卷八"端午",页203。
② 杨锺羲《雪桥诗话余集》卷二:"京师中秋节多以泥抟兔形,衣冠踞坐如人状,儿女祀而拜之。"(北京:北京古籍出版社,1992,页110)
③ 《东京梦华录注》卷八"七夕",页208—209。

头、帽子等"冥器"。用竹竿搭成三五尺高的三脚架,上头搁上竹编的盆子,纸钱、冥器都在竹盆中烧化,称为"盂兰盆"。"中元节"民间俗称"鬼节",宋代官方在这一天祭祀军阵亡魂,举办孤魂道场。民间则祭扫新坟,并祭祀先祖,报告秋成。①

中秋是宋代有特色的节日之一。《荆楚岁时记》中并没有把八月十五列为节日。根据唐代的律令,八月十五虽然也放假一天,但并无"中秋节"之名目;唐人说的"中秋"或"仲秋",可以泛指整个八月;唐诗中虽然也有八月十五赏月的诗句,但中秋真正成为全民性的节日娱乐活动,则是在宋代。②

> 中秋节前,诸店皆卖新酒,重新结络门面彩楼。花头画竿,醉仙锦旆,市人争饮。至午未间,家家无酒,拽下望子。是时螯蟹新出,石榴、榅勃、梨、枣、栗、孛萄、弄色枨橘,皆新上市。中秋夜,贵家结饰台榭,民间争占酒楼玩月。丝篁鼎沸,近内庭居民,夜深遥闻笙竽之声,宛若云外。闾里儿童,连宵嬉戏。夜市骈阗,至于通晓。③

从《梦华录》的记述可以看出,北宋的中秋节与宗教、祭祀、占卜等皆无关联,没有太多附加的寓意,《梦华录》中甚至也不强调家人团聚的重要性④。中秋节纯粹是休闲快乐的日子,且不分年龄、性别、阶层;就连一般的卖酒家,过了午时,

---

① 《东京梦华录注》卷八"中元节",页 211—212。按:《目连救母》故事见前引《岁时记》注。"盂兰盆"为梵语音译,本意为解倒悬、救苦厄。

② 圆仁《入唐求法巡礼行记》卷二:"(开成四年,839,八月)十五日,寺家设馎饨饼食等,作八月十五之节。斯节诸国未有,唯新罗国独有此节。老僧等语云:'新罗国昔与渤海相战之时,以是日得胜矣,仍作节乐而喜舞,永代相续不息,设百种饮食,歌舞管弦以昼续夜,三个日便休。今此山院追慕乡国,今日作节。'"(上海:上海古籍出版社,1986,页 67)唐代入华的日本僧人圆仁在其书中指出,八月十五是朝鲜半岛的新罗国独有的节日。圆仁的记载,从侧面证明了唐代的八月十五,并不是一个全民性的节日。

③ 《东京梦华录注》卷八"中秋",页 215。

④ 《梦粱录》卷四:"至如铺席之家,亦登小小月台,安排家宴,团圞子女,以酬佳节。"(页 37)说的是中秋阖家团圆之乐,可参看。

也收起幌子,不做买卖,准备过节赏月了。

把节日的休闲娱乐内容放在首位,并与商业经营形成有机结合,这是宋代许多节日的特点。九月九日重阳节的古俗是登高避厄①,北宋开封人除了出郊外登高之外,还以"粉面蒸糕遗送,上插剪彩小旗,掺钉果实,如石榴子、栗子黄、银杏、松子肉之类",称为"重阳糕",这是取了"糕"与"高"的谐音。"重阳糕"与"子推燕"一样,都是将无形的民俗习惯具象化、商品化之后的产物。

赏菊是北宋重阳节很重要的节令活动。开封常见的菊花有黄白色的万龄菊、粉色的桃花菊、白色的木香菊、黄而圆的金铃菊、纯白色的喜容菊等好几种。酒家皆用菊花装点门户。②苏东坡被贬岭南后,由于南北气候不同,当地九月份并无菊花可赏,苏东坡于是提出一个观点:"菊花开时乃重阳,凉天佳月即中秋;不须以日月为断也。"③这折射出宋代人对节日看法:过节就是享受花好月圆;如果离开了应节的时物,只剩下单纯的日期,节日也就没什么意思了。

十月一日,皇帝给大臣赐锦袄,有司进献炉碳,民间置酒作"暖炉会",繁忙的冬季开始了。由于开封冬天里没有蔬菜,从立冬前五日开始,上至皇宫,下及民间,都开始大量采购冬菜。为了储存够一冬的蔬菜,一时"车载马驼,充塞道路"。④

冬至是北宋京城最重要的节日。冬至的前三天,皇帝驾临大庆殿。大庆殿前庭院广阔,可容纳数万人。是日,列满皇帝的仪仗。庭前两侧对峙的是钟楼与鼓楼,太史局的官员

---

① 《岁时记》及注,《梦粱录(外四种)》,页209—210。
② 《东京梦华录注》卷八"重阳",页216。
③ 苏轼《江月五首》引,《苏东坡全集》后集卷五,北京:中国书店,1986(影1936年世界书局本),上册/页511。
④ 《东京梦华录注》卷九"十月一日""立冬",页218、233。

要在此日"测验刻漏",校准时间。此后的几天里,皇帝要赴太庙、青城斋宫、郊坛等处祭祀;郊祭回京之后,先到宣德楼举行年终大赦,而后还要到各宫行谢,或巡幸寺观及大臣私宅。①

十二月初八,开封的各大寺庙举行"浴佛会","并送七宝五味粥与门徒,谓之腊八粥",平民百姓也在这一天用果子杂料煮粥而食。腊月二十四是交年的日子,这天夜里开封人要"请僧道看经,备酒果送神"。送神,最重要的是送灶神,"帖灶马于灶上,以酒糟涂抹灶门,谓之醉司命。"年底,街面上到处售卖门神、钟馗、桃板、桃符、财门钝驴、回头鹿马等吉祥物件。除夕夜,皇宫里举行驱鬼的"大傩仪"。教坊的演员戴着面具,穿着彩衣,扮作镇殿将军、门神、判官、钟馗与小妹、土地、灶神等神祇。千余人的队伍从宫中而出,绕城驱邪。民间的贫民,也有三五一伙装扮神鬼的,巡门乞讨,俗称"打夜胡",也是驱魔避祟的意思。冬季的最后一个月,虽然没有太多的节日,但豪贵之家,"遇雪即开筵,塑雪狮,装雪灯",乐享雪天里的惬意与年终的丰获。②

【主要参考文献】

1. 裘锡圭《寒食与改火——介子推焚死传说研究》,《文史丛稿:上古思想、民俗与古文字学史》,上海:上海远东出版社,1996,页90—121。

2. 萧辉、萧放《岁时生活与荆楚民众的时间观念——〈荆楚岁时记〉研究之一》,《江汉论坛》2000年第7期,页75—79。

3. 王静《岁时与秩序——唐代的时间政治》,《唐研究》第二十一卷,北京:北京大学出版社,2015,页357—380。

---

① 《东京梦华录注》卷十"冬至""车驾宿大庆殿""驾宿太庙奉神主出室""驾诣郊坛行礼""下赦",页234、235、241、242、246—247。

② 《东京梦华录注》卷十"十二月""除夜",页249、253。

4. 何亦凡《论唐朝端午节的律令化》,《唐研究》第二十一卷,页 417—434。

【阅读与思考】

根据材料,南宋乡间在年终岁末时主要有哪些节俗?

腊月村田乐府序[1]

余归石湖[2],往来田家,得岁暮十事,采其语,各赋一诗,以识土风,号《村田乐府》。其一《冬舂行》。腊日舂米为一岁计,多聚杵臼[3],尽腊中毕事,藏之土瓦仓中,经年不坏,谓之"冬舂米"。其二《灯市行》。风俗尤竞,上元一月前已买灯,谓之灯市。价贵者,数人聚博[4],胜则得之,喧盛不减灯市。其三《祭灶词》。腊月二十四夜祀灶,其说谓灶神翌日朝天[5],白一岁事,故前期祷之。其四《口数粥行》。二十五日煮赤豆作糜[6],暮夜合家同飨[7],云能辟瘟气。虽远出未归者,亦留贮。口分至襁褓小儿[8],及僮仆皆预,故名"口数粥"。豆粥本正月望日祭门故事[9],流传为此。其五《爆竹行》。此他郡所同,而吴中特盛。恶鬼盖畏此声,古以岁朝[10],而吴以二十五夜。其六《烧火盆行》。爆竹之夕,人家各又于门首燃薪满盆,无贫富皆尔,谓之相暖热。其七《照田蚕词》。与烧火盆同日,村落则以秃帚若麻藋、竹枝辈燃火炬[11],缚长竿之杪[12],以照田,烂然遍野,以祈丝谷。其八《分岁词》。除夜祭其先,竣事,长幼聚饮祝颂而散,谓之分岁。其九《卖痴呆词》。分岁罢,小儿绕街呼叫云:'卖汝痴,卖汝呆!'世传吴人多呆,故儿辈讳之,欲贾其余,益可笑。其十《打灰堆词》。除夜将晓,鸡且鸣,婢获持杖击粪壤致词,以祈利市[13],谓之打灰堆。此本彭蠡清洪君庙中如愿故事[14],惟吴下至今不废云[15]。

——范成大《石湖居士诗集》卷三〇(《四部丛刊》本)

【注释】

[1] 腊月村田乐府序：此标题为编者所拟，原题为"腊月村田乐府十首并序"，本书只节选了序言的部分。

[2] 石湖：苏州盘门外西南，范成大晚年隐居于此，自号"石湖居士"。

[3] 杵臼：捣物的棒槌叫做杵，下面的坑为臼，《易·系辞下》："断木为杵，凿地为臼。"这里指的是舂米用的器具，舂米用的臼通常是石头凿的。

[4] 博：用赌博的方式买卖。

[5] 翌(yì)日：明日，次日。

[6] 糜：粥。

[7] 飨：通"享"，享用。

[8] 襁褓（qiǎngbǎo）：襁是背负婴儿的包袱，褓是婴儿盖的被子。

[9] 豆粥本正月望日祭门故事：《荆楚岁时记》载："正月十五日作豆糜，加油膏其上，以祠门户。"有一种说法认为祭门是为了保佑蚕桑；旧注引《齐谐记》曰："正月半，有神降陈氏之宅，云是蚕室，若能见祭，当令蚕桑百倍。"望：每月十五日。故事：旧例，过去的习惯。

[10] "古以岁朝"句：放爆竹，古代是在新年头一天的早上（见《荆楚岁时记》），吴地的风俗则是在岁末的腊月二十五日夜。

[11] 麻藍(jiē)：麻秆，麻茎。这句的意思是用秃扫帚，类似麻杆、竹枝等点起火把。

[12] 杪(miǎo)：末梢。

[13] 利市：吉利，好运。

[14] 此本彭蠡清洪君庙中如愿故事：《太平御览》卷二九《时序部》引《录异记》云："有商人区明者，过彭泽湖，有车马自称青洪君，要明过，厚礼之，问何所须。有人教之：'但乞如愿。'及问，以此言答之。青洪君甚惜如愿，不得不许之，乃其婢也，既而送出。自尔商人或有所求，如愿并为即得。后至正旦，如愿起晚，乃打如愿，如愿走入粪中。商人以杖打粪扫，唤如愿，竟不还也。此如愿遗事。

(今北人正月十五日夜立于粪扫笰,令人执杖打粪堆上,云以治腰痛,意者亦为如愿故事耳)。"大意是说,有个叫区明的商人,在彭泽湖遇见青洪君。青洪君问商人想要什么。有人曾指点商人,如被问起,只说"想要如愿"就行了。商人照做了,原来"如愿"是青洪君的婢女的名字,青洪君虽然舍不得,也只好把如愿给了商人。此后,不论商人想要什么,如愿都能帮他实现。元旦的早上,因为如愿起晚了,商人打了如愿,如愿逃入粪堆里。商人用杖打粪堆,但如愿再也没出来。范成大认为吴地的人过了除夕,在天快要亮的时候"打灰堆"的习俗,就是从"打如愿"发展来的。

[15] 吴下:长江下游南岸一带。

第五章　古代冠服制度的特点与职能

衣帽除了有"御寒""遮蔽""审美"等基本功能之外，还有许多社会性的职能。西汉初年的儒生贾谊在《新书·服疑》中说：

> 制服之道，取至适至和以予民，至美至神进之帝。奇服文章，以等上下而差贵贱。是以高下异，则名号异，则权力异，则事势异，则旗章异，则符瑞异，则礼宠异，则秩禄异，则冠履异，则衣带异，则环佩异，则车马异，则妻妾异，则泽厚异，则宫室异，则床席异，则器皿异，则食饮异，则祭祀异，则死丧异。……是以天下见其服而知贵贱，望其章而知其势，使人定其心，各着其目。①

这大意是说，确定服饰制度的基本原则是要让百姓穿得舒适而平和，让帝王穿得华美而有神性。特定的服饰与纹样，是用来区分上下贵贱的。人的身份高低不同，那么其名号、权力、地位、旗帜服装、符命祥瑞、礼仪规格、品秩俸禄、冠冕鞋履、衣饰腰带、佩戴饰品、所乘车马、妻妾待遇、恩泽厚薄、宫室、床席、器皿、饮食等也各不相同，连死后的祭祀规格与丧葬制度也有差异。所以只要看一个人穿的衣服，就可以知道他的贵贱等级；看他衣服上的纹饰，就可以知道他的地

---

① 贾谊著，阎振益、钟夏校注《新书校注》卷一《服疑》，北京：中华书局，2000，页53。

位。这样做的好处是可以使人们安下心来,各守本分。这段话集中论述了服饰在区别人群、标示身份、彰显权力、规范行为等方面的一系列作用。

其实,不论古今中外,对于着装的基本要求,不外是"得体"二字。只是中国古人对于这一方面格外重视一些。"中国有礼仪之大,故称夏;有服章之美,谓之华"①,中国之所以有"华夏"之誉,即在于服饰之华美,礼仪之完备。服饰制度作为古代礼制的重要组成部分,不仅引导人们的举止,而且影响社会的观念。以下只从一些具体的事例出发,管窥古代服饰制度的总体特点与基本职能。

一、儒家服饰等级观念的发展

汉语中以"布衣"指代平民,这是因为古代的普通人衣装朴素,只穿粗布的衣服。做了官的人,脱去粗毛的"竖褐",换上官服,称为"释褐"②。称贵族子弟为"纨绔",则因其所穿的衣料是细丝织就的③。"绔"或"袴",与"裤"字相通,又称"胫衣"④,这种"袴"是只有裤管而没有裤裆的,穿的时候套在小腿上,与后代的裤子形制有别,所以不写作"裤"。是"布衣"还是"纨绔",从一个人的着装,大体可以看出他的经济实力与社会地位。

人们在富裕起来以后,特别是又拥有一定地位的人,在穿戴方面就会有更多的讲究。《韩非子》里有一个故事,说齐桓公喜欢穿紫色的衣服,于是全国人都跟着穿紫衣,致使"五

---

① 孔颖达《春秋左传正义》卷五六,《十三经注疏》,下册/页2148。
② 《汉书》卷八七下《扬雄传下》:"或释褐而傅。"(册11/页3570)
③ 《汉书》卷一〇〇上《叙传》:"出与王、许子弟为群,在于绮襦纨袴之间,非其好也。"颜师古注曰:"纨,素也。绮,今细绫也。并贵戚子弟之服。"(册12/页4198)
④ 《说文》卷一三上《糸部》:"绔,胫衣也。"(页275)

素不一紫",五匹白绢还换不来一件紫衣。桓公因此很苦恼,管仲劝桓公何不试试不穿紫衣。于是当有人穿紫衣来觐见时,桓公就说:"你离我远点,我很讨厌紫色。"这么一来,身边没有人再穿紫衣了。第二天,全城都没有穿紫衣的人了。到第三天,全国境内都不见紫衣了。①这个故事意在说明君主的表率作用。从故事中可以看出,社会上层人士的穿着打扮,起着引领风尚的作用。国君喜欢穿紫的,全国人都效仿;一旦听说国君不喜欢了,马上大家也都不穿了。而引领风尚的人,对于被他人复制、仿效、跟风,是感到烦恼而不悦的。齐桓公显然是想穿得和别人有点不一样;但是从故事中看,齐桓公还没有办法做到独占某种服色。

墨子对于这种"衣服非为身体,皆为观好"的作风是很不赞同的。他说:"圣王作为宫室,便于生,不以为观乐也;作为衣服、带履,便于身,不以为辟怪也。"②房子就是用来住的,衣服就是用来穿的,合身就好,不要穿些奇装怪服。《老子》中虽有"甘其食,美其服,安其居,乐其俗"的说法,但"甘食美服"只是让百姓满足温饱的意思,并不是主张衣饰华美。相反,《老子》认为:"朝甚除,田甚芜,仓甚虚;服文采,带利剑,厌饮食,财货有余:是谓盗夸,非道也哉!"③朝廷的宫室看去十分整洁的时候,往往正是田地荒芜,仓廪空虚。统治者穿着光鲜的衣服,带着利剑,饮食富足而有余财:这不是道,而是盗魁!墨家只看重衣服最基本的功能,忽视审美方面的追求,更不主张在服饰方面有繁文缛节。老子把"服文采"与"田甚芜""带利剑"等相提并论,显然是认为礼制越是完备("朝甚除"),实际上阶级越是对立("带利剑")。穿得越好,规矩越多,离"道"也就越远。在先秦诸子中,只有儒家对于

---

① 《韩非子集解》卷一一《外储说左上》,《诸子集成》,册5/页210—211。
② 《墨子间诂》卷一《辞过》,《诸子集成》,册4/页18。
③ 《老子道德经》下篇八十章、五十三章,《诸子集成》,册3/页47、32—33。

服饰制度有理论上的建设。《荀子·君道》里说：

> 上贤使之为三公，次贤使之为诸侯，下贤使之为士大夫，是所以显设之也。修冠弁衣裳，黼黻文章，彫琢刻镂，皆有等差，是所以藩饰之也。①

不同能力的人，不仅要给予不同的官职，他们的穿戴的衣帽，乃至上面的纹样装饰，都要有等级差别。

西汉刚建立的头几年，"国家不设衣服车旗之禁"，这是因为政权初定，加以战乱之后民生凋敝，无力顾及这一方面。②汉高祖八年（前199）时，下令"贾人毋得衣锦绣绮縠絺纻罽、操兵、乘骑马"③，禁止商人穿绫罗绸缎、持有兵器、乘骑马匹。而真正将《荀子》的这套理论发扬光大的，是贾谊、董仲舒等人，《新书·服疑》与《春秋繁露·服制》就是这方面有代表性的文献。《服制》里说：

> 度爵而制服，量禄而用财。饮食有量，衣服有制，宫室有度，畜产人徒有数，舟车甲器有禁。生有轩冕之服位、贵禄、田宅之分，死有棺椁、绞衾、圹袭之度。虽有贤才美体，无其爵不敢服其服；虽有富家多赀，无其禄不敢用其财……散民不敢服杂采，百工商贾不敢服狐貉，刑余戮民不敢服丝玄纁乘马，谓之服制。④

即使是很有才干，外表很出众的人，如果没有相应的爵位，也不能穿上好的衣服；即使是富裕的家庭，但不是在朝做官的，也不准大肆消费。一般的百姓不敢穿有纹饰的衣服，工商阶层的人不能穿狐皮大衣，犯罪的人不许骑马。永始四

---

① 《荀子集解》卷八，《诸子集成》，册2/页156。
② 《汉书》卷一〇〇上《叙传》："汉初定与民无禁。"颜师古注曰："国家不设衣服车旗之禁。"（册12/页4197—4198）
③ 《汉书》卷一下《高帝纪》，册1/页65。
④ 《春秋繁露·服制二十六》，开封：河南大学出版社，2009，页227。

年(前13),汉成帝正式下诏:

> 圣王明礼制以序尊卑,异车服以章有德。虽有其财,而无其尊,不得逾制,故民兴行,上义而下利。方今世俗奢僭罔极,靡有厌足。公卿列侯亲属近臣,四方所则,未闻修身遵礼同心忧国者也。或乃奢侈逸豫,务广第宅,治园池,多畜奴婢,被服绮縠,设钟鼓备女乐,车服嫁娶葬埋过制。吏民慕效,浸以成俗,而欲望百姓俭节,家给人足,岂不难哉!……其申敕有司,以渐禁之。青绿民所常服,且勿止。列侯近臣,各自省改。司隶校尉察不变者。①

这篇诏书主要是告诫当时的王公大臣,指责有些权贵不但不修身遵礼、忧国忧民,反而骄奢淫逸,在车马、宫室、服装乃至婚丧嫁娶方面,都超过了应有的规格,并要求司隶校尉监督这些大臣改正。汉代以后,服饰的等级越来越严密,正史中专有"舆服志"详细记述这方面的内容,服饰制度成为礼制的重要部分。

二、《后汉书·舆服志》所见东汉冠服制度

古人以冠饰首,据说是受鸟兽冠角的启发②。其实冠的本义是"所以贯韬发也",把头发梳成髻后,加上罩子,再贯以发笄,就成了冠。冠与帽的区别就在于,冠并不覆盖整个头顶,戴上冠后,要用"缨"自上而下系在脖颈上③。古代男子二十岁行"冠礼",女子十五岁行"笄礼",此后便改梳成人的发

---

① 《汉书》卷十《成帝纪》,册1/页324—325。
② 《后汉书》卷一二〇《舆服下》:"见鸟兽有冠角𩒹胡之制,遂作冠冕缨蕤,以为首饰。"(册12/页3661)
③ 《释名》卷四《释首饰》,北京:中华书局,1985,页71;参孙机《中国古代物质文化》第三章"纺织与服装",北京:中华书局,2014,页99。

髻,男子要戴上冠饰,女子插上发笄,表示已经成年,行为举止都要符合一定的规范。成年人不戴冠,是不礼貌(或身份卑微)的表现。西汉时丞相申屠嘉为人正直,皇帝的宠臣邓通违反了礼制,申屠嘉传唤邓通。邓通十分害怕,到了丞相府"免冠,徒跣,顿首谢"①,脱去帽子,光着脚,对着丞相磕头,表明自己是有罪之人。

《左传》里记载,宋国的大夫臧哀伯说:"衮、冕、黻、珽、带、裳、幅、舄、衡、紞、纮、綖,昭其度也。"② 这里列举的是当时君主全套的礼服,但是周代的这套冠服制度的详细情况,汉代人已经弄不清楚了。到了东汉明帝永平二年(59)开始恢复古制,汉代的冠制就是那时的儒生在斟酌古礼的基础上重建的③。因此要了解古代的冠制,应当溯源《后汉书·舆服志》。遗憾的是,由于缺乏更多实物或图像方面的证据,汉代的冠的具体样式,还是有很多说不清楚的地方。下面主要从文献出发,做大体的描述。

根据《后汉书·舆服志》的记载,东汉时期的冠式不仅种类繁多,有冕冠、长冠、委貌冠、皮弁冠、爵弁冠、通天冠、远游冠、高山冠、进贤冠、法冠、武冠、建华冠、方山冠、巧士冠、却非冠、却敌冠、樊哙冠、术氏冠、鹖冠等十九种④,而且已形成

---

① 《史记》卷九六《张丞相列传》,册8/页2683。
② 《春秋左传正义》卷五,《十三经注疏》,下册/页1741—742。赵超:"衮,是绘制和刺绣上各种图案的彩色上衣。冕,是帝王戴的顶上有平版的冠帽。黻,就是韍黻,又叫做蔽膝,是在腹部前悬垂的长方形绣花织物。珽,是手执的玉版。带,指用皮革制作或用丝线编织的腰带。裳,是下身穿的长裙。幅,又叫做斜幅或行縢,是缠在腿上的宽布带。舄,是用金色或红色细线编织的厚底鞋子。衡,是用来固定冠冕的头饰。紞,是从冕版上垂下来的彩色丝带,下端悬挂着玉石的饰物——瑱。纮,是用于系冠带丝绳。綖,是在冠顶上平覆着的长方形版,宽八寸,长十六寸。"(阴法鲁、许树安、刘玉才《中国古代文化史(插图本)》,下册/页866)
③ 《后汉书》卷一二〇《舆服下》:"孝明皇帝永平二年,初诏有司采《周官》《礼记》《尚书·皋陶篇》,乘舆服从欧阳氏说,公卿以下从大小夏侯氏说。"(册12/页3663)
④ 《后汉书》卷一二〇《舆服下》,册12/页3663—3670。以下所述冠制,凡出自《后汉书·舆服志》的不悉注。

完备的制度。东汉的冠服制度有以下几个突出的特点。

第一,这十几种冠式是不同地位的人在不同的场合使用的。冕冠是皇帝和公侯九卿们参加祭典的时候所戴的最重要的礼冠。它的基本样式是顶部覆有称为"綖"的平版,綖的前后有称为"垂旒"的玉珠串。汉代的冕冠,宽七寸,长一尺二寸,前圆后方,玄上朱里。天子的冕冠有白玉珠垂旒十二道,前面的垂旒长四寸,后垂三寸。大臣的垂旒则有前无后:三公诸侯为七旒,青玉为珠;卿大夫为五旒,黑玉为珠。大臣冠缨的颜色与其印绶的颜色相同。冕冠的两耳之处,各有一颗垂珠,称"黈纩"。"旒垂目,纩塞耳,王者示不听谗,不视非也",有人认为:垂旒与黈纩的作用,意在提醒人们非礼勿视、非礼勿闻。①

长冠,又名刘氏冠,是汉高祖刘邦未发迹的时候曾戴的,其形制来源于楚地的冠制。20世纪70年代出土的长沙马王堆西汉初年墓随葬木俑中,有一彩衣男俑所戴的冠,主体为向后上方倾斜的长板,实物乃用木板或竹板外蒙漆纱制成。沈从文认为"疑即所谓刘氏冠"②。这种竹制的冠,过去是人人都能戴的,但到了汉高祖八年(前199)的时候,规定"爵非公乘以上毋得冠刘氏冠"③,也就是说只有高级爵位的人,才允许戴刘氏冠。后来为了表示尊崇与纪念,又将此冠定为宗庙祭祀时的专用冠,故又称"斋冠"。和长冠形态相似的还有却非冠,所不同者,却非冠的后部要更短一些,是宫殿门吏仆射所冠。

公卿大夫参加大射礼等重要礼仪活动要戴委貌冠,一般的执事者戴皮弁冠。委貌冠与皮弁冠的形制相同,皆长七

---

① 《后汉书》卷一二〇《舆服志》及注,册 12/页 3663—3664。
② 图见沈从文《中国古代服饰研究》,上海:上海书店出版社,2011,页 126;又见周天《中国服饰简史》图示,香港:中和出版有限公司,2011,页 42。
③ 《汉书》卷一下《高帝纪》,册 1/页 65。

寸,高四寸,形如覆杯,前端高广,后部尖锐;前者以皂绢制成,后者为鹿皮质地。

爵弁冠也称作冕,但没有垂旒,广八寸,长一尺二寸,戴的时候用发笄贯于其中,以外形似爵而得名,前小后大,是参加祭典的乐人戴的。

以上介绍的冕冠、长冠、委貌冠、皮弁冠、爵弁冠等,同属于"祭服"序列;以下要介绍的,除方山冠外,则是平居所穿的"常服"。("唯长冠,诸王国谒者以为常朝服。"①)

通天冠是皇帝平时专用的,"高九寸,正竖,顶少邪却,乃直下为铁卷梁,前有山,展筒为述",其主体是方形,顶部略有欹斜,铁制的卷梁从顶部弯曲而下,冠的前面有作为装饰物的"山"与"述"。山东嘉祥武梁祠石刻画像中的《无盐丑女钟离春说齐王》中齐王所戴的冠,"前面一梁高耸,顶上一片向后倾斜,后附微起双耳为收",沈从文认为,这种冠或即通天冠。②远游冠、高山冠的基本样式皆与通天冠相同,只是装饰物方面有所区别。远游冠"有展筒横之于前,无山述",是诸王所戴的;高山冠的顶部不欹斜,无山、述、展筒,为中外官、谒者、仆射所戴。

一般的文官与儒生戴进贤冠,即古代的缁布冠,"前高七寸,后高三寸,长八寸,公侯三梁,中二千石以下至博士两梁,自博士以下至小史私学弟子,皆一梁。"进贤冠的顶部前高后低,冠顶上梁的多寡,用于区别身份贵贱,梁数越多,级别越高。作为皇族的刘氏宗亲,都可以用两梁,以示礼遇。四川成都青杠坡出土的汉代讲学图画像砖中的几位儒者所戴的

---

① 《后汉书》卷一二〇《舆服志》,册 12/页 3678。
② 沈从文:"《晋书·舆服制》于制度有所补充,以为'前后展筒,冠前加金博山述,……'记载及注释不甚明确处,却可从出土实物形象印证。比如冠前所附'金博山'一物,属于王族所特有装饰,近年山东东阿鱼台村曹王村曹植墓出土一件长约寸余盾形金饰,用吹管滴珠法作成,镂空作山云纹缘绕状(有的还中嵌二琉璃),就足当这个称呼。"(《中国古代服饰研究》,页 180—181)

便是进贤冠。[1]此外,方山冠与却敌冠的基本形态也和进贤冠相似。方山冠色分五彩,宗庙祭祀之时,乐人们按照五方的颜色,佩戴不同的颜色的方山冠舞蹈。却敌冠前高四寸,通长四寸,后高三寸,整体上要比进贤冠小得多,前高后卑的幅度也较进贤冠小。这种比较小型的冠,是卫士所戴的。

法冠,是侍御史、廷尉等执法人员所戴的,主体部分以铁为柱,又称铁冠。法冠还有一个别名,叫做獬豸冠。[2]獬豸是传说中能辨曲直的神羊。据《异物志》记载:"獬豸,一角,性忠,见人斗,则触不直者;闻人论,则咋不正者。楚执法者所服也。今冠两角,非象也。"《异物志》的作者认为:传说中的獬豸是独角的神兽,看见有人打斗,它会用角触击不正直的一方;听见人争论,它会冲着不正确的一方咆哮。因此楚国的执法者戴獬豸冠,但是现在的冠有两只角,不符合獬豸的形象。汉唐期间以《异物志》为名的书很多,现在我们不是很清楚这部《异物志》的准确时代。但如按照此书中的说法,当时法冠的典型特征应是有两只角的。法冠最早也是楚国的冠式,秦灭楚之后,把这套冠服赐予执法近臣,一直沿用到汉代。因此沈从文说:"汉代文化各部门都受楚文化影响,文学受《楚辞》影响,十分显著。衣着方面也常提及'楚衣''楚冠'。"[3]前面提到的刘氏冠,原先也是楚冠的一种。

武冠,又称武弁大冠,是武官戴的。战国后期,为了适应战争环境,赵武灵王实行服制改革,改穿便于骑马的胡服,史称"胡服骑射",在冠制方面,以貂尾为饰,既保暖又美观。秦国灭赵后,这种"以金珰饰首,前插貂尾"的冠式成为侍中、中

---

[1] 图见《中国古代服饰研究》,页177。
[2] 洛阳出土的汉代空心砖模印画中,居于右侧的一个执戟郎,头上戴着平顶上耸的冠字,沈从文认为"汉代御史的獬豸冠,照记载应该是这个样子"。(图见《中国古代服饰研究》,页125—126)
[3] 《中国古代服饰研究》,页59—60。

常侍等宫廷侍卫官员专用的冠，又名赵惠文冠。

还有一种俗称大冠的武冠，其左右两侧插着鹖尾，又名鹖冠。鹖是一种猛禽，一旦相斗，必死而后已。赵武灵王用鹖冠表彰武士，为秦汉两朝所沿用。在东汉，五官、左右虎贲、羽林、五中郎将、羽林左右监等武将皆戴鹖冠。传为洛阳金村古墓中出土的一面战国错金银刺虎镜上，有鹖尾冠被练甲骑士的形象，骑士的头盔上插着两枚鸟羽。洛阳出土的汉空心砖印模画中有一骑马回身引弓射箭者，冠上也插有鹖尾。①

第二，汉代的服制已用数列化的手段，对服饰的要素进行等级安排，以表示尊卑贵贱。如皇帝的冕冠有垂旒十二道，公侯七道，卿大夫五道；文士的进贤冠则根据职位的高低，有一梁、二梁、三梁的区别。当然，三个等级的划分，显然还不够精细。为了实现更加细密而又有流动性的管理，汉代主要是用印绶做进一步的区分。因此《后汉书·舆服志》在介绍完冠制之后，又介绍了印绶制度。

古代人佩玉时所系的丝绦称做"组"，秦朝时，"采组连结于璲，光明章表，转相结受，故谓之绶"②。按沈从文的说法："组多用来系腰，是一条较窄狭具实用意义的丝绦，绶则指三尺宽织有丙丁纹的丝绦，用不同颜色和绪头多少分别等级，和官印一同由朝廷颁发，通称'印绶'（或称'玺绶'）。"③不同等级的官员，不仅玺印的质料有玉、金、银、铜之别，印绶的颜色，也有黄赤绶（帝、后）、赤绶（诸侯王、长公主、天子贵人等）、绿绶（诸侯贵人、相国）、紫绶（公、侯、将军等）、青绶（九卿、中二千石、二千石等）、黑绶（千石、六百石）、黄绶（四百石、三百石、二百石等）、青绀绶（百石）之分。就连绶带的长

---

① 图见《中国古代服饰研究》，页82—84、161—162。
② 《后汉书》卷一二〇《舆服志》，册12/页3671。
③ 《中国古代服饰研究》，页143—145。

度也根据级别的不同而有等差。天子的绶带最长,二丈九尺九寸,最短的百石的青绀绶为一丈二尺。①如此复杂精细的制度,无怪乎有外国的学者说:"如今只有军队的等级、制服和仪式才可以帮助我们理解传统的中华世界了。"②其实这种细密、规范的"数字化"的安排,正是官僚管理体系成熟完善的表现。③

第三,冠式的命名与装饰,隐含了对于该职位职责精神的某种期许。如獬豸冠、鹖冠分别象征了执法人员的刚直不阿与武将的勇猛善战。又如,樊哙冠是西汉开国将领樊哙曾戴的。樊哙在得知项羽有意在鸿门宴上杀害刘邦时,扯下衣裳裹着盾牌,闯入军门,保护刘邦,当时樊哙戴的就是这种冠。其基本形制和冕相似,广九寸,高七寸,前后各出四寸。山东金乡朱鲔墓石刻图像中,有一着冕服的男子,头上所戴的或应即樊哙冠④。后汉时,樊哙冠是司马殿门大难卫士所戴的,也是武冠的一种。让殿门卫士戴樊哙冠,显然是期待他们在关键时刻能像当年樊哙闯军门一样,担负起保卫皇帝的职责。⑤

未行过冠礼的童子,或者是身份卑微的下级小官吏,还够不上戴冠的,则戴帻。帻本是头巾。秦朝称老百姓为"黔首",因为当时普通人多以黑巾裹头;后来又赐武将绛帕,用来区分贵贱。汉文帝时,将帻改进成一种帽子,顶部隆起为"屋",后部有护耳为收。最早的时候,"有冠无帻",戴了冠就

---

① 《后汉书》卷一二〇《舆服志》,册 12/页 3673—3675。沈从文:"汉尺约当市尺六寸半,以一丈八计,事实上不过市尺一丈左右,是把它打一大回环让剩余部分下垂的。"(页 145)按:三市尺合一米(100cm)。
② 《蒙元入侵前夜的中国日常生活》第三章"衣•食•住",页 115。
③ 参阅阎步克《服周之冕:〈周礼〉六冕礼制的兴衰变异》第一章"绪论",北京:中华书局,2009,页 7—8。
④ 图见《中国古代服饰研究》,页 165—166。
⑤ 参《中国服饰简史》,页 44。

不再戴帻了；后来据说是王莽因为秃顶，于是就先戴帻，后戴冠了。

如果把整幅的皂巾由前向后裹住头发，两个巾脚扎在脑后垂下，两个巾脚反系在头上，就成了后世所谓的"幞头"，又称"四脚"或"折上巾"。大约从北周武帝时开始，幞头成为一种"通于贵贱"的常服①。到唐宋时，更大行其道。最初的幞头，用的是柔软的巾子，所以巾角自然下垂，称"软脚幞头"；从隋代开始，渐以桐木为骨，把巾角撑起来，乃成"硬脚幞头"。唐代的普通人，最初戴这种四脚的头巾，是图方便省事，两脚系在脑后，两脚系在项下，劳作时不易脱落。休闲无事的时候，系在项下的两脚则可反系到头顶上。五代以后，幞头改为硬胎，后面的两脚渐趋平直，而且越来越长，成为后代乌纱帽的雏形②，而系在前头的两脚就成了可有可无的摆设了。到了宋朝，不论君臣，都以幞头为常服。制作方面，先是以藤织的草巾子为内胎，以纱为表，而后再涂上漆。后来发现涂了漆就够坚硬了，就不再用藤草内胎了。两脚则用铁制，样式则有直脚、局脚、交脚、朝天、顺风等几种，其中直脚的是不分贵贱都可使用的。③宋代幞头的两个横脚很长，据说是为了避免官员们"朝见之时偶语"④。显然戴上这样的幞头之后，剧烈地摇头晃脑或频繁地交头接耳都不太方便了，逼得官员们四平八稳起来：服饰起到了约束举止的作用。

宋朝时，不仅官员的朝服有品色的区别⑤，市井中卖药卖

---

① 《隋书》卷一二《礼仪志》，册1/页272。
② 陕西安西榆林窟壁画中的"曹义金行香像"中曹义金所戴的，便是五代时期的硬脚幞头。（图见《中国古代服饰研究》，页391—392）
③ 详《梦溪笔谈》卷一《故事一》，页3—4；《宋史》卷一五三《舆服五》，册11/页3564。
④ 俞琰《席上腐谈》卷上，文渊阁本《四库全书》。
⑤ 《宋史》卷一五三《舆服五》："宋因唐制，三品以上服紫，五品以上服朱，七品以上服绿，九品以上服青。"（册11/页3561）

卜的人,也各有本行业的冠戴,甚至连乞丐,也有穿衣的规矩。所谓"其士农工商,诸行百户,衣装各有本色,不敢越外"。只要看一个人的穿着,大体就能够分辨出其人的地位与职业;如果不这样穿,稍有懈怠,则为众人所不容。①

元代至元五年(1268)时曾规定:"娼妓之家,多与官员士庶同着衣服,不分贵贱。今拟娼妓各分等第,穿着紫皂衫子,戴着冠儿;娼妓之家,家长并亲属男子裹青巾。"②"娼妓之家"也就是妓院;所谓"家长",即开妓院的老鸨、龟儿之流。按照元代的规定,这些人不准与常人同服,一律要裹绿头巾以示区别。汉语至今仍以"戴绿帽子"为咒骂之语③,意为家有娼妓;故如欲赠送中国人冠帽,不可赠送青绿色者。

三、从"簪笔"看冠饰的职能

(一)"簪笔"之意涵

簪笔,又叫插笔、立笔或珥笔,意思是把笔插在头上,随时准备记录。《汉书·赵充国传》载:"(张)安世本持橐簪笔,事孝武帝数十年。"颜师古注云:"橐,所以盛书也,有底曰囊,无底曰橐。簪笔者,插笔于首。"④在山东沂南北寨东汉墓出土的画像砖上,画着一名官吏跪坐于地,手捧竹简,头戴进贤冠,右耳簪戴毛笔,左腰间佩戴书刀(如图 5-1)。传为唐代阎

---

① 《东京梦华录注》卷五《民俗》,页 131。
② 《元典章》礼部卷二《典章二九》,清光绪沈刻本。
③ 又,绿巾自古为贱人所服,后汉董偃戴绿帻,颜师古曰:"绿帻,贱人之服也。"(《汉书》卷六五《东方朔传》,册 9/页 2855)《七修类稿》卷二八《辨证类》:"原唐史李封为延陵令,吏人有罪,不加杖罚,但令裹碧绿巾以辱之,随所犯之重轻以定日数,吴人遂以着此服为耻意。今吴人骂人妻有淫行者曰'绿头巾',及乐人朝制以碧绿之巾裹头,皆此意从来。但又思当时李封何必欲用绿巾?及见春秋时有货妻女求食者谓之娼夫,以绿巾裹头以别贵贱,然后知从来以远,李封亦因是以辱之,今则深于乐人耳。"(页 303)
④ 《汉书》卷六九《赵充国传》,册 9/页 2993—2994。

立本所绘的《北齐校书图》中有一使侍者着靴而欲逃酒者,其发髻上也插着毛笔①。这些画作都提供了关于簪笔的图像资料。

图 5-1　山东沂南北寨东汉墓出土画像砖②

把笔插在头上,除了便于随时记录之外,还有一些特定的职能与意涵。

其一,在某些特殊场合,簪笔可以产生广告效应。相传东汉时,琅琊王吉"家贫不得仕,乃挟竹简插笔,于洛阳市佣书。美于形貌,又多文辞;来觇其书者,丈夫赠其衣冠,妇人

---

① 原画今藏美国波士顿美术馆,又见《中国古代服饰研究》,页 235。
② 图见《中国历代服饰大观》,台北:百龄出版社,1984 年,页 37;又见《中国古代服饰研究》,页 170。

遗其珠玉。一日之中,衣宝盈车而归。积粟于廪,九族宗亲,莫不仰其衣食,洛阳称为善笔而得富。"①王吉在家贫之际,靠佣书度日。他耳簪毛笔、手执竹简,立于洛阳市头,可以使人一望而知,这人是以卖文为生的。加上他本人相貌出众,所以雇他的人特别多。对钞手而言,簪笔的形象本身,就是最好的广告。这个故事见于苻秦道士王嘉所著的杂史《拾遗记》,说的虽然是西汉的事,但更多地还是反映了魏晋南北朝时期的实际生活。

其二,对读书人而言,簪笔还是一种气质与身份的体现。笔是最重要的文具;随身携带笔和剑,寓意着武备文修。故《中华古今注》有云:"簪白笔:古珥笔之遗象也。腰带剑、珥笔,示君子有文武之备焉。"②这其中的用意,就和老派的知识分子把钢笔别在上衣口袋里一样,是一种有学问的表现。

其三,由插笔这一行为发展出的特定官员所戴的冠饰,即所谓"簪白笔",是有特定意涵与象征意义的。《宋书·礼志》载:

> 古者贵贱皆执笏,其有事则摺之于腰带。所谓摺绅之士者,摺笏而垂绅带也。绅垂三尺,笏者,有事则书之,故常簪笔,今之白笔是其遗象。三台五省,二品文官簪之;王、公、侯、伯、子、男、卿、尹及武官不簪,加内侍位者乃簪之。手板则古笏矣。尚书令、仆射尚书手板头复有白笔,以紫皮裹之,名笏。朝服肩上有紫生裌囊,缀之朝服外,俗呼曰紫荷。或云汉代以盛奏事,负荷以行,未详也。③

笏是古代用来记事的手板。在刘宋时期,只有二品以上

---

① 《王子年拾遗记》卷六,页95。
② 《中华古今注》卷上,页13。
③ 《宋书》卷一八《礼志》,册2/页519。

的台省官员才执笏;笏上缀着白笔,裹以紫皮,这叫做"簪白笔"。一般的王公贵族与武职是不簪笔的;但如果另加了内侍的头衔,就可以簪笔。可见簪笔与否,主要取决于该官员是否出入禁中、有无载笔的工作需要。

配合簪笔,高级官员的朝服肩上另有紫色的袷囊,俗称"紫荷"(去声,读为负荷之荷)。根据《宋书·礼志》的说法,这个袷囊就是用来盛笔和笏的;《隋书·礼仪志》则认为是"昔周公负成王,制此衣,至今以为朝服"①。《洛阳伽蓝记》里写北魏的临淮王元彧"金蝉曜首,宝玉鸣腰,负荷执笏,逶迤复道。观者忘疲,莫不叹服"。②所谓的"负荷执笏",就是肩着"紫荷"、手执笏板的意思。魏晋时期纸张虽然开始普及,但在相当一段时期内,简牍也仍在使用。由于简牍比较重,又占地方,就需要用袷囊来盛装奏牍。因此相较而言,《宋志》把紫袷囊的功用理解为盛笔与笏的,理据更为充分。

魏晋南北朝时期,簪笔作为一种朝服冠饰,主要是为御史、尚书等台省官员所用。

《汉书·百官表》载:御史大夫"有两丞,秩千石。一曰中丞,在殿中兰台,掌图籍秘书,外督部刺史,内领侍御史员十五人,受公卿奏事,举劾按章。"③御史的职能主要是监察百官,但御史自来也兼有史官的部分职能。渑池之会上,秦王使赵王鼓瑟,蔺相如反逼秦王击缶,双方各令御史记下④;说明御史在朝会之时,要随侍君主左右,并负责记录。同时御史的属官还负责管理秘阁图书。按《隋书·礼仪志》:

> 治书侍御史、侍御史:朝服、腰剑、法冠。治书侍御史则

---

① 《隋书》卷一一《礼仪志》,册1/页236。
② 杨衒之著,范祥雍校注《洛阳伽蓝记校注》卷四《城西》,上海:上海古籍出版社,1978,页201。
③ 《汉书》卷一九《百官公卿表》,册3/页725。
④ 《史记》卷八一《廉颇蔺相如列传》,册8/页2442。

有铜印环钮、墨绶。陈又有殿中兰台侍御史,朝服、法冠、腰剑、簪笔。①

陈朝时殿中兰台侍御史"朝服、法冠、腰剑、簪笔",这一身衣饰从侧面体现了御史兼有监察百官与受言记事这双重职责。

尚书本来是中央秘书机构,其主要职能是"掌图书秘记章奏之事"②。梁代袁准的《袁子正书》谓:"尚书佩契刀囊,执版,加簪笔焉。"③《洛阳伽蓝记》里"负荷执笏"的元彧,其官职就是侍中尚书令。曹魏时置秘书令"典尚书奏事"。西晋时又在秘书省下设著作郎与著作佐郎,执掌国史,史称:"周世左史记事、右史记言,即其任也。"④中央秘书机构的官员既要处理公文,又要充当记言记事的左右史,当然就需要簪笔。

以上所说的簪笔的三种情况,如果进一步概括起来,其实都是起一种"广而告之"的作用,即为了传递某种信息而采取的特殊的宣传手段。例如特定的官员配以特定的冠饰,这是为了强调其职务的特殊性。簪笔恰好可以突出台省官员载笔记事的职能,同时这一冠饰也寄托了对其职业精神的期许。

(二)"簪笔"消亡之实质

《史记·滑稽列传》:"西门豹簪笔磬折,向河立侍良久。"张守节《正义》云:"簪笔,谓以毛装簪头,长五寸,插在冠前,谓之为笔,言插笔备礼也。"⑤明代的方以智认为,这是注家从其当下的生活出发,对古人的衣冠制度进行的揣度:

> 《索隐》注《史记》簪笔,乃以目击本朝之制揣摩古人

---

① 《隋书》卷一一《礼仪志》,册1/页223—224。
② 《晋书》卷二四《职官志》,册3/页730。
③ 《唐六典》卷二《尚书吏部》引,页26。
④ 《宋书》卷四〇《百官志》,册4/页1246。
⑤ 《史记》卷一二六《滑稽列传》,册10/页3212。

耳,其实安世、西门豹之簪笔,犹之载笔、带笔,岂必插笔于首乎?晋有此制。宋绍兴中,礼官言:皇子七梁额花冠金镀银立笔。金元志亦有貂蝉立笔、金立笔、银立笔之分,以昭官阶。今无此制,即起居注不过袖笔而已。①

按方以智的说法:《史记》《汉书》里讲的簪笔,未必真要把笔插在头上;簪笔作为一种朝服冠饰,主要盛行于魏晋南北朝到唐宋时期;明代以后,这一制度就彻底消亡了。结合前面所举的事例,方氏的论断大体符合史实。

但即使是在魏晋南北朝时期,也有一些人对簪笔的意涵缺乏清晰的了解。《魏略》记载:三国时,魏明帝在朝会时曾见御史"簪白笔侧阶而坐",明帝问左右:"此为何官何主?"辛毗对曰:"谓御史。旧时簪笔以奏不法,今者直备官,但珥笔耳。"②由于御史兼有载笔记事与监察百官的职责,所以在朝会上,御史有特殊的座次。"侧阶而坐",既接近皇帝,又便于观察百官是否有失仪之举;簪白笔之后,其特殊性更为突显,因此引人瞩目。虽然魏明帝对御史簪笔的情况并不是特别了解,但由此也可以看出,簪笔在服饰上所起的这种"广而告之"的效果是明显的。

齐永明年间(483—493),有舞人"冠帻并簪笔"。齐武帝曰:"笔、笏盖以记事受言;舞不受言,何事簪笔?岂有身服朝衣,而足綦燕履?"于是去掉了舞人冠上的笔。③比较起来,齐武帝对簪笔的内涵有比较准确的理解。因此他看见跳舞的人簪笔,觉得不伦不类。这也说明,对当时的大多数人而言,簪笔几乎只剩下装饰的功能了。

"左史记言,右史记事",这是史官的传统。史官簪笔执

---

① 《通雅》卷三七"衣服",北京:中国书店(影康熙浮山此藏轩刻本),1990,页447—448。
② 《初学记》卷一二下《职官部下》引,册2/页292—293。
③ 《隋书》卷一三《音乐志》,册2/页291。

简,随时记录君主的言行。这既是存史的需要,同时还起到监督君主的作用。但是这种来自史官的监督是非常有限的。东晋的桓玄在兵败之际曾越过史官,"自作起居注"①。唐太宗曾对褚遂良说:"卿犹知起居注,所书可得观乎?"褚遂良回答说:"史官书人君言动,备记善恶,庶几人君不敢为非,未闻自取而观之也。"②但像褚遂良这样的敢于拒绝皇帝的史官毕竟是少数,就像萧梁时的崔祖思说的:

> 古者左史记言,右史记事;故君举必书,尽直笔而不污。上无妄动,知如丝之成纶。今者著作之官,起居而已;述事之徒,褒讳为体。世无董狐,书法必隐;时阙南史,直笔未闻。③

敢于秉笔直书的史官越来越少,阿谀奉承的人却越来越多。在辛毗的眼里,御史的职责就是在朝会上"簪笔奏不法";但就这么一点监督权,也不一定能落实处。"但珥笔耳"这句话,确实是一语中的,道出了簪笔之所以消亡的根由。《隋书·经籍志》里曾这样描述史官:

> 夫史官者,必求博闻强识、疏通知远之士,使居其位。百官众职,咸所贰焉……自史官废绝久矣,汉氏颇循其旧,班马因之。魏晋已来,其道逾替。南董之位,以禄贵游;政骏之司,罕因才授。故梁世谚曰:"上车不落则著作,体中何如则秘书。"④

"百官众职,咸所贰焉",这并不是说史官真有多大权力,而应该理解为由于史官的职能特殊,出任史官者应具备特别的素质。中古时期,史官成了"职闲廪重,贵势多争之,不暇

---

① 《魏书》卷九七《桓玄传》,北京:中华书局,1974,册6/页2124。
② 《通鉴》卷一九六"贞观十六年",册13/页6175。
③ 《南齐书》卷二八《崔祖思传》,册2/页520。
④ 《隋书》卷三三《经籍志》,册4/页992。

求其才"的清流美职①。尽管声望很高,但多数史官出于主观或客观上的原因,并不能发挥应有的作用。虽然在朝会上,他们的冠饰显眼,班次特殊,但在时人看来,不过是备员充数、装点门面而已。其簪笔执简、侧阶而坐的形象,也成了苗而不秀的银样镴枪头了。

四、服色与正朔

受"天人感应"哲学的影响,秦汉时期的帝王服色还渲染上了君权神授的神秘主义色彩。把帝王的服色与正统思想联系起来的思想,可以上溯到战国时期的"五德终始说"。"五德终始说"是指用五行的观点来解释、附会历史与现实生活中的朝代更迭现象的一种学说。具体地说,每一朝的天子,凡有上天授命的,必得到土、木、金、火、水这五德之中的某一德,这叫做"德运"。当一朝天子占有了某种德运之后,就当采用符合这一德运的颜色来作为自己的服色。而当天子的德运衰败,不再得到上天眷顾时,上天又会依据五行的次序,重新安排享有新的德运的天子来取而代之。新天子即位之后,则又要改用与新的德运相符的服色。②秦始皇是真正把这套学说付诸政治实践的帝王。《史记》记载:

> 始皇推终始五德之传,以为周得火德,秦代周德,从

---

① 《晋书》卷四八《阎缵传》,册5/页1350。
② 通常认为"五德终始说"是战国时的术士邹衍所创造的。邹衍的书已看不到,保留在《吕氏春秋·有始览·应同篇》中的这段文字大体上概括了战国时期的"五德终始说"的内容:"凡帝王者之将兴也,天必先见祥乎下民。黄帝之时,天先见大螾大蝼,黄帝曰:'土气胜。'土气胜,故其色尚黄,其事则土。及禹之时,天先见草木秋冬不杀,禹曰:'木气胜。'木气胜,故其色尚青,其事则木。及汤之时,天先见金刃生于水,汤曰:'金气胜。'金气胜,故其色尚白,其事则金。及文王之时,天先见火,赤乌衔丹书集于周社,文王曰:'火气胜。'火气胜,故其色尚赤,其事则火。代火者必将水,天且先见水气胜,水气胜,故其色尚黑,其事则水。水气至而不知,数备将徙于土。"(《吕氏春秋》卷一三,《诸子集成》,册6/页126—127)

所不胜。方今水德之始,改年始,朝贺皆自十月朔。衣服旄旌节旗皆上黑。数以六为纪,符、法冠皆六寸,而舆六尺,六尺为步,乘六马。更名河曰德水,以为水德之始。刚毅戾深,事皆决于法,刻削毋仁恩和义,然后合五德之数。①

秦始皇听取了方士的意见,认为秦代应该主水德,水属阴,因此把岁首定在十月,衣服旗章的颜色以黑为上,选择阴数六作为吉祥的数字。不仅如此,秦朝的整个立国精神都是按照水德而主阴杀的,推崇严刑峻法、刻薄少恩。

西汉建国以后,比较长一段时间,仍然沿用了秦朝的正朔与服色。首先提出要改正朔、易服色的是贾谊。贾谊认为汉代建国已经二十多年,应该开始考虑在服色、礼乐等方面进行相关的制度建设,他认为秦既然是主水的,那么继秦而起的汉就应该主土德,土德以黄色为上,数应该用五。改正朔、易服色实际上涉及国家整体制度的变化,是非常麻烦的事情,当时从秦朝过来的一些老臣,并不愿意改变。加上汉文帝起初在这方面还比较低调,贾谊的建议并没有被采纳。汉文帝十四年(前166)的时候,公孙臣又提出了同样的问题,认为汉代应该是土德,而且他预言土德的符瑞是将会有黄龙出现;当时的丞相张苍则认为汉代仍应该主水德,河决金堤就是水德的表现。巧的是,第二年,陕西某地果有黄龙出现。文帝于是拜公孙臣为博士,着手易服色。②

帝王特定的服色,是君权神授的象征;一个时代的着装风尚,也被认为是整个社会发展方向性的指标。服饰对人们观念的影响如此之大,以致奇装异服在古代中国向来不受欢迎。在衣装方面过于独立特行,被称为"服妖","妖"就是不

---

① 《史记》卷六《秦始皇本纪》,册1/页237。
② 事见《汉书》卷四《文帝纪》、卷二五《郊祀志上》、卷四八《贾谊传》,册1/页125、册4/页1212—1213、册8/页2222。

正的意思。东汉的灵帝喜欢胡服、胡帐、胡床、胡坐、胡饭、胡箜篌、胡笛、胡舞,京城的权贵与皇亲国戚也都竞相效仿——这其实是东汉中西交往频繁的结果——但在史臣的眼里,这就是"服妖",并且认为后来董卓带领胡兵进京,充塞长安城街衢,都是皇帝"服妖"的恶果。①

历史上,由改易服色而引发斗争,最为激烈的当推明清之际的"剃发令"。因改朝换代而改易服色,这主要指的是皇帝与大臣的公服,普通百姓的穿着打扮并不受直接影响。清兵入关之后,却强迫所有的汉族男性改变民族习惯,剃发易服。这就不仅是为了宣扬正统,而是要彻底摧毁汉族人的民族意识,因此引发激烈的反抗,造成许多流血事件,是清初的一大虐政。

民国人编的《发史》收载了明清之际不服"剃发令"而进行抗争的三十二人的事迹。这三十二人里的头一个就是孔子的后裔孔文骠。剃发令下后,时任陕西道的孔文骠奏称:

> 臣家宗子衍圣公孔允植已率四世子孙告之祖庙,俱遵令剃发讫。但念先圣为典礼之宗,颜、曾、孟三大贤,并起而羽翼之,其定礼之大者,莫要于冠服。先圣之章甫缝掖,子孙世世守之,是以自汉迄明,制度虽各有损益,独臣家服制三千来未改。今一旦变更,恐于崇儒重道之典未有尽也。应否蓄发,以复先世衣冠?

清帝下旨:孔文骠敢提出这个要求,就已经犯了杀头的罪;念在是孔圣人的后裔,姑且免死,革职永不叙用。而且皇帝说:"似此违旨,有玷伊祖时中之道。"②《论语·乡党》里说:"山梁雌雉,时哉时哉!"③凡事都要得其时,故识时务者为俊

---

① 《后汉书》卷一〇三《五行一》,册11/页3272。
② 《发史》,收《清朝兴亡史(外八种)》,页218。
③ 《论语注疏》卷一〇,《十三经注疏》,下册/页2496。

杰。按照皇帝的说法,即使是作为"道统"代表的孔、孟,如果他们活到了清朝,也不得不剃发:这体现了"道统"对"治统"的臣服。

网巾是明代很有特色的首服。网巾是用马鬃毛或丝线编织的,北方因为天冷,也有用绢布编织的,是一种用于束发的网罩。按谢肇淛的说法,网巾即古代"帻"之遗意。与帻所不同的是,帻既可以衬在冠里使用,也可以单用。而网巾不能直接戴着去见人,必须再戴上帽子。①洪武二十四年(1391)的时候,朱元璋微服至神乐观,看见一个道士在灯下编织网巾,朱元璋问这是做什么用的?道士回答:"网巾,用以裹头,则万发俱齐。"皇帝听到"万发(与'法'谐音)俱齐",非常高兴。第二天就把这道士封为道官,并将网巾颁行十三省,贵贱通服,皇帝也将网巾作为常服。②清兵入福建之后,有一主二仆遭清兵逮捕被夺去网巾。在监牢里,主人叫仆人帮他用墨汁在头上画网巾,他说:"衣冠本历代旧制,网巾则大明创制也,即死,可忘明制乎?"画完之后,两个仆人也互相在头上画网巾。清兵劝其剃发,这位画网巾先生说:"吾网巾尚不肯去,况欲去发乎!"最后这一主二仆都被斩首。③

《发史》中收载的那些最后没有剃头的人,只能选择隐居山林,或是遁入空门,或是卖傻装疯,再有就是漂洋过海,流亡异域。在清廷直接控制的疆域之外,朝鲜、安南、琉球等藩国,并不受剃发令的影响。故明清易代之后,这些国家的使臣入朝觐见时,依旧是明朝的衣冠服色,常引起观者的故国情思。在当时,只有戏台上穿的戏服,妇女的衣装,还有这些

---

① 《五杂俎》卷一二《物部四》,上海:上海书店,2009,页250。
② 《七修类稿》卷一四《国事类》,页144;《明史》卷六六《舆服志》,页1620。明崇祯刻本《天工开物》的插图中画了戴着网巾劳作的农民与工人,见《中国古代服饰研究》,页552—553。
③ 李世熊《画网巾先生传》,黄宗羲《明文海》卷三四〇,清涵芬楼钞本;《发史》中也记载了画网巾先生的事迹(《清朝兴亡史(外八种)》,页234)。

外国使臣来华时穿的礼服,因保留着前朝的服制,偶然能撩起汉人心底深处的族群记忆。①

服饰所带来的文化认同是根深蒂固的。晚清时,许多汉人又为了是否要剪去发辫而焦虑。鲁迅在《头发的故事》里说:"我不知道有多少中国人只因为这不痛不痒的头发而吃苦,受难,灭亡。"太平天国运动的时候,"全留着头发的被官兵杀,还是辫子的便被长毛杀。"留学生在国外剪了辫子,一回到上海,赶紧买一条假辫子,带着回家。"我的母亲倒也不说什么,然而旁人一见面,便都首先研究这辫子,待到知道是假,就一声冷笑,将我拟为杀头的罪名;有一位本家,还预备去告官,但后来因为恐怕革命党的造反或者要成功,这才中止了。"②《阿Q正传》里以阿Q为代表的未庄人,听说城里剪辫子,想出了"用一支竹筷将辫子盘在头顶"上的妙招③。想投机又不敢投机,而最后又不得不投机的心态,全在发辫上反映出来了。

冯骥才于20世纪80年代写的小说《神鞭》,讲述光绪年间天津有一个卖炸豆腐的汉子,名叫傻二,头上的大辫子乌黑油亮,好像码头绞盘上的大缆绳,而且这辫子上有功夫。傻二的辫子功不仅惩治了地痞流氓,接连打跑了地痞请来助拳的武林高手,而且战败了租界里的东洋拳师,赢得了"神鞭"的美誉。洋人不甘失败,甚至企图买通剃头匠割下傻二的辫子。卖字画的金子仙(后来成了傻二的岳父)对傻二说:"洋人想偷神鞭,意在夺我国民之精神!身上毛发,乃是祖先精血凝成,一根不得损伤。您该视它为国宝,加倍爱惜才是。"

---

① 详葛兆光《大明衣冠何处》,《看澜集》,上海:复旦大学出版社,2010,页198—206。

② 鲁迅《头发的故事》,《呐喊》,人民文学出版社,1979,页42—43。按:太平天国的起义军因蓄发不剃头而被清军蔑称为"长毛"。

③ 鲁迅《阿Q正传》,《呐喊》,页99。

未几,义和团运动兴起,从老家来的刘四叔向傻二道出了祖传辫子功的来历:

> 传说傻二的老祖宗,原来练一种问心拳,也是独家本领,原本传自佛门,都是脑袋上的功夫。但必须仿效和尚剃光头,为了交手时不叫对方抓住头发。可是清军入关后,男人必须留辫子,不留辫子就砍头。这一变革等于绝了傻二家的武艺。事情把人挤在那儿,有能耐就变,没能耐就完蛋。这就逼得傻二的老祖宗把功夫用在辫子上,创出这独异奇绝的辫子功。

在刘四的鼓励下,傻二加入了义和团。但在洋枪洋炮面前,刀枪不入的"神拳"败了,傻二虽幸而不死,辫子却被炮火打断。金子仙给傻二找来秘方,半年之后,发辫虽然再生,"神鞭"的精气神却没有了。清朝灭亡了,当年被傻二惩治过的地痞带着洋枪上门寻仇,剪去了傻二的辫子。傻二远走他乡,当他再回来的时候,脑袋剃成了大秃瓢,腰里别着双枪,成了北伐军中的神枪手。

小说通过"辫子功"的兴衰存废,折射出二百余年的世事变迁。清军入关之后,问心拳练不了,傻二的祖先创出了辫子功。当傻二打败洋拳师的时候,他的辫子成了"国宝";可是面对洋枪火炮,神鞭却失灵了。洋枪不仅打断了傻二的发辫,而且打断了民族文化的根脉。因此尽管后来发辫再生了,傻二却觉得五脏六腑空荡荡的,"没有根,底气不足"。

傻二最后想明白了,把自己练成了神枪手,他说:"你要知道我家祖宗怎么创出这辫子功,就知道我把祖宗的真能耐接过来了。祖宗的东西再好,该割的时候就得割。我把'鞭'剪了,'神'却留着。"[1]"穷则变,变则通,通则久"[2],傻二说的

---

[1] 《神鞭》,《冯骥才集》,福州:海峡文艺出版社,1986,页261、264、277、285—286。
[2] 《周易正义》卷八,《十三经注疏》,上册/页86。

"神却留着",这"神"就是《周易·系辞》里说的"穷则思变"。从剃发到留辫子,再到剪辫子,这杜撰的"神鞭"的经历,寄寓的是中华文化自新的能力与希望。

【主要参考文献】

1. 沈从文《中国古代服饰研究》,上海:上海书店出版社,2011。

2. 孔德明《中国古代服饰用具职官》上编"服饰",北京:北京广播学院出版社,1996,页4—172。

3. 阴法鲁、许树安、刘玉才《中国古代文化史(插图本)》第二十章"历代服装与装饰"(分章作者:赵超),北京:北京大学出版社,2008,下册/页861—894。

4. 阎步克《服周之冕:〈周礼〉六冕礼制的兴衰变异》,北京:中华书局,2009。

5. 周天《中国服饰简史》,香港:中和出版有限公司,2011。

6. 孙机《中国古代物质文化》第三章"纺织与服装",北京:中华书局,2014,页75—118。

7. 周晓薇《古代簪笔制度探微》,《中国典籍与文化》2001年第3期,页106—113。

8. 葛兆光《大明衣冠何处》,《看澜集》,上海:复旦大学出版社,2010,页198—206。

【阅读与思考】

从羃䍦到帷帽、胡帽,反映了初唐到盛唐间,妇女首服发展趋势如何?

武德、贞观之时[1],宫人骑马者,依齐、隋旧制,多着羃䍦[2]。虽发自戎夷,而全身障蔽,不欲途路窥之。王公之家,亦同此制。永徽之后[3],皆用帷帽[4],拖裙到颈,渐为浅露。

寻下敕禁断，初虽暂息，旋又仍旧。咸亨二年又下敕曰[5]："百官家口[6]，咸预士流，至于衢路之间，岂可全无障蔽。比来多着帷帽[7]，遂弃羃䍦，曾不乘车，别坐檐子[8]。递相仿效，浸成风俗[9]，过为轻率，深失礼容。前者已令渐改，如闻犹未止息。又命妇朝谒，或将驰驾车，既入禁门，有亏肃敬。此并乖于仪式[10]，理须禁断，自今已后，勿使更然。"则天之后[11]，帷帽大行，羃䍦渐息。中宗即位[12]，宫禁宽弛，公私妇人，无复羃䍦之制。

开元初[13]，从驾宫人骑马者，皆着胡帽[14]，靓妆露面，无复障蔽。士庶之家，又相仿效，帷帽之制，绝不行用。俄又露髻驰骋，或有着丈夫衣服靴衫，而尊卑内外，斯一贯矣。

——《旧唐书》卷四五《舆服》

【注释】

[1] 武德：唐高祖年号，618—626年。贞观：唐太宗年号，627—649年。

[2] 羃䍦(mìlí)：最初流行于西域地区的一种装束，用质地轻薄的大幅方巾制成，功能类似于"面衣"，主要起遮蔽风沙和阻挡视线的作用，但羃䍦可以遮蔽全身。唐代妇女将其作为外出时的首服。

[3] 永徽：唐高宗年号，650—655年。

[4] 帷帽：一种高顶宽檐的笠帽，帽檐的四周或两侧垂下面纱。下句"拖裙到颈"指的帷帽的面纱只垂到脖颈处，只能遮蔽女性的面部。唐人画的《明皇幸蜀图》中提供了戴"羃䍦"与"帷帽"的妇女的形象。但沈从文认为："唐俑所见，骑马妇女较早着幂，多如本图只笼罩到颈肩间。帷帽则近于在阔边笠子四周、或前后、或两侧施网(即所谓'裙'。照长沙马王堆新出土竹简记载，凡器物下脚加有丝绸边沿的，通叫做'裙')，下垂颈肩间。"①

[5] 咸亨：唐高宗年号，670—673年。

[6] "百官家口"句：大意是说官员们的家属(这里主要指的是

---

① 《中国古代服饰研究》，页289—292。

女眷),也都属于"士流"的阶层,怎么能毫无遮蔽地在大路上行走呢?

[7] 比来:近来。

[8] 檐子:檐,通"擔(担)",肩挑。檐子指的是两人抬的四围无遮蔽的小轿。

[9] 浸:逐渐。

[10] 乖:背离,违反。

[11] 则天:武则天于684年废黜了唐睿宗李旦,自掌朝政;690年,正式称帝,改国号为周。

[12] 中宗:武则天之子李显。他两次当上皇帝,第一次是在高宗死后的684年,年号为嗣圣,在位仅一年不到。这里说的"中宗即位"是指在武则天死后的705年,李显再次为帝并恢复了唐的国号,他第二次在位的时间是705—709年。

[13] 开元:唐玄宗年号,713—741年。

[14] 胡帽:沈从文认为大致指"浑脱帽"(后又称"胡公帽")。西安韦顼墓出土的石刻线画中的有穿翻领小袖长衣的妇女,所戴的便是浑脱帽。[1]

---

[1] 《中国古代服饰研究》,页292、页309—310。

第六章　烹调饮馔与中国古代文化观念

孙中山先生在1918年所作的《建国方略》中曾说：

> 夫饮食者，至寻常、至易行之事也，亦人生至重要之事而不可一日或缺者也。凡一切人类、物类皆能行之，婴孩一出母胎则能之，雏鸡一脱蛋壳则能之，无待于教者也。然吾人试以饮食一事，反躬自问，究能知其底蕴者乎？不独普通一般人不能知之，即近代之科学已大有发明，而专门之生理学家、医药学家、卫生学家、物理家、化学家，有专心致志以研究于饮食一道者，至今已数百年来亦尚未能穷其究竟者也。[①]

"吃"是每个人每天都要做的事，可是关于"吃"的道理，又有几个人真能说清楚呢？《建国方略》开篇第一章就叫做《以饮食为证》，孙中山借着"吃"这件事情打比方，阐述了"知难行易"的观点。"知"是认知，"行"是实践，中国古代有"非知之难，行之惟难"的说法[②]，认为凡事都是说起来容易做起来难。而孙中山提倡的"知难行易""以行而求知"，却打破这种旧观念，鼓励实干的精神。讨论孙中山的哲学，这并非本章的题中之义；但《建国方略》中这种借由饮食来阐发哲学思想的论述策略，却是值得我们注意的。

人们吃什么、怎么吃？这可以反映出不同文明的形态与

---

① 《孙中山选集》，北京：人民出版社，1981，页118—119。
② 吴兢《贞观政要》卷一〇《慎终》，上海：上海古籍出版社，1978，页295。

特征。围绕着"吃"而形成的诸多礼仪、风俗,乃至由"吃"生发出的关乎人生、社会的种种道理,更反映了文化中深层次的意涵。以下拟从礼仪、人生、政治与美学这四个角度着眼,谈谈中国古代的烹调饮馔中所蕴藏的道理。

一、饮食与礼仪

礼书上说:"夫礼之初,始诸饮食。"①饮宴过程中的种种习俗规范是古代礼仪中最基本的内容,是首先应当了解的。古代儒家经典中有许多篇章或段落对此均有涉及。概括起来,有关饮食的礼仪规范大体可以分为以下三类。第一类规范是与饮食卫生有关的,是古人从日常经验中总结出来的一些卫生常识。比如《论语·乡党篇》里讲的:

>食不厌精,脍不厌细。食饐而餲,鱼馁而肉败,不食;色恶,不食;臭恶,不食;失饪,不食;不时,不食。②

这是说饭食做得越精致越好,肉切得越细越好;"食饐而餲"说的是因为天气热而使食物变质,鱼坏了叫做"馁",肉坏了叫做"败",变质了的鱼和肉都不要吃;有的食物好像没有坏,但是看起来已经不新鲜,或者闻起来味道不对了,也不要吃;没有煮熟的东西不要吃;没到成熟的季节就采摘下来的果实也不要吃③。可见古人在饮食上的"卫生之道"是不以满足口腹之欲为目的,而是以养生保健为宗旨的。

第二类规范是与古代社会的等级制度或伦理关系相关的。例如《礼记·曲礼》里说的:

---

① 《礼记注疏》卷二一,《十三经注疏》,下册/页1415。
② 《论语注疏》卷一○,《十三经注疏》,下册/页2495。
③ "不时,不食"可以有两种解释:既可以理解为果实未熟时不要吃,也可以理解为不到吃饭的时间就不要吃东西。两种解释都讲得通,都是从饮食卫生的角度着眼的。

> 侍饮于长者,酒进则起,拜受于尊所。长者辞,少者反席而饮。长者举未釂,少者不敢饮。长者赐,少者贱者不敢辞。赐果于君前,其有核者怀其核。①

陪着长者饮酒的时候,主人来倒酒,年少者应当起身拜受,长者辞谢之后,年少者才可以回到自己的座位上喝酒。而在长者没有把杯里的酒喝干的时候,年少者是不能先喝酒的。古代人在等级制度方面最重视长幼、尊卑的次序,而人们在饮酒的时候又很容易纵情忘我、忽视应有的礼仪,因此饮酒时的规矩要特别注意。

《红楼梦》里写的刘姥姥二进大观园,正赶上贾母设宴款待薛姨妈和史湘云等亲戚。暖酒来了之后,"王夫人提了暖壶下席来,众人皆都出了席,薛姨妈也立起来,贾母忙命李、凤二人接过壶来:'让你姨妈坐了,大家才便。'王夫人见如此说,方将壶递与凤姐,自己归坐。贾母笑道:'大家吃上两杯,今日着实有趣。'说着擎杯让薛姨妈,又向湘云、宝钗道:'你姐妹两个也吃一杯。你妹妹虽不大会吃,也别饶他。'说着自己干了。湘云、宝钗、黛玉也都干了。"②当王夫人提了酒壶准备给大家斟酒的时候,其他人都站了起来,这是因为对众人而言,王夫人是长辈。而王夫人之所以要起来斟酒,一是因为她是主人,二是因为她的婆婆贾母在座。但王夫人毕竟也是"多年的媳妇熬成婆"了,所以贾母马上又让李纨和王熙凤接过了酒壶。薛姨妈则既是客人,又是长辈。薛姨妈不坐,年轻人也不敢坐,所以贾母说:"让你姨妈坐了,大家才便。"都入座了之后,贾母先给姨妈敬了酒,而后又给史湘云、薛宝钗和林黛玉敬酒,这些外姓的亲戚,都带有客人的身份。林黛玉身体不好,本来是不喝酒的,但是因为贾母发话了:"你

---

① 《礼记注疏》卷二,《十三经注疏》,上册/页1243。
② 《红楼梦》第四十一回《栊翠庵茶品梅花雪,怡红院劫遇母蝗虫》,北京:人民文学出版社,2008,上册/页549。

妹妹虽不大会吃,也别饶他。"所以黛玉是绝不能拂老人家的面子的,也干杯了。像贾府这样的大户人家,尽管只是女眷之间的家宴,规矩和礼数却是一点不能差的。

凡是和中国人打过交道的外宾,特别是一起吃过饭的,多少都会感受到中国人在餐桌上的那种过分的热情——即便客人已经吃不下,主人还是会不断地添菜,喝起酒来,更是不醉不休。为什么中国人会有这种让人接受不了的热情呢?答案也许就在《曲礼》里说的"长者赐,少者贱者不敢辞。赐果于君前,其有核者怀其核"之中。中国有句俗话"敬酒不吃吃罚酒",这前提就在于长者赐的酒,不管愿意不愿意,都是要喝的;君主所赐的果子,吃完了之后,果核不但不能扔,还要揣在怀里留起来①。

把这一道理推广开来,在饭桌上,对别人夹的菜或是敬的酒欣然地全盘接受,既可以表示对他人的尊重,同时又可以显示出自身的谦卑与顺从,从而给人留下温顺、随和的"好印象",让人觉得这是个"好说话""好相处"的人。于是在这种推杯换盏的过程中,人与人之间的心理距离也无形地拉近了。久而久之,主人为客人布菜、敬酒,而客人爽快地接受(不管内心是否情愿),也就成了中国人餐桌上的一种不成文的礼仪。这种在现代人看来并不文明的餐桌文化,实际上折射出中国人固有的观念。

第三类规范则与更广泛的人际关系有关,这种人际关系超出了前面所说的等级制度、伦理关系的范畴,甚至可能跨越时代与民族的差别。例如《曲礼》中说:

> 毋嚃羹,毋絮羹,毋刺齿,毋歠醢。客絮羹,主人辞

---

① 《水浒传》第四十一回《还道村受三卷天书,宋公明会九天玄女》里写九天玄女命童子献酒,"宋江起身,不敢推辞,接过杯,朝娘娘跪饮了一杯。"又有青衣捧过一盘仙枣,宋江吃了枣后,"怀核在手"。(《水浒传会评本》,北京:北京大学出版社,1987,下册/页779—780)《水浒》中的这段情节也可以和《曲礼》中的文字相印证。

不能亨;客歠醢,主人辞以窭。①

这是说和别人一起吃饭的时候,不要不加咀嚼地就把羹汤吞咽下去,也不要再给羹汤调味,不要当众剔牙,不要吃用于调味的酱汁。如果客人给羹汤调味,主人应该道歉说自己烹调的手艺不佳;如果客人把调味的酱汁也给喝了,主人就应该道歉说事先准备的食物实在太少了。

羹是带肉的浓汤,连汤带肉不加咀嚼地吞咽下去,既不利于消化,又会让人觉得吃相难看;当众剔牙也很不雅观,所以这两项都要留心避免。可是为什么不能给羹汤调味,又为什么不能吃酱汁呢?这就要把上下两句话联系起来看。如果客人亲自动手给羹汤调味,就说明羹汤的味道不够好,这会让主人觉得没面子;可是万一真有客人这么做了,这时候主人应该谦虚地说是自己做的东西不好吃。酱汁是用来调味的,如果客人把调味酱都喝了,可见客人没有吃饱,也显得主人准备得太不充分,因此要注意不要吃人家的调味酱;而从主人这一方面说,万一客人吃了调味酱,主人也应该客气地说:"抱歉今天可吃的东西实在太少了。"

这一规定使人联想到现代西方的一些餐桌礼仪。在聚会饮酒时候,主人或服务人员要及时地给客人添酒;如果客人的酒杯空了,就显得主人或服务人员礼貌不周。反过来,对客人来说,除非是主人来敬酒,否则将杯中酒一饮而尽也是一种失礼的行为。②所以最好是在杯里稍稍留一点酒,不要喝得太快,更不要喝干,以免使主人应接不暇。这就和《曲礼》中的规定很相似,其核心的意思是宾主双方都能照顾到对方的感受,并有意识地给对方多留一点空间。而万一客人不太懂这方面的礼节,或者说如果客人"失礼"了,那么按照

---

① 《礼记注疏》卷二,《十三经注疏》,上册/页 1242。
② 参王爱英、徐向群《现代商务礼仪规范与实务》,北京:北京大学出版社,2009,页 190。

《曲礼》中的规定,主人应该大度一点,并且说一些打圆场的客气话。大家不难发现,中国人在请客的时候,尽管已经精心准备了一整桌的菜,主人还是会说:"不好意思,随便做了点小菜,没有什么可吃的。"客人也许只吃了很少的一点东西,但也总是会客气地说:"谢谢,我们已经吃得很饱了。"这样明显不符合事实的对话,也许只会发生在中国人之间;但这种在人际交往过程中多给对方(实际上也是给自己)留一点余地的做法,其实又带有一定的普遍性。

"吃"的过程中有很多的礼仪规范,而中国所有的礼仪活动也都离不开"吃",就连葬礼也不例外。中国许多地方在办丧事时均有"闹丧"的习俗。所谓"闹丧"是指为了追求葬礼的场面热闹而大肆铺张的做法,例如召集送葬的亲友大摆筵席,奏乐歌舞,有的甚至还搭台演戏。① 通常地说,当遇有亲友离世时,人们会因为难过而食不甘味,就像《论语·阳货篇》里说的:"夫君子之居丧,食旨不甘,闻乐不乐。"② 参加葬礼的人,吃肉也不香,听到音乐也高兴不起来,这是正常的反映。在这种情况下,为什么还要大摆宴席"闹丧"呢?

其实,"闹丧"的目的并不止于炫示死者生前身后的荣耀并展现家族的经济实力与地位,这一习俗不仅在中国分布的地域广泛,而且有着久远的历史。"闹丧"在古代又叫做"娱

---

① 谢肇淛《滇略》卷九《夷略》中记载了明代云南少数民族的丧礼习俗:"父母亡,不用僧道祭,则用妇人祝于尸前。亲人各持酒物,聚百数人饮酒歌舞达旦,谓之'娱尸'。妇人群聚击碓杵为戏,数日而葬。"《(乾隆)浙江通志》卷一〇〇《风俗》:"雍正十三年十一月初二日钦奉上谕:朕闻外省百姓有生计稍裕之家,每遇丧葬之事,多务虚文,侈靡过费。其甚者至于招集亲朋邻族开筵剧饮,谓之'闹丧',且有于停丧处所连日演戏,而举殡之时又复在途扮演杂剧戏具者。"又,《(乾隆)江西通志》卷二六《风俗》载:各邑书旌吊问,皆张设鼓吹,已为非礼。石城乃有'娱尸'之宴,出殡之夕奏乐达旦;否则人子有薄亲之讥,反受不孝之名。"明清时期的这些地方文献记载了各地"闹丧"的习俗。大体看来,聚集亲友饮宴,并且奏乐歌舞甚至搭台唱戏,是"闹丧"过程中不可缺少的环节。(文渊阁本《四库全书》)

② 《论语注疏》卷一七,《十三经注疏》,下册/页2526。

尸",意即取悦亡灵。宋代的司马君实是这样记述当时普通乡民办丧礼的情形的:

> 乃至鄙野之人,或初丧未敛,亲宾则赍酒馔往劳之;主人亦自备酒馔相与饮啜,醉饱连日。及葬亦如之。甚者初丧作乐以娱尸;及丧殡葬,则以乐导轜车,而号哭随之。亦有乘丧即嫁娶者。①

即便心情很不好,人总还是要吃点东西。所以遇到办丧事的时候,来参加葬礼的亲友们就有意地为死者家属带一点酒食以表慰问;而对于来帮衬葬礼的人,死者的家属也应该为他们准备一些吃食表示答谢:这应该是葬礼上聚集亲友饮宴的做法的起源,也即"闹丧"最初时的用意。

中国人常说"乐极生悲",其实"悲极"也可以"生乐";大悲与大喜之间,有时只是一线之隔。中国人讲究把葬礼办得"热闹",名义上叫做"娱尸",仿佛是做给死者看的;实际上所谓替死者做的事,说到底还是为了生者,是为了让生者恐惧、悲伤的情绪能够逐渐被冲淡、化解并得以宣泄。所以当死者还没成殓之前,人们先是聚在一起饮宴;出殡的时候,灵车要奏乐引导(有的地方便发展为沿路搭台演戏),亲属们则随在车后号哭——哭与笑,当然都是宣泄情感的理想途径。有的人家甚至会在办完葬礼之后,紧接着为家中适婚的年轻人操办婚礼,用一场大的喜事来冲刷丧事中的哀伤。所以说,"闹丧"实际上体现了悲与喜之间既对立又相互转换的关系;而这转换的关键环节,也许正在于葬礼上的那一顿吃喝呢。②

---

① 祝穆《古今事文类聚》卷五二引,文渊阁本《四库全书》。
② 参任百尊《中国食经》,上海:上海文化出版社,1999,页747。

二、饮食与人生

中国的古书中多称美味的食品为"珍",这是把美食看成十分宝贵的东西;有的书中还将多种珍馐美味的菜肴并称为"八珍"。"八珍"既可以实指八种菜品,也可以泛指多样的美味食材,例如民间有所谓"八珍盘""八珍汤""八珍豆腐"等诸种名目,这些菜品的原料其实并不特别固定,也不一定非得要凑齐八样。大抵上,只要是用料繁多、制作考究、口味鲜美的菜肴,食客们就乐于赐以佳名,号为"八珍"。那么食物称"珍",其首要的标准应该是什么呢?这在不同人的心目中当然会有不同的答案。

北宋时,苏易简曾为太宗皇帝讲解《文中子》,其中提到隋代的权臣杨素曾留赠其子《食经》一书。太宗就问苏易简:"食品称珍,何物为最?"这个问题不太好回答。作为皇帝,本来不应该过分追求饮食方面的精致与奢华,太宗提出这个问题,说明他可能还没有意识到这一点。苏易简回答得很巧妙,他说:"臣闻物无定味,适口者珍。"美食并没有一定的标准,只要自己吃着觉得可口的东西,就可以称之为"珍"。苏易简接着说:"就我而言,只知道齑汁是最美味的。"齑汁大致就是腌酸菜时剩下的酸菜汁一类的东西,过去中医经常用来作药引子。苏易简解释说:"记得有一天夜里,天气十分寒冷,我在家里抱着火炉一边取暖,一边喝酒,喝得大醉以后睡着了。四更天的时候醒来,觉得口干舌燥。这时候只见明月横窗,照着自家的庭院,院子里的雪地上有一坛子腌酸菜,于是也顾不得喊仆人,就披着衣服,用手从坛子里掬了酸菜汁儿,一连喝了好几口,又嚼了几根酸菜来吃。这时候我就觉得,哪怕是天上仙府里的美酒佳酿,也赶不上这个酸菜汁的美味。我好几次都想把这个经历写下来,做一篇《冰壶先生传》,总是因为太忙所以才没写成。"①雪地里的一坛子酸菜,在苏易简口渴难忍的时候帮了大忙,竟使苏易简萌生了要为冻酸菜汁写一篇传记的想法,而且还美称齑汁为"冰壶先生"。因此,后来也有文人雅士以此为典故,把齑汁称作"冰壶珍"。②

苏易简所说的"物无定味,适口者珍",之所以成为广为传颂的名言,原因之一在于他把"适口"作为美食的最高原则,既不追求用料的稀有与名贵,也不追求烹调技艺的高超与繁难,实际上反映了一种朴素、实在的生活观念。由此出发,宋代人还有"常调官好做,家常饭好吃"的说法;或者反过来说:"人能甘于吃家常饭,然后甘于做常调官。"③宋代喜欢任用稳重、老练的官员,因此官场上重年资,官员升迁很慢,大多数人都是从小官慢慢做起,逐步做到大官,这就叫"常调官";反过来说,反正干得好也不会破格提拔,所以只要不急着升官,工作上也不会有太大的压力,因此才说"常调官好做"。一个人在生活上如果能够甘于粗茶淡饭的饮食,通常这样的人也能够耐住寂寞、循规蹈矩地做事,在官场上也不太会急功近利、投机钻营——这是宋代人从饮食中总结出的"为官之道"。

苏易简说的"适口者珍",其实还有另外一层意思。苏易简在回答太宗的问话的时候,很具体地讲了自己一次醉酒的经历。可见,美食之所以成为美食,除了因其"可口"之外,往往还因为它寄托了某些特定的记忆或者情感。唐代的刘晏爱吃胡麻饼。特别在冬天的时候,五更天就起来上朝,看见路边卖的刚出炉的胡麻饼,热气腾腾的,十分诱人。刘晏就

---

① 《宋朝事实类苑》卷一五《顾问奏对》,页180。
② 《说郛》卷七四上引《山家清供》,文渊阁本《四库全书》。
③ 罗大经《鹤林玉露》卷一:"范文正公云:'常调官好做,家常饭好吃。'余谓:人能甘于吃家常饭,然后甘于做常调官。"北京:中华书局,1983,页10。

让人买来,顾不得体面,用袍袖挡着脸吃起来,而且还对同僚说:"美不可言!"①"胡麻"就是"芝麻",由于是汉代张骞通西域以后才引进的,所以过去称为"胡麻"。"胡麻饼"顾名思义就是在饼上洒了一层芝麻,本来也只是一种普通的小吃。但是对于刘晏而言,大冬天的时候,天不亮就出门,在又冷又饿的情况下,能吃上刚出炉的胡麻饼,这种特定的环境所造成的记忆,是他人所难以体会的。

唐代长安的胡麻饼享有盛名,尤以辅兴坊所做的最好,当时外地也有人仿照辅兴坊的样式制作胡麻饼。白居易就曾经给远方的朋友送过这种仿制的胡麻饼,并有诗曰:"胡麻饼样学京都,面脆油香新出炉;寄与饥馋杨大使,尝看得似辅兴无?"②对于白居易和他的朋友来说,胡麻饼就是京都的一个象征。吃着胡麻饼,自然而然地就会想起辅兴坊,想起长安;甚至于这个饼不是辅兴坊做的,只是仿照了辅兴坊的样式和风味,也一样会使人回想起在长安的生活。可见人们对于美食的钟爱往往隐含着对"过去"或者对"远方"的某一段生活的念想与渴望。因此,苏易简所说的"适口",并不止于纯粹的"口感";因人而异的"口感"的背后,还潜藏着食客们各不相同的人生经历与感悟。

三、饮食与政治

饮食贵能"适口",人生则贵得"适志"——这是西晋时的张翰说的话。张翰被权倾一时的齐王司马冏征为僚属,在这一年秋风乍起的时候,张翰想起了江南故乡的莼菜羹与鲈鱼脍。他对朋友说:"人生贵得适志,何能羁宦数千里以要名爵

---

① 《古今事文类聚》续集卷一七引《隋唐嘉话》。
② 《白氏长庆集》卷一八《寄胡麻饼与杨万州》。

乎?"①人这一生应当过上自己想要的生活,这就叫"适志";只要生活舒心,又何必远离家乡,到数千里之外去求取功名爵禄呢?于是张翰毅然辞官回乡,所以后代的诗文中,常以"莼鲈之思"来指代思乡之情。

　　人们对美食的钟爱往往隐含有某种特定的情感在内,在人们的味觉记忆所负载的种种情感里,最常见的一种就是"乡愁";而"乡愁"的本身常常又意味着人们对现状的不满与焦虑。就在张翰归乡后不久,司马冏在政治斗争中失败身死,这时候大家才意识到张翰其实是能见微知著的人。他早就看出来,身处乱世,要想全身而退实在很难,因此他明智地选择了急流勇退。张翰的"秋风思莼鲈",表面上看是一种"乡愁",内里却反映了张翰身处政治漩涡之中时那种恐惧而不安的情绪;从表面上看这个人是很脆弱的,实际上张翰的政治嗅觉之灵敏与人生经验之丰富又是常人比不上的。

　　后汉三国时的杨修也是一个极聪明的人,但他的命运却和张翰截然相反。杨修是曹操手下的主簿,当时曹操出兵征讨刘备,结果两军陷于僵持。曹操在进退两难之际,突然传出口令:"鸡肋。"大家感到莫名其妙,唯独杨修说:"夫鸡肋,食之则无所得,弃之则如可惜,公归计决矣。"②鸡的肋条上骨头多肉少,扔了又挺可惜的;可真要吃起来,又特别麻烦,没什么可吃的。所以杨修认为,现在大军的处境,就跟吃到鸡肋似的,吃也不是,扔也不是;因此他对众人说:"曹公这是决定要退兵了。"杨修虽然猜中了曹操的心事,但是也因为他的这份"小聪明"而受到曹操的忌恨,最后被杀。曹操作为军事统帅,退兵意味着无功而返,丢尽脸面;可是进军的话,又受到很大的阻力,必然要损兵折将。这种难以言表的尴尬的处境,无意之中通过一句含混不清的"鸡肋"表露了出来。杨修

---

① 《晋书》卷九二《文苑传》,册 8/页 2384。
② 《后汉书》卷八四《杨震列传》,册 7/页 1789。

看破了其中的涵义,但是他没有考虑到,曹操并不希望别人窥伺到这种隐秘的心境,所以杨修招来了杀身之祸。

"鸡肋"由此也成为汉语中一个常用的典故,从消极的方面理解,有些事情尽管不忍割舍,但是真做起来收益甚小或者很不合算(还不如不做),就可以称为"鸡肋"。宋代的庄绰写了一本书就叫做《鸡肋编》,书里专门记载一些轶闻旧事。作者认为这些事情虽然不算很重要,但也还是有用,不写下来反而可惜了,所以他也用"鸡肋"来命名这本书,这是从积极的意义上来使用这一典故的(也可以说是"反用典故")。

不仅政治家隐秘的心情会在日常饮馔中表露,政坛上的明争暗斗有时也在饮宴的过程中若隐若现地体现出来。春秋的时候,有一次楚国向郑国进献了鼋(一种大鳖),郑灵公命人把鼋做成了羹,正准备要吃的时候,子公和子家两个臣子来朝见灵公。子公有个毛病,一赶上要吃好东西了,他的食指就颤动起来。子家问他为什么食指大动?子公回答说:"他日指动,必食异物。"往日里食指一动,就是要享用美食的预兆,所以子公预料今天灵公那里一定有好东西吃。进门来一看,果然灵公正要享用鼋羹,两个人就笑起来。灵公问他们笑什么,子家就把刚才和子公之间的对话如实告诉了灵公。没想到郑灵公在分鼋羹的时候,故意不分给子公。子公觉得受了很大的侮辱,就伸出食指在锅里蘸了一下,放到嘴里尝了一口,而后转身离去。《左传》上的说法是:"染指于鼎,尝之而出。"[①]子公的举动惹得灵公非常生气,准备要杀掉子公;没想到子公先下手为强,反而联合子家杀害了郑灵公。

今天我们说某人"食指大动",那就是形容急不可耐地想要吃东西的样子;而"染指"一词则用于表示企图插手不应该插手的事,或者用来表示想要瓜分利益,是一个带有很强的

---

① 《春秋左传正义》卷二一,《十三经注疏》,下册/页1869。

贬义色彩的词语。

宴饮作为古代重要的社交与礼仪活动,是集中展现人们的个性与人际关系的一个舞台。人与人之间有许多微妙的情感,在这个舞台上会被重塑,或者得到调整,有时又被激化。郑灵公明知道子公是一个好吃的人,却故意不把鼋羹分给他,二人之间的不睦由此公开化了,致使子公动了杀机。而子公公然在国君的面前,做出明显带有挑衅意味的动作——把食指伸到锅里,蘸了一口羹在嘴里尝,也可想而知,他并不把国君放在眼里。可见当时的郑国,君不君而臣不臣,礼崩乐坏已到极点。

饮食与政治之间的关系,还表现在历史上有很多思想家与政治家通过饮食借题发挥,以发明其政见、学说,我们在本章开头所举的孙中山的《以饮食为证》便是一例。大家很熟悉的一些先哲的名言,如《老子》里说的:"治大国若烹小鲜。"①《孟子》里说的:"鱼我所欲也,熊掌亦我所欲也,二者不可得兼,舍鱼而取熊掌者也;生亦我所欲也,义亦我所欲也,二者不可得兼,舍生而取义者也。"②也都是借饮食来譬喻,以阐释哲理。"小鲜"就是小鱼,很小的鱼在锅里煮,烹饪的时候一定要很小心,不要来回地翻腾,动作幅度太大了,就容易把鱼弄碎。老子在政治方面主张"无为而治",这是用烹鱼来比喻治国的道理,意思是要减少干预。③鱼和熊掌都是美味,《孟子》分别用它们来比喻"生命"与"道义";当这二者发生冲突的时候,孟子主张要勇担道义、肯于牺牲。人的一生中经

---

① 《老子道德经》下篇第六十章,《诸子集成》,册2/页36。
② 《孟子注疏》卷一一下,《十三经注疏》,下册/页2752。
③ 《淮南子》卷一一《齐俗训》中对这句话是这样解释的:"老子曰:治大国若烹小鲜。为宽裕者,曰勿数挠;为刻削者,曰致其咸酸而已矣。"(《诸子集成》,册7/页180)对于那些为政较宽大的人,治理国家要注意"勿数挠",即不要总是在锅里搅动,要减少干预;对于那些个性比较严苛的人,就更要注意了,烹鱼的时候不需要有任何过多的动作,只要往里放一点盐和醋就可以了;都是追求"无为而治"的意思。

常会面临各种各样的选择;当利弊难以权衡,或是不同的价值取向之间存在矛盾的时候,人们很容易举棋不定。"当断不断,反受其乱"①,孟子用"舍鱼而取熊掌"为喻,提醒人们在关键的时候要知轻重、晓利弊,要善于选择、敢于选择。

春秋时的齐景公宠幸臣子梁丘据,景公曾对大臣晏婴说:"众人之中唯有梁丘据能与我相和。"晏婴却指出:"梁丘据与您之间,只能称为'同',怎么能算得上是'和'呢?打个比方,'和'就像是厨师调制羹汤,需要控制水火、调剂五味,或增或减,以使酸咸适中,这样调制出来的羹汤,吃了以后让人觉得心平气和。君臣之间的关系,也就像调制羹汤一样。君主认可的事情,臣子应该看到其中可能还存在着不足,把这些不足之处指出来并加以弥补,才能更好地成就这件事;而君主所否定的事情,其中也可能有一些合理的地方,臣子也应该把这些合理的成分挑出来,而后才去否定这件事。前代的君王在处理政事的时候,很重视'济五味''和五声'——不同的口味要兼顾起来,才能做出可口的菜肴;不同的音色也要搭配起来,才能形成美妙的和声。现在梁丘据却不是这样,您说好,他就跟着说好,您说不好,他也随声附和。这就像是往水里兑水,还能有什么别的味道呢?大家发出的都是同一种声音,又有什么可听的呢。"②

晏婴借饮食来打比方,提出"和"的政治主张。"和"就是要像厨师调和水火、中和五味一样,有意识地把不同的观点摆在一起,相互较量、辩论;反过来,片面地强调一致,追求绝对的统一,不能称作"和",而只能称作"同":这就是古人所谓的"和同之辨"。晏婴、孔子等一批中国古代的思想家,都是提倡"重和去同"的。孔子明确说过:"君子和而不同,小人同

---

① 《史记》卷五二《齐悼惠王世家》,册 6/页 2001。
② 《春秋左传正义》卷四九,《十三经注疏》,下册/页 2093—2094。

而不和。"①相应地,在人际关系方面,孔子主张:"君子周而不比,小人比而不周。"②"周"是"周遍"的意思,君子应该遍交朋友,与人广泛地团结;小人则相反,"比"是"阿比",是指在小范围内结成圈子,只与臭味相投的人为伍。

春秋时郑国的史伯也讲过类似的话。史伯看到周王"去和而取同",预言周室必将衰败:

> 声一无听,五声杂然后可听;物一无文,五色杂然后成文;味一无果,五味合然后可食;物一不讲,王将弃是类也而与剸同。天夺之明,欲无弊得乎夫?

只有一种声音,听起来就非常单调,必须有不同的音符才能谱成动听的乐章;"文"的本意就是"花纹""纹样",单一的颜色无法编织出绚丽的花纹,需要不同的色彩搭配起来;只有一种味道也称不上美味,食物要调和了酸甜苦辣咸等多种口味之后才可口好吃;事物之间如果缺乏比较,就难以分别好坏。

推而广之,如果在舆论上或政治上,缺乏不同观点、不同派别的交锋与较量,就容易导致专制局面的产生,就像是被上天夺去了明亮的双眼,必然会走向衰败。所以史伯说:"和实生物,同则不继。"阴阳调和了,万物才能化育生长;如果没有了这种差异性与多样性,万事万物就得不到发展。③

不难看出,"同"只强调结果的一致性,为了达到"同"的目的,就要不遗余力地消灭异己;而"和"是一种多样性的统一,"和"的最大前提就是对异见的包容与肯定。需要说明的是,孔子、晏婴、史伯等一批思想家能够提出"重和去同"这一带有强烈民主色彩的政治主张,显然是因为春秋时期的政坛

---

① 《论语注疏》卷一三,《十三经注疏》,下册/页2508。
② 《论语注疏》卷二,《十三经注疏》,下册/页2462。
③ 《国语》卷一六《郑语》,上海:上海古籍出版社,1988,页515—516。

上还留有上古时代"贵族民主制"的遗风。这个时期,周天子只在名义上是天下人的"共主",而在事实上并无后世帝王所享有的那种绝对权威;在各诸侯国内,国君的权力也同样受到国内其他贵族乃至于犯上僭越的家臣们的制约与侵蚀。崩坏的社会政治秩序,有时候反而带来相对宽松的思想环境——也只有在这种情况下,思想家们才有可能提出"重和"这样带有民主倾向的主张。"和同之辨"这一命题,尽管在春秋时代为人们所津津乐道,但在"大一统"的帝制时代到来之后,却很少再被人提起;"重和去同"的政治理想,作为古代先贤所留下的一项极可珍视的思想资源,在中国历史上从来也没有真正实行并实现过。

四、饮食与美

"和"不仅是政治上的理想,也是美学上的一种境界。《论语》上说:

> 礼之用,和为贵,先王之道斯为美,小大由之。有所不行,知和而和,不以礼节之,亦不可行也。①

礼的作用,就在于能够促进人或事的和谐——使大小事情都找到适当的解决办法,这就是礼最可贵的地方。当然,如果单纯是为了"和"而"和",而没有了礼法的节制,那也是行不通的;因此既要使各方面的关系都能和睦,但又不能一味地"和稀泥",丧失原则的坚定性。回到饮食这一话题中来——晏婴、史伯等古人在讲到"和"的时候,都以音乐和饮食来举例子。在古人的眼里,"济五味""和五声"就可以看作是一种美。《吕氏春秋》里说:

---

① 《论语注疏》卷一,《十三经注疏》,下册/页2458。

> 调和之事,必以甘酸苦辛咸。先后多少,其齐甚微,皆有自起。鼎中之变,精妙微纤,口弗能言,志弗能喻。若射御之微,阴阳之化,四时之数。故久而不弊,熟而不烂,甘而不哝,酸而不酷,咸而不减,辛而不烈,澹而不薄,肥而不腻。①

在烹调过程中,食物所起的变化是神秘而玄妙的,既不可言传,又无法意会,就好像射箭、骑马一样,其中细微的道理很难说得清楚。用来长久保存的食物要注意不让它变质,食物要煮熟但不能太烂,甜的又不能太浓,酸的不能让人觉得涩,咸的不能让人觉得苦,辣的又不能让人觉得烈,要清淡而不寡味,肥美而不油腻:总之,各种口味都要恰到好处,这其中的"火候"是很难把握的。

为了调和五味,古代的美食家们下了很大的功夫。清代的袁枚在《随园食单》里对于主料的搭配、佐料的买办、调剂的方法、火候的掌握、器具的选用乃至上菜的顺序,都做了详细的说明与规定,如"上菜须知"云:

> 上菜之法:盐者宜先,淡者宜后;浓者宜先,薄者宜后;无汤者宜先,有汤者宜后。且天下原有五味,不可以咸之一味概之。度客食饱则脾困矣,须用辛辣以振动之;虑客酒多则胃疲矣,须用酸甘以提醒之。②

上菜的时候要先上咸的,后上淡的;先上味重的,后上味薄的;先上干的,后上稀的。同时还要注意各种滋味的搭配,不能光是只有一种咸味,一咸到底。人吃饱了就容易犯困,这时候要考虑到用一点辛辣的味道刺激一下食客们的神经,以振起精神;如果酒喝多了,肠胃容易疲劳,这时候就应该上一点酸甜可口的东西让客人醒醒酒。

---

① 《吕氏春秋》卷一四《孝行览》,《诸子集成》,册6/页141。
② 《茶经·随园食单》,北京:中华书局,2016,页191。

当代的小说家陆文夫曾在他的小说《美食家》中,详细地讲述了做菜时"放盐的道理":

> 这放盐的道理也不是一成不变的,要因人、因时而变。一桌酒席摆开,开头的几只菜要偏咸,淡了就要失败。为啥,因为人们刚刚开始吃,嘴巴淡,体内需要盐。以后的一只只菜上来,就要逐步地淡下去,如果这桌酒席有四十个菜的话,那最后的一只汤简直就不能放盐,大家一喝,照样喊鲜。因为那么多的酒和菜都已吃了下去,身体内的盐分已经达到了饱和点,这时候最需的是水,水里还放了味精,当然鲜!①

这段话对袁枚的"上菜须知"做了最好的解释与说明。可见烹调不仅大有学问,甚至也可以说是一门艺术。

除了"和"之外,古代美学方面还有许多语汇也是由饮食上而来的,或者说与饮食有密切的关系;这其中最典型的就是"味"。《礼记·中庸》里说:

> 子曰:道之不行也,我知之矣;知者过之,愚者不及也。道之不明也,我知之矣;贤者过之,不肖者不及也。人莫不饮食也,鲜能知味也。②

人都知道吃喝,但是真能吃出个中滋味的却又很少。结合前头说的"知者过之,愚者不及""贤者过之,不肖者不及",孔子说的"知味"最主要的意思是指处事能够把握分寸,避免"不到位"或者"过头"的情况发生,这也就是古人所推崇的"中和之美"的境界。

因此"知味者"的涵义不仅限于一般意义上的"美食家",而是指对于人或事有深刻的理解并能洞悉其中真谛的人。

---

① 陆文夫《美食家》,《陆文夫集》,福州:海峡文艺出版社,1986,页66。
② 《礼记注疏》卷五二,《十三经注疏》,下册/页1625。

古代的文人都把"知味"看成是一种重要的个人素养。唐代的李德裕是一个学问渊博的人,相传一次有个亲戚要到京口(即今江苏镇江市)出差,李德裕嘱咐亲戚在回来的路上,取一壶金山脚下的长江水。结果这个亲戚在船上饮酒大醉,等想起这件事的时候,船已经开过头了,于是只好在石头城(即今江苏南京市)下,汲了一瓶水带回来。李德裕喝了这个水以后,感到很惊讶,说:"怎么和往年的味道不一样了?喝起来倒像是石头城下的江水。"这个亲戚听了以后连忙谢罪,把自己酒醉的事情如实说了出来。① 这个故事虽然只是小说家言,但反映出古人对于"知味"的重视与追求。

"知味"反映在美学领域,那就是汉语中大量的与"味"有关的词语,如"风味""韵味""意味""趣味""品味""回味""玩味"等等,这些词语都广泛地运用于古代的文艺批评之中。唐人司空图有一段很著名的话:

> 文之难而诗之尤难,古今之喻多矣。而愚以为辨于味而后可以言诗也。江岭之南,凡足资于适口者,若醯,非不酸也,止于酸而已;若鹾,非不咸也,止于咸而已。中华之人所以充饥而遽辍者,知其咸酸之外醇美者,有所乏耳。②

醋,除了酸味以外,没有别的滋味了;盐,除了咸味之外

---

① 事见尉迟偓《中朝故事》卷下:"古者五行官守皆不失其职,声色香味俱能别之。赞皇公李德裕博达之士也,居庙廊,日有亲知奉使于京口。李曰:'还日金山下扬子江泠水与取一壶来。'其人举棹日醉而忘之,泛舟上石城下方忆及,汲一瓶于江中,归京献之。李公饮后,叹讶非常,曰:'江表水味有异于顷岁矣!此水颇似建业石城下水。'其人谢过不敢隐也。"(文渊阁本《四库全书》)按:明代的通俗小说集《警世通言》卷三《王安石三难苏学士》中借用了这个故事的情节,说的是王安石命苏轼取长江三峡之中峡水,苏轼因睡,船行过中峡,只好取下峡之水冒充。王安石用苏轼所取之水泡茶,根据茶水的颜色,判断出了不是中峡之水。(北京:人民文学出版社,1956,上册/页32—35)故事中的李德裕或王安石能从味道上分辨出长江的水质,这不仅是博学的象征,也被认为是文人的一种高尚的素养。

② 司空图《司空表圣文集》卷二《与李生论诗书》,《四部丛刊》影涵芬楼藏旧钞本。

也没有别的滋味了——即使是饥饿的人,拿起盐或者醋,吃了一口也会马上放下,因为知道除了咸味和酸味以外,吃不出其他的味道。司空图的意思是说:好的诗歌应该含蓄隽永,就像美味的佳肴,它的味道不是单一的,也不是一次性的,而是饶有余味的,乃至能于咸酸之外,产生别一种韵致,这就是古人所说的"味外之旨"或"韵外之致"。

古往今来的批评家在品评文学作品,尤其是品评诗歌的时候,经常会使用比喻;司空图在这里就是借用了饮食来打比方。欧阳修赞许梅尧臣的诗"又如食橄榄,真味久愈在"①。苏东坡评价黄庭坚的诗文:"黄鲁直诗文如蝤蛑、江瑶柱,格韵高绝,盘餐尽废;然不可多食,多食则发风动气。"②黄庭坚形容自己读陶渊明诗时的感觉:"血气方刚时读此诗,如嚼枯木,及绵历世事,如决定无所用智,每观此篇,如渴饮水,如欲寐得啜茗,如饥啖汤饼。今人亦有能同味者乎?但恐嚼不破耳。"③这也都是在实践司空图说的"辨于味而后可以言诗"。

橄榄初入口的时候味道生涩,吃完之后却让人觉得齿有余甘、回味悠长;欧阳修这是用"食橄榄"来比喻梅尧臣那种"古硬"而又意境深远的诗风。蝤蛑是一种海蟹,江瑶柱俗称干贝,是海贝的干肉,用来熬汤,味道极其鲜美。黄庭坚的诗歌刻意求新、出奇,给人的感觉就像是吃海鲜大餐一样;但是一味地标榜新、奇,如果读多了,意思也就不大了,所以苏东坡委婉地说"不可多食"。读诗需要有一点人生的阅历,黄庭坚说自己年轻的时候读陶渊明的诗,好像嘴里嚼着木头一样,品不出滋味;但是随着阅历的增加,再读陶诗的感觉就不一样,就像是口渴的时候喝水、困倦的时候喝茶一样,有解

---

① 欧阳修《诗话》,《欧阳修全集》卷一二八,册5/页1953。
② 苏东坡《仇池笔记》卷上"鲁直诗文",《东坡志林·仇池笔记》,上海:华东师范大学出版社,1983,页235。
③ 黄庭坚《山谷集》外集卷九《书陶渊明诗后寄王吉老》,文渊阁本《四库全书》。

渴、提神的感觉。

从上面的几个例子可以看出来,中国古代文论与诗评的方法之一就是采用形象的比喻,而且经常是使用饮食来做比喻。这种比喻主要是源于评诗者的感性与直觉,而读者要想领会比喻的内涵也需要有一定的感悟能力,这实际上也是一种"通感"①。"通感"是思维上的一种联想形式,也是一种广义的比喻;由诗歌而联想到饮食,是把抽象的思维内容通过"味觉"而具象化了。这种论诗的方法,反映了中国古代文艺批评的思维特色。

苏轼、黄庭坚等人不仅实践并发展了借用饮食之道进行文学批评的方法,而且围绕着饮食,在生活上也形成了一种独特的审美品味。②苏轼在被贬黄州、生活困顿的情况下,仍然苦中作乐,写出《猪肉颂》:

> 净洗铛,少着水,柴头罨烟焰不起;待他自熟莫催他,火候足时他自美。黄州好猪肉,价贱如泥土;贵者不肯吃,贫者不解煮。早辰起来打两碗,饱得自家君莫管。③

猪肉是很普通的东西,能把普通的食物煮成美味,不仅说明厨艺高超,也体现了美食家对生活品质孜孜以求的积极态度。在被贬岭南时,苏东坡还留下"日啖荔枝三百颗,不妨长作岭南人"的诗句,不但不以贬官为意,反而庆幸能够吃到荔枝,这都表现出一种豁达的人生观。

---

① "通感"这一概念是由钱锺书提出的,指的是"在日常经验里,视觉、听觉、触觉、嗅觉、味觉往往可以彼此打通或交通,眼、耳、舌、鼻、身各个官能的领域可以不分界限。颜色似乎会有温度,声音似乎会有形象,冷暖似乎会有重量,气味似乎会有体质。"如汉语中的"响亮""热闹""冷静"等词汇都反映了这一点。(详参钱锺书《通感》,《七缀集》,上海:上海古籍出版社,1985,页 63—78)多数学者都认为"通感"是隐喻的一种。

② 参康来新《王者之膳——饮食文化与小说文艺观》,《中国中世文学研究论集》,上海:上海古籍出版社,2006,页 390。

③ 《苏东坡全集》续集卷一〇,下册/页 301—302。

黄庭坚不仅是苏东坡的好友,也是苏东坡的坚定的崇拜者。黄庭坚心目中的"人生快事"就是在饱餐各种美食之后,喝上好茶,而后躺卧在窗下,听人吟诵苏东坡的前、后《赤壁赋》:

> 烂蒸同州羊羔,沃以杏酪,食之以匕不以箸,抹南京面,作槐叶冷淘,糁以襄邑熟猪肉,炊共城香稻,用吴人鲙松江之鲈。既饱,以康山谷帘泉,烹曾坑斗品。少焉,卧北窗下,使人诵东坡赤壁前、后赋,亦足少快。①

饮食主要是物质方面的享受,本来是很"俗"的东西;而文学则属于精神领域,是专属于读书人的雅事。黄庭坚的"人生快事"可以说是大俗而大雅,他把味觉的感受、文学的体验与人生的感悟融合在了一起。美食、佳茗、奇文相得益彰,共同构成了古代文人雅士的生活情趣。

【主要参考文献】

1. 林乃燊《中国饮食文化》,上海:上海人民出版社,1989。
2. 任百尊《中国食经》,上海:上海文化出版社,1999。
3. 康来新《王者之膳——饮食文化与小说文艺观》,《中国中世文学研究论集》,页382—407。

【阅读与思考】

北魏孝文帝在宴会上所出的酒令,有何涵义?"茶酪之争"反映了何种饮食风尚与文化氛围?

肃初入国[1],不食羊肉及酪浆等物[2],常饭鲫鱼羹,渴饮

---

① 《侯鲭录》卷八,《侯鲭录·墨客挥犀·续墨客挥犀》,北京:中华书局,2002,页200。

茗汁。京师士子道肃一饮一斗，号为"漏卮"[3]。经数年已后，肃与高祖殿会[4]，食羊肉、酪粥甚多。高祖怪之，谓肃曰："卿中国之味也[5]，羊肉何如鱼羹，茗饮何如酪浆？"肃对曰："羊者是陆产之最，鱼者乃水族之长。所好不同，并各称珍。以味言之，甚是优劣。羊比齐鲁大邦[6]，鱼比邾莒小国。唯茗不中与酪作奴[7]。"高祖大笑，因举酒曰："三三横，两两纵[8]，谁能辨之赐金钟。"御史中丞李彪曰："沽酒老妪瓮注瓨[9]，屠儿割肉与秤同。"尚书右丞甄琛曰："吴人浮水自云工，妓儿掷绝在虚空。"彭城王勰曰[10]："臣始解此字是'習'字。"高祖即以金钟赐彪。朝廷服彪聪明有智，甄琛和之亦速。

彭城王谓肃曰："卿不重齐鲁大邦，而爱邾莒小国。"肃对曰："乡曲所美[11]，不得不好。"彭城王重谓曰："卿明日顾我，为卿设邾莒之食，亦有酪奴。"因此复号茗饮为"酪奴"。

时给事中刘缟慕肃之风，专习茗饮，彭城王谓缟曰："卿不慕王侯八珍，好苍头水厄[12]。海上有逐臭之夫[13]，里内有学颦之妇[14]；以卿言之，即是也。"其彭城王家有吴奴，以此言戏之。自是朝贵燕会[15]，虽设茗饮，皆耻不复食，唯江表残民远来降者好之[16]。后萧衍子西丰侯萧正德归降[17]，时元义欲为之设茗，先问："卿于水厄多少？"正德不晓义意，答曰："下官生于水乡，而立身以来，未遭阳侯之难[18]。"元义与举坐之客皆笑焉。

——《洛阳伽蓝记》卷三"城南"（《四部丛刊》本）

【注释】

[1] 肃初入国：王肃（464—501），初仕南齐，其父兄为萧赜所杀，王肃投奔北魏。《魏书》卷六三有传。

[2] 酪浆：即下文所说的"酪粥"，浆状或粥状的甘酸口味的甜品。《荆楚岁时记》注："《邺中记》曰：寒食三日作醴酪，又煮粳米及麦为酪；捣杏仁煮作粥。按《玉烛宝典》：今人悉为大麦粥，研杏仁为酪，别以饧（xíng）沃之。""醴酪"或"杏酪粥"的煮法，详见《齐民要术》卷九。

[3] 漏卮(zhī)：漏斗；卮，同"巵"，古代一种酒器。

[4] 高祖：即北魏孝文帝元宏(471—499)。

[5] 中国：此处的"中国"是一个地理概念。北魏是鲜卑族建立的北方政权，孝文帝称以汉族为主体的南朝为"中国"。

[6] "羊比齐鲁大邦"二句：齐鲁，东周列国时期的两个大国，齐国约在今山东省泰山以北黄河流域及胶东半岛地区，鲁国约在今山东省泰山以南的汶、泗、沂、沭水流域。邾(zhū)莒(jǔ)，列国时代的两个小国。邾，即邹，在今山东邹城一带。莒，约在今山东安丘、诸城、沂水、莒县、日照等处。

[7] 唯茗不中(zhòng)与酪作奴：意思是"茶还不配给酪做奴才"，故下文以"酪奴"指代茶。

[8] 三三横两两纵，"习(習)"字的隐语，"習"的字形，横向的笔画有九个，纵向的笔画有四个，故云"三三横，两两纵"。下文李彪与甄琛所说的两句，也是"習"字的隐语，是从"娴习"方面立论的。

[9] 瓨，字当作"瓨"(hóng)，一种高颈的瓶子。《说文·瓦部》："瓨，似罂，长颈，受十升，读若洪。"

[10] 彭城王勰：彭城王元勰(473—508)，字彦和，孝文帝之弟。《魏书》卷二二有传。

[11] 乡曲：乡里，家乡。

[12] 苍头：仆人。水厄：这里用作"茶"的代语。《太平御览》卷八六七引《世说》："晋司徒长史王濛好饮茶，人至辄命饮之。士大夫皆患之，每欲往候，必云今日有水厄。"大意是说王濛喜欢喝茶，有客人来了，总要让客人喝很多茶。众人以此为苦，每当要拜访王濛时，便说"今天有水厄了"。"苍头水厄"与上文"王侯八珍"对言，下文又说"其彭城王家有吴奴"，元勰的意思是说茶是下等奴仆们饮用的。

[13] 逐臭之夫：《吕氏春秋·遇合》："人有大臭者，其亲戚兄弟妻妾知识无能与居者，自苦而居海上。海上人有说(yuè)其臭者，昼夜随之而弗能去。"这是说有一个人身上很臭，亲朋皆无法忍受，他只好避居海上，但没想到海上却有人很喜欢他的气味，整天跟着他。

[14]学颦(pín)之妇:《庄子·天运》:"西施病心而颦其里,其里之丑人见而美之,归亦捧心而颦其里。"这是说美女西施患了心疼病,皱着眉头,邻家有个丑人,见西施皱眉的样子很美,竟也学着皱眉头。

[15]燕会:燕,通"宴"。

[16]江表残民:江表指长江以南地区,在中原人眼中,地在长江之外,故称"江表";残民多指经战乱、灾害、暴政之后而残存的人民。"江表残民"是当时北朝的人对自南朝来归降的臣民的蔑称。

[17]萧正德:梁临川王萧宏第三子,北魏正光三年(522)自成废太子,避祸降魏,次年复归梁,《梁书》卷五五有传。

[18]阳侯:水神。《汉书·扬雄传》注:"应劭曰:'阳侯,古之诸侯也,有罪自投江,其神为大波。'""阳侯之难"指的是水难。"水厄"是北朝人对"茶"的代语,元义的意思是"能喝多少茶",萧正德却理解为"是否遭遇水难",故举座皆笑。

第七章　中国古代的宫苑与园林

园林是供人休闲娱乐的空间。休闲是与工作相对的概念,这意味着园林的主要职能是非生产性的。《说文》里说:"囿,苑有垣也。""苑,所以养禽兽也。"①这种主要用于蓄养动物的、带有生产职能的苑囿,不是我们要讨论的园林。《红楼梦》里的贾探春看到隔壁赖大家的园子,还没有大观园一半大,但是"除去他们戴的花儿,吃的笋菜鱼虾之外,一年还有人包了去,年终足有二百两银子剩"。探春这才知道,"一个破荷叶,一根枯草根子都是值钱的"。②这反过来证明,大观园里尽管也种植作物、养殖鱼虾,但都不是从生产的角度考虑的。这些花木、鱼虾尽管在经济上各有价值,但在贾府家业兴盛的时候,当家理事的人并没拿这些东西当钱。大观园里许多地方虽然也营造田园生活的气息,如"稻香村"之类,但那只是表明一种审美趣味,而不是真打算在园里种地营生的。像大观园这样的园子,就是很典型的园林。

休闲又与休息有所区别。休息是对疲劳的简单应对,而休闲是需要积极主动地获取的。因此,作为休闲空间的园林,一定是人们主动营造的,是通过叠山理水、修造亭阁、经营植被等人工艺术手段而创造出的具有自然风致的优美环境。《宋书》里记载名士戴颙移居吴地之后,"吴下

---

① 《说文解字》卷六下《囗部》、卷一下《艸部》,页129、23。
② 《红楼梦》第五十六回《敏探春兴利除宿弊》,页763。

士人共为筑室,聚石引水,植林开涧,少时繁密,有若自然。"① 所谓"有若自然",即表明并非纯自然,而是通过对山、水、建筑、植被等要素的精心安排以呈现自然。因此类似美国国家公园那样,完全出自天然的公园,和我们所要讨论的古典园林也不是一回事。

休闲还是带有一定炫示性的行为。休闲不仅意味着人在此刻摆脱了劳作,享受着闲暇;人以何种方式休闲,还体现出一个人的生活品质与品味:这就是炫示。至迟到北宋时,已有一些富贵之家,将其私人园林向外界开放,用以自夸。② 从这个意义上说,中国古典园林承载并展示了古代中国人对生活的许多看法。

一、秦汉皇家宫苑的营造思想

园林从隶属关系上说,大体可以分成皇家园林、私家园林与寺观园林这三者。秦始皇以后的历代帝王,无不广建离宫别馆以供享乐。秦始皇时代的皇家宫苑,不仅有囊括四海的恢弘气度,还表现出"体天象地"(或称"移天缩地")的营造思想。这是当时的宫殿、陵寝、园囿等各种建筑样式所共有的时代特色。

《史记·秦始皇本纪》里记载:"秦每破诸侯,写放其宫室,作之咸阳北阪上。"咸阳的宫殿群有意模仿了各诸侯国的建筑风格,这个宫殿群本身就是统一的大帝国的象征。秦始皇生前为自己建造的陵寝,"以水银为百川江河大海,机相灌

---

① 《宋书》卷九三《隐逸传》,册 8/页 2277。
② 《警世通言》卷二九《宿香亭张浩遇莺莺》:"西都风俗,每至春时,园囿无大小,皆修葺花木,洒扫亭轩,纵游人玩赏,以此递相夸逞士庶为常。"北京:人民文学出版社,1956,下册/页 465—466。

输,上具天文,下具地理。"①地下世界也是比照着现实世界的情形来设计的,其整体布局和天上的日月星辰、地下的江河湖海,都形成对应的关系。这种"体天象地"的格局也体现在园林艺术中:

> 始皇以为咸阳人多,先王之宫廷小……乃营作朝宫渭南上林苑中。先作前殿阿房,东西五百步,南北五十丈,上可以坐万人,下可以建五丈旗。周驰为阁道,自殿下直抵南山。表南山之颠以为阙。为复道,自阿房渡渭,属之咸阳,以象天极阁道绝汉抵营室也。②

天极星是代表帝位的,从天极星向南,通过阁道星,渡过银河,正好就到达营室星。营室星在《天官书》里代表的是离宫。③秦人就根据这个天象来安排咸阳的宫殿,在咸阳宫以南的渭水上架设复道,过渭水之南,到达阿房宫。

这一营造思想,由汉至清,绵延不绝。班固在《西都赋》说:"其宫室也,体象乎天地,经纬乎阴阳。"又说:"集乎豫章之宇,临乎昆明之池。左牵牛而右织女,似云汉之无涯。"④当时在昆明池的东西两岸,分别立有牛郎、织女的石像,以对应天上牵牛星与织女星隔天河相望的情形。后代的百姓因不了解其中的用意,多称石像为"石父""石婆"。⑤石像现已在西

---

① 《史记》卷六《秦始皇本纪》,册1/页265。
② 《史记》卷六《秦始皇本纪》,册1/页256。
③ 《史记》卷二七《天官书》:"中宫天极星,其一明者,太一常居也。""营室为清庙,曰离宫、阁道。"册4/页1289、1309。
④ 《文选》卷一,册1/页11、21。
⑤ 宋敏求《长安志》卷一二:"石父庙。石婆神庙。并在县西南三十五里昆明池右。张衡《西京赋》曰:'昆明灵池,黑水玄沚,牵牛立其左,织女处其右。'注云:立牵牛、织女于池之东西,以象天河。今石人宛在,疑后人名石父、石婆云。"(《长安志·长安志图》,西安:三秦出版社,2013,页395)

安长安区斗门镇发现,证实了班固的这一描写。①

　　北京西郊的颐和园,其前身是清乾隆年间修建的清漪园,光绪年间重修后改名颐和园。在颐和园昆明湖的东岸,十七孔桥以北,有一只铜牛。这是一只镇水的神牛,牛背上有乾隆皇帝题写的《金牛铭》②,铜牛的牛首望向西北。与铜牛隔水相望的,是湖西岸的"耕织图"景区。③铜牛和耕织图隔水相望,正是延续"左牵牛而右织女"的格局。它既表达了帝王宫苑上应天象的寓意,也描绘了农业社会男耕女织的生活图景。

　　帝王有享不尽的荣华富贵和无上的权力,而唯一不能通过金钱与权力改变的,就是人的寿限。齐景公登上高山,俯瞰国都,他痛哭流涕:"美哉国乎,郁郁芊芊,若何滴滴去此国而死乎?"④江山如此多娇,怎么舍得去死呢?几乎所有的帝王,其内心深处最渴望的就是能够长生久视。这表现在园林艺术上,就是追慕神话中的蓬莱仙境。⑤《汉书·扬雄传》

---

① 西安市文物管理委员会编《西安文物与古迹》:"织女石像原在常家庄村北,牛郎石像原在斗门镇棉绒加工厂内,两石像东西相距约3公里。牛郎石像,下身埋于地下,上身露出地面约1.9米,保存比较完好。石像五官清晰,发丝雕痕缕缕可见,身穿交襟式上衣,腰间束带,短发,阔额,宽眉,硕颔,男性特征十分明显。织女石像,高2.3米,身着右衽交襟长衣,双手环垂腹前,整体作跽坐状。口鼻部分曾经后人重刻,颈部有断裂痕,左臂及后背风化剥蚀较严重。后垂的发辫和丰腴的脸庞都具有明显的女性特征。这两座火成岩的石雕像,凿于公元前120年……是我国现存最早的大型石雕艺术品之一。"(北京:文物出版社,1983,页22—23)

② 《金牛铭》见《日下旧闻考》卷八四《国朝宫苑》,北京:北京古籍出版社,1981,册5/页1405。

③ "耕织图"景区主要是由澄鲜堂、延赏斋、玉河斋、蚕神庙、织染局、水村居等构成,表现的是江南水乡的田园风光。乾隆年间在延赏斋左右廊壁嵌《耕织图》石刻,以示奖倡农桑。清高宗有诗云:"玉带桥西耕织图,织云耕雨学东吴。"(《日下旧闻考》卷八四《国朝苑囿》,册5/页1407)1860年,"耕织图"景区被英法联军焚毁。光绪十二年(1886年)曾在此处兴建内外水操学堂。2003年根据历史原貌复建。

④ 《列子》卷六《力命》,《诸子集成》,册3/页74。

⑤ 《汉书》卷二五上《郊祀志上》:"自威、宣、燕昭使人入海求蓬莱、方丈、瀛洲。此三神山者,其传在勃海中,去人不远。盖尝有至者,诸仙人及不死之药皆在焉。"(册4/页1204)

记载：

> 武帝广开上林，南至宜春、鼎胡、御宿、昆吾，旁南山而西，至长杨、五柞，北绕黄山，濒渭而东，周袤数百里。穿昆明池象滇河，营建章、凤阙、神明、驳娑、渐台、泰液，象海水周流方丈、瀛洲、蓬莱。游观侈靡，穷妙极丽。①

从汉武帝的上林苑一直到颐和园的"一池三岛"，历代的皇家宫苑都十分热衷于模拟蓬莱神话海中仙岛的山水体系。

帝王为了求长生，除追慕神话之外，还有很多实际的举动。汉武帝为了能接近神仙，听了公孙卿的话，在园林中建造了许多的高台：

> 公孙卿曰："仙人可见，而上往常遽，以故不见。今陛下可为观，如缑氏城，置脯枣，神人宜可致。且仙人好楼居。"于是上令长安则作蜚廉桂观，甘泉则作益延寿观。使卿持节设具而候神人。乃作"通天台"，置祠具其下，将招来神仙之属。②

甘泉本来就是秦代的离宫，已经十分奢华。汉武帝复增了通天、高光、迎风等高台之后，造成了"游观屈奇瑰玮"③的效果。自此以后，建造楼阁亭台也成为古典园林的传统之一。这些倚山面水的建筑，占据了全园的制高点，能够收聚全园的景致，有"聚景"之功，是登高望远、鸟瞰湖光山色的绝好所在。同时这些高体建筑又勾勒出了天际线最突出的部分，成为园中的重要景观。

---

① 《汉书》卷八七上《扬雄传》，册 11/页 3534。
② 《史记》卷一二《孝武帝本纪》，册 2/页 478—479。
③ 《汉书》卷八七上《扬雄传》，册 11/页 3534。

二、魏晋士人园林与文学集团的产生

魏晋南北朝时期,园林成为文人的聚会雅集之所,并由此催生出许多文学集团。建安二十二年(217),由于时疫流行,"建安七子"中的徐干、阮瑀、应场、刘桢皆死于疫病。次年,曹丕在给吴质的书信中,回忆起昔年众人在园林中聚会的情景:

> 每念昔日南皮之游,诚不可忘。既妙思六经,逍遥百氏;弹棋间设,终以博弈。高谈娱心,哀筝顺耳;驰骋北场,旅食南馆。浮甘瓜于清泉,沉朱李于寒水。白日既匿,继以朗月。同乘共载,以游后园;舆轮徐动,宾从无声。清风夜起,悲笳微吟;乐往哀来,怆然伤怀。余顾而言斯乐难常,足下之徒咸以为然。今果分别,各在一方。①

南皮之游是一段令人难忘的回忆:众人徜徉于六经与诸子百家之间,时或抚琴,又下棋消遣。白天骑马驰骋,享用甘瓜、朱李,晚上则乘车游园。但曹丕的记述中显然透露出了凄凉而不祥的征兆:哀伤的古筝、悲怆的胡笳,时时在耳边响起,使人感叹"斯乐难常"。

故地可以重游,园林总还在那里,但故人却天各一方,甚至阴阳永隔。这种乐极而生悲、哀叹性命不永、主张及时行乐的思想,折射出生活在乱世中的人们,面对无法把握的人生时,所产生的无助之感。时间无法停留,能够留存下来的,除了园林,就是文字。曹丕于是将"建安七子"的遗文编纂成集。这也是中国历史上最早的关于编纂作家文集的史事之一。

西晋的大富豪石崇在河南县界金谷涧中建有别庐,称

---

① 曹丕《与吴质书》,《艺文类聚》卷二六引。

"金谷园"。园中清泉、茂林、众果、竹柏、药草之属,莫不毕备,又有水碓、鱼池、土窟等设施。元康六年(296),石崇在园中为即将返回长安的征西大将军王诩饯行。众人"昼夜游宴,屡迁其坐,或登高临下,或列坐水滨。时琴瑟笙筑,合载车中,道路并作。及住,令与鼓吹递奏,遂各赋诗以叙中怀,或不能者,罚酒三斗"。这次聚会所作的诗歌,后集为《金谷诗》。在《金谷诗序》中,石崇提到,之所以要编纂诗集,也是"感性命之不永,惧凋落之无期"①。

晋室南渡之后,因会稽之山水绝佳,许多名士"筑室东土"。东晋永和九年(353)暮春,王羲之与同好宴于会稽山阴之兰亭,流觞曲水,畅叙幽情。王羲之自比石崇,写下《兰亭集序》以与《金谷诗序》媲美。《兰亭集序》也表现出了与《金谷诗序》和《与吴质书》相同的思想,即欢娱稍纵即逝,"向之所欣,俯仰之间,已为陈迹"②。

魏晋时期经常在园林中举行的这种"极视听之娱"的雅聚,实际上是文人们有意在放大人生中的愉悦,用以消解"老之将至"的悲凉;希图用"娱目欢心之物备矣"的园林空间,来挽留逝而不返的时间;而聚会中创作的诗赋,则反映出当时士人希望通过文章以实现"不朽"的文学抱负③。

"竹林七贤"是魏晋时期另一著名的文学集团。嵇康、阮籍、山涛、向秀、刘伶、阮咸、王戎等七人因常在竹林中饮酒长啸,世称"竹林七贤"。嵇康曾与曹魏宗室联姻,入晋后拒绝与司马氏政权合作。山涛升官之后,想举荐嵇康替代自己,嵇康写信与山涛绝交。他在信中说:有的人"处朝廷而不出",也有的人"入山林而不反"。而自己的志向是"但欲守陋

---

① 《世说新语》卷四《品藻》注引《金谷诗叙》,《诸子集成》,册8/页140。
② 王羲之《兰亭集序》,《晋书》卷八〇《王羲之传》,册7/页2099。
③ 曹丕《典论·论文》:"盖文章经国之大业,不朽之盛事。年寿有时而尽,荣乐止乎其身,二者必至之常期,未若文章之无穷。"《文选》卷五二,页2271。

巷,教养子孙,时时与亲旧叙离阔,陈说平生。浊酒一杯,弹琴一曲,志意毕矣"①。"处朝廷而不出",自然指的是投身政坛的山涛、王戎等人;而嵇康、阮籍、刘伶等人,则是"入山林不反"的代表,宁可遁入深山,也不在晋朝做官。同以放浪形骸、诗酒逍遥而著称的"竹林七贤",因政治立场的截然对立而分道扬镳。

在"七贤"中,嵇康、阮籍、刘伶等人的行为最为放浪。嵇康的一大爱好是打铁。他引水环绕家中的柳树,夏季时,在树下与向秀打铁度日。权贵钟会前来拜访,嵇康径自打铁不辍,不与见礼。钟会伫立良久而去,回去后在皇帝面前构陷嵇康,嵇康最后被处斩。钟会又常以时事询问阮籍,想借此罗织罪名,阮籍只能借酒醉避祸。嗜酒的刘伶常年坐着鹿车,带着酒壶,命仆人扛着锄头跟在车后,说:"死便埋我。"②豁达超然态度的背后,是极度的孤寂与凄凉。

魏晋文人热爱自然、向往山林的旨趣之中,其实包含了许多不得已的因素。嵇、阮等人是用特立独行的处世方式解构虚伪的礼教,对抗血腥的统治。嵇康在世时,经常入山采药,得意忘返,砍樵之人遇见他,皆谓之神人。遗憾的是,世外桃源并不存在,嵇康"越名教而任自然"③的人生态度,也只是划过暗夜的一缕微光。

三、唐代文人园林与隐逸文化

班固曾说:"山林之士往而不能反,朝廷之士入而不能出,二者各有所短。"④如何在"山林"与"朝廷"之间做出选择,

---

① 《晋书》卷四九《嵇康传》,册 5/页 1372。
② 《晋书》卷四九《刘伶传》,册 5/页 1376。
③ 《晋书》卷四九《嵇康传》,册 5/页 1369。
④ 《汉书》卷七二《王贡两龚鲍传》赞语,册 10/页 3097。

这是汉末魏晋时期的士人经常遇到的问题。但对唐代道士卢藏用来说,"仕"与"隐"之间并不存在矛盾。卢藏用隐居的终南山,离都城长安很近。他刚开始隐居的时候,"贞俭之操"尚存;但后来越隐居,官却做得越大,而且还总陪在皇帝身边,时人称他是"随驾隐士"①。卢藏用甚至自得地指着终南山,对道友司马承祯说:"此中大有佳处,何必在远?"司马承祯鄙夷地回答:"以仆所观,乃仕宦捷径耳。"②对于某些人而言,隐居是出仕的必要准备。之所以选择在终南山隐居,正是考虑到其地处"首都圈",能使那些身在山林而心系朝廷的人,对朝政保持若即若离的观望姿态。

唐代著名诗人王维也在终南山置有别业,其《终南别业》诗云:

> 中岁颇好道,晚家南山陲。兴来每独往,胜事空自知。行到水穷处,坐看云起时。偶然值林叟,谈笑无还期。③

"中岁"意指中年。中年之后的王维笃信佛教,晚年虽官居尚书右丞,但在经历了"安史之乱"后,他有意远离政治,平常只以玄谈为乐。家中除茶铛、药臼、经案、绳床之外,一无所有,"退朝之后,焚香独坐,以禅诵为事"④。在终南山置业后,他时常独往山中。这首诗写的就是这种半官半隐的生活。其中又以"行到水穷处,坐看云起时"最称名句,看似山穷水尽之处,恰是风生云起之时;既有诗画意境,又含人生哲

---

① 《旧唐书》卷九四《卢藏用传》,册 9/页 3004。
② 刘肃《大唐新语》卷一〇,《隋唐嘉话·大唐新语》,上海:古典文学出版社,1957,页 162—163。
③ 赵殿成《王右丞集笺注》卷三,文渊阁《四库全书》本。
④ "安史之乱"中,王维被迫在伪朝任官,曾赋诗"万户伤心生野烟,百官何日再朝天",表达绝望心情。平乱之后,唐肃宗怜其才,又由其弟王缙为其赎罪,乃获起复。详《旧唐书》卷一九〇《文苑传下·王维传》,册 15/页 5052。

理在内。

王维所营建的园林,以"辋川别业"最为知名。其地原为诗人宋之问的"蓝田别墅",位于蓝田县南八里之外峣山之口,辋川流经两山之间的峡谷,山口一带道路险狭。过了辋口,豁然开朗,"村墅相望,蔚然桑麻肥饶之地,四顾山峦掩映,似若无路,环转而南,凡十三区,其美愈奇",其间共有孟城坳、华子冈、文杏馆、斤竹岭等二十处景致①。王维为这二十处景致一一赋诗。结合诗作与景点的名称,可以看出,"辋川二十景"主要是以林、泉、竹、石等自然景观为主。身兼诗人与画家的王维,将诗、画艺术融合在了园林设计中。辋川别业依山傍水,选址占尽地利之便,经过王维的苦心经营,引辋水周流其舍而浮舟往来②,又巧妙地借入了自然山水,乃至钟声、月色等音画效果,匠心可谓无两,是典型的文人园林。王维《山中与裴秀才迪书》云:

> 北涉玄灞,清月映郭。夜登华子冈,辋水沦涟,与月上下;寒山远火,明灭林外;深巷寒犬,吠声如豹;村墟夜舂,复与疏钟相间。此时独坐,僮仆静默,多思曩昔携手赋诗,步仄径、临清流也。③

夜登高冈,俯瞰城郭,水中月影涟漪,远处灯光若隐若现。夜静之中,深巷里的犬吠之声格外清晰,犹如豹吼。近处村庄里的舂米之声,与远寺钟声相伴传来,此时,主人无言僮更懒——此间真趣,的确只有天机清妙之人方能领会。这种亲近自然山水的山居生活,体现了唐代园林浑然天真的气质。

唐元和十一年(816)秋,被贬为江州司马的白居易,相中

---

① 《王右丞集笺注》卷七《辋川闲居赠裴秀才迪》注引《陕西通志》,文渊阁本《四库全书》。
② 《旧唐书》卷一九〇《文苑传下·王维传》,册15/页5052。
③ 《王右丞集笺注》卷一八《山中与裴秀才迪书》。

庐山香炉峰与遗爱寺之间的一处胜地,在其地营建草堂。次年草堂落成,白居易写下《草堂记》,文章结尾说:

> 从幼迨老,若白屋,若朱门,凡所止,虽一日二日,辄覆篑土为台,聚拳石为山,环斗水为池:其喜山水病癖如此。一旦蹇剥来佐江郡,郡守以优容而抚我,庐山以灵胜待我,是天与我时,地与我所。卒获所好,又何以求焉! 尚以冗员所羁,余累未尽,或往或来,未遑宁处。待予异时弟、妹婚嫁毕,司马岁秩满,出处行止,得以自遂,则必左手引妻子,右手抱琴书,终老于斯,以成就我平生之志。清泉白石实闻此言。①

白居易平生性喜山水,凡所居止之处,哪怕只是短暂借住,也要聚石为山,环水成池。就在元和十一年的秋天,白居易送客浔阳江头,舟中夜闻琵琶语,青衫泣下泪最多②,贬官之后苦闷的心境,表露无余。当他来到庐山后,身心得到暂时放松,产生了"远行客过故乡"的留恋之情。草堂建成后,他自谓平生爱好得到满足,已别无他求。但白居易又表示:自己虽是朝廷的"冗员",却还有许多"余累"未了——弟、妹的婚事没解决,江州司马的任期未满。这些俗事的羁绊,使他无法安心归隐。所以尽管白居易信誓旦旦地请"清泉白石"作证,他"终老于斯"的愿望,到底也只是一句空话。

卢藏用的"隐"是投机政治,是为日后的荣升积累名誉,是"小隐";王维的"隐"是在身居高位时有意疏离政治,是"大隐";白居易的"隐"则介于这二者之间,用他自己的话说,可以称为"中隐":

> 大隐住朝市,小隐入丘樊。丘樊太冷落,朝市太嚣喧。不如作中隐,隐在留司官。似出复似处,非忙亦非

---

① 《白氏长庆集》卷二六《草堂记》,《四部丛刊》影宋翻大字本。
② 《白氏长庆集》卷一二《琵琶引并序》。

闲。不劳心与力,又免饥与寒。终岁无公事,随月有俸钱。君若好登临,城南有秋山。君若爱游荡,城东有春园。君若欲一醉,时出赴宾筵。洛中多君子,可以恣欢言。君若欲高卧,但自深掩关。亦无车马客,造次到门前。人生处一世,其道难两全。贱即苦冻馁,贵则多忧患。唯此中隐士,致身吉且安。穷通与丰约,正在四者间。①

小隐隐于野,也就是隐于山林,不问世事,这只是外在的"隐"。大隐住朝市,则是内在的"隐",即使居住在喧嚣的城市里,在勾心斗角的环境里生活,也能保持与世无争的心态和恬淡自然的生活态度。从字面上看,大隐要比小隐的层次高一点,其实真正的大隐和小隐都不易做到。白居易的"中隐",是在平衡了闹与静、贵与贱、穷与丰等一系列矛盾之后,找到的一条折中道路,是在夹缝中安身立命的吉安之法。"中隐"既能避免饥寒之苦,又能够躲避纷争,还能在寄情山水、歌酒逍遥的生活中享受闲情。

因此朱熹说:"乐天(白居易字乐天,引者注)人多说其清高,其实爱官职。诗中凡及富贵处,皆说得口津津地涎出。"② 就是说白居易表面上清高,其实却热衷仕进,一说到"富贵"二字,简直就要流口水。建筑史家童寯也说:"既贪恋城市生活,又伪托寒素,向往山林野趣,逃避现实,充满矛盾,这在历来园主人,都无例外。"③ 这种矛盾在白居易的身上表现得特别突出,他的"中隐"思想,实为政治失意时的自我安慰。

---

① 《白氏长庆集》卷五二《中隐》。
② 《朱子语类》卷一四〇《论文下》,北京:中华书局,1986,册8/页3328。
③ 童寯《造园史纲》,北京:中国建筑工业出版社,1983,页42。

四、古典园林的唐宋变革

北宋时,"洛阳名公卿园林,为天下第一"①。李格非的《洛阳名园记》列述了当时洛阳名宦巨富之家的十余处宅园,南宋的邵博"读之至流涕",将其全文抄录于《邵氏闻见后录》中,并写了很长的跋语。他回忆昔年游历长安时,曾见唐代大明宫的含元殿故基,高出平地四十余尺,屹然可辨。次日,又经过咸阳,见汉代未央宫、建章宫的遗址,其"繁夥宏廓",又胜于大明宫。② 显然,在北宋人的眼里,唐以前的宫苑建筑,不论在规模或气象上,都远超当朝。日本汉学家内藤湖南曾提出"唐宋变革"的论断。他说:"唐代和宋代,在各方面的文化生活上都有变化。除此之外,如果从一些细微的个人生活去观察,还可以发现更多这个时代的变化。"③邵博所谈的,实为宫苑建筑方面的"唐宋变革"。

内藤湖南认为,"唐宋变革"在思想文化层面上的重要表现就是新儒学的确立。理学家是如何看待唐宋宫苑在规模上的巨大反差呢?与邵博同行的晁说之叹息:

> 《诗》所谓"经始勿亟,庶民子来"者,其专以简易俭约为德,初不言形胜富强,益知仁义之尊,道德之贵。彼阻固雄豪,皆生于不足,秦、汉、唐之迹,更可羞矣。④

《诗经·大雅·灵台》里说:文王修造灵台,开始的时候并不急于完工,但百姓爱戴文王如子爱父,纷纷来前来帮助,

---

① 李格非《洛阳名园记》,邵博《邵氏闻见后录》卷二四,北京:中华书局,1983,页191。
② 《邵氏闻见后录》卷二五,页202。
③ 内藤湖南《概括的唐宋时代观》,《日本学者研究中国史论著选译》,北京:中华书局,1992,册1/页17—18。
④ 《邵氏闻见后录》卷二五,页202。

于是很快造好了灵台。①晁说之认为：帝王宫苑就应当以灵台为榜样，不要因过度奢华而劳民伤财，要以简朴为美。

显然，晁说之与邵博更多地是从道德方面来看待唐宋宫苑从"形胜富强"到"简易俭约"的变化。这一方面是溢美本朝，另一方面也是有为而发。北宋徽宗时，为了营造皇家园林艮岳，从宣和五年（1123）开始，命朱勔从南方征取太湖石与奇花异木，名为"花石纲"。巨舟装载着高广数丈的湖石，沿运河送抵开封。一路之上，凿河断桥，毁堰拆闸，历时数月，动用了数以千计的民夫。"花石纲"不仅在南方激起了方腊起义，而且耗损了北宋的国力与民力，成为北宋灭亡的原因之一。②晁说之与邵博都是亲见北宋灭亡的人，对此深有体会。因此南宋人总结："宫室，汴宋之制，侈而不可以训。中兴，服御惟务简省，宫殿尤朴。"③南宋以后的历代统治者，虽然依旧挥金如土地营造宫室、园林，但至少在道德观念与官方话语的层面上，是提倡节俭、朴素的。④

即使是艮岳，尽管铺张而奢华，但其气势已难望汉唐帝王宫苑之项背，其总体风格也与传统的皇家园林有别。这首

---

① 《毛诗正义》卷一六之五，《十三经注疏》，北京：中华书局，1980，上册/页525。

② 详《宋史》卷八五《地理志一》，北京：中华书局，1977，册7/页2102；《东都事略》卷一〇六《朱勔传》，《日本宫内厅书陵部藏宋元版汉籍选刊》，上海：上海古籍出版社，2013，册40/页34—37。

③ 《宋史》卷一五四《舆服志》，册11/页3598。

④ 清高宗弘历《圆明园后记》称："昔我皇考，因皇祖之赐园，修而葺之，略具朝署之规，以乘时行令，布政亲贤。而轩墀亭榭、凸山凹池之纷列于后者，不尚其华尚其朴，不称其富称其幽。"又云："（圆明园）不斫不雕，一皇祖淳朴之心，然规模之宏敞，邱壑之幽深，风土草木之清佳，高楼邃室之具备，亦可观止。实天宝地灵之区，帝王豫游之地，无以逾此。后世子孙必不舍此而重费民力，以创建苑囿，斯则深契朕法皇考勤俭之心以为心矣。"（《日下旧闻考》卷八〇《国朝苑囿》，册4/页1323—1324）乾隆虽然一再标榜"淳朴"，并表示不再耗费民力修建园林，但在已有圆明园之后，还是以"治水"为母延寿"等名义，修建了清漪园（颐和园的前身），并声称自己从不在园中过夜："园虽成，过辰而往，逮午而返，未尝度宵，犹初志也，或亦有以谅予矣。"（《日下旧闻考》卷八四《国朝苑囿》，册5/页1392—1393）

先是因为北宋都城开封的整体地理环境缺乏长安城"殽函在左,泰华在前"的形胜条件。对于地形上的这一劣势,宋徽宗在《艮岳记》中依然以"在德不在险"的说法做了解释。其次是艮岳的设计理念已不再单纯追求"高亭大榭",而是欣赏"壶中天地"的艺术境界。"壶中天地"的典故出自《后汉书·费长房传》:

> 费长房者,汝南人也。曾为市掾。市中有老翁卖药,悬一壶于肆头,及市罢,辄跳入壶中。市人莫之见,唯长房于楼上睹之,异焉,因往再拜奉酒脯。翁知长房之意其神也,谓之曰:"子明日可更来。"长房旦日复诣翁,翁乃与俱入壶中。唯见玉堂严丽,旨酒甘肴盈衍其中,共饮毕而出。①

"壶中天地"特别强调要和嘈杂的外部环境形成隔绝,同时追求内部空间与陈设的精美华丽,营造出封闭、精致而缩微的林园格局。宋徽宗对艮岳的观感是:

> 自山蹊石罅夤缘下平陆,中立而四顾,则岩峡洞穴,亭阁楼观,乔木茂草,或高或下,或远或近,一出一入,一荣一雕,四向周匝。徘徊而仰顾,若在重山大壑,幽谷深岩之底,而不知京邑空旷坦荡而平夷也,又不知郛郭寰会,纷华而填委也。真天造地设,神谋化力,非人所能为者。②

"若在重山大壑、幽谷深岩之底",说明艮岳并不是真正的"重山大壑",而是缩微的山水;"不知京邑空旷坦荡而平夷",说明艮岳能自成一个小天地,与外界形成隔绝。可见宋代的御苑比起唐代更少皇家气派,但设计却更精巧,更接近

---

① 《后汉书》卷八二下《方术传下·费长房传》,北京:中华书局,1965,册 10/页 2743。
② 王明清《挥麈后录》卷二,《挥麈录》,上海:上海书店出版社,2009,页 57。

于文人园林。①

中唐以后,中国文化从整体上有转向内在与精微的趋势。②整个社会对于居室、园林的审美标准,由"宏大壮丽"转为"精微工致"。王国维将美分为两种:一为"优美",一为"宏壮"。"宏壮之美"指的是非人力所能驾驭之美,"如自然中之高山、大川、烈风、雷雨,艺术中伟大之宫室"等等。壮美主要是自然天成的,也可以说壮美是不太注重形式的;而"一切优美皆存在于形式之对称、变化与调和"。至于有些寻常琐屑之景物,在一般人眼中,完全够不上宏壮或优美的,一经艺术家之手,使人顿觉有难以言表之趣味的,王国维称之为"古雅"。"古雅"所追求的完全是形式之美,故王国维说:"古雅者可谓之形式之美之形式之美也。"③

北宋洛阳的园林,绝大多数是在隋唐名园的基础上发展起来的。④对唐代而言,北宋洛阳园林的规模小了,但却更讲求形式,由"宏壮"而入"优美";比较明清而言,北宋洛阳园林又不像明清文人园林那样"雅致"甚至流于"匠气":恰好处在一个转型期内。这都可以在《洛阳名园记》中寻得端倪。北宋的洛阳人曾提出:

> 园圃之胜,不能相兼者六:务宏大者少幽邃,人力胜者乏闲古,多水泉者无眺望。能兼此六者,唯湖园而已。⑤

---

① 参周维权《中国古典园林史(第三版)》,北京:清华大学出版社,2008,页285、295。

② 内藤湖南所说的"唐宋","其间包含了唐末至五代一段过渡期"。只是为了便于讨论,内藤沿用了过去历史家以朝代划分时代的办法。(《概括的唐宋时代观》,《日本学者研究中国史论著选译》,页10)也就是说,"唐宋变革"的发轫期是从中唐后开始的。

③ 王国维《古雅之在美学上之位置》,《静庵文集》,沈阳:辽宁教育出版社,1997,页162—164。

④ 李格非《洛阳名园记》:"洛阳园池多因隋唐之旧。"《邵氏闻见后录》卷二四,页192。

⑤ 《邵氏闻见后录》卷二五,页200。

园林的有些优点是不可兼得的：如果注重了外观上的宏大壮丽，就难有曲径通幽的深邃之感；人工造作的痕迹明显了，又容易缺乏闲远古淡的意境；能够利用自然水流山泉的，往往又缺少登高远眺的外部视野。而只有原唐代宰相裴度留下的湖园，能够兼备这些优点。这"不能相兼者六"，大体上已概括了宋人心目中理想的"壶中天地"的境界，即力求在园林中更好地调和"人力与自然""城市与山林""空间与时间"这三对矛盾。

（一）用人力追仿自然

洛阳的"水北胡氏二园"，位于邙山山麓，瀍水流经其旁。造园者依山势，在岸边凿出两个深百余尺的土穴，将其加固之后，开窗临水。土穴之东，有亭榭花木，从园中俯瞰瀍水，壁立峭绝。李格非称赞："天授地设，不待人力而巧者，洛阳独有此园。"[1]胡氏二园巧妙利用自然地势，造成"天授地设"之感，这是用人力追仿自然最成功的范例之一。园林的本身，人工斧凿的痕迹并不明显，即所谓"不待人力而巧"，但如果不是人为地刻意选址于邙山之麓、瀍水之滨，便不可能有此效果。

侯迺慧说：唐宋两代都一样看重水在园林中的重要地位，"但是宋代更精巧地发展出以水为中心的园林结构原则。在动态的溪流方面，用人工控引的水道以贯串起每一个重要景区，使流水成为园林游赏的动线。在静态的水池方面，则由沿水岸立山石、造亭榭的向心方式来挽摄各景。"[2]北宋洛阳园林，在用水方面，主要是借重伊水与洛水。就《洛阳名园记》而言，至少董氏西园、董氏东园、环溪、苗帅园、文潞公东田、紫金台张氏园、湖园与吕文穆园等，都是以水景见长的。

---

[1] 《邵氏闻见后录》卷二五，页199。
[2] 侯迺慧《宋代园林及其生活文化》，台北：三民书局，2010，页518。

在丛春园的先春亭上,可北望洛水。洛水上的天津桥,乃叠石而成,洛水直泻桥下石底,激起霜雪般的白浪,水声响彻数十里。李格非曾于穷冬月夜登先春亭,听洛水声,觉得寒侵肌骨,不可久留。①

丛春园将洛水与天津桥纳入园林的景观,在先春亭上赏月听涛,别有意境。这用明代计成的话说,叫做"借景":

> 夫借景,林园之最要者也。如远借,邻借,仰借,俯借,应时而借。然物情所逗,目寄心期,似意在笔先,庶几描写之尽哉。②

借景,既可以将园外远、近、高、低处的景致纳入园林的视野范围之内,也包括将时令节气与昏旦阴晴等自然天气条件,乃至水浪、松涛等音色效果融入景观,而且特别强调要在特定的角度、特定的时间与气候条件下欣赏或体验。因此借景是要在造园之初就仔细规划设计的,即计成所说的"物情所逗,目寄心期,似意在笔先,庶几描写之尽"。人们眼里所见的,只是心里想看到的东西。景色虽然是天成的,但哪些是进入园林视野的,哪些又是要突出表现的,实际上早已经过造园者或欣赏者的人为"定序"。

宋代园林以人力追仿自然,还体现在对园林植物的改造方面。北宋洛阳的花匠已能通过嫁接技术,培育出新奇的花树品种:

> 洛阳良工巧匠,批红判白,接以他木,与造化争妙,故岁岁益奇且广。桃、李、梅、杏、莲、菊,各数千种;牡丹、芍药,至百余种,而又远方异卉,如紫兰、茉莉、琼花、山茶之俦,号为难植,独植之洛阳,辄与其土产无异。故

---

① 《邵氏闻见后录》卷二四,页195。
② 计成著,陈植注释《园冶注释》卷三"借景",北京:中国建筑工业出版社,1988,页247。

洛阳园囿,花木有至千种者。甘露院东李氏园,人力甚治,而洛中花木无不有。①

除上述李氏仁丰园以花木知名外,富郑公园的竹子、天王院花园子的牡丹、袁象先园的松岛、大隐庄的早梅,也都在洛阳园林中独具特色。

园林中的水体与植被都特别依赖于人力的维护,一旦产业易主或时代变迁,往往就荒疏走样了。唐代的白居易在履道坊有十亩之园,其中有水一池,有竹千竿。入宋之后,水、竹虽然还在,但园林却已一分为二。一半为张氏所得,改为"会隐园",一半为"大字寺园"。所以李格非说:"因于天者可久,而成于人力者不足恃也。"②这更加证明园林并非纯自然,而是人力追仿自然的产物。

(二) 在城市中遥看山林

董氏西园、东园均为工部侍郎董俨的宅园,西园的亭台花木为历年增修所成,李格非称赞此园:

> 盖山林之景,而洛阳城中遂得之于此。午路抵池,池南有堂,面高亭,堂虽不宏大,而屈曲甚邃,游者至此,往往相失。岂前世所谓"迷楼"者?③

厅堂不大,却很幽深。游客到此,仿佛置身迷宫,找不到方向;这是典型的"壶中天地"的格局。园林位于洛阳城中,但"清风忽来,留而不去,幽禽静鸣,各夸得意",又能得山林之野趣。"居山林者谋入城市,居城市者谋入山林"④,董氏的

---

① 《邵氏闻见后录》卷二五,页197—198。
② 《邵氏闻见后录》卷二五,页199—200。
③ 《邵氏闻见后录》卷二四,页193。
④ 李清照《打马图》语,俞正燮《癸巳类稿》卷十五《易安居士事辑》,沈阳:辽宁教育出版社,1997,册2/页545。

园林很好地解决了这个困境。

"山林太寂寞,朝阙空喧烦。"①白居易晚年卜居洛阳,其《洛阳有愚叟》一诗可与《中隐》相发明:

> 洛阳有愚叟,白黑无分别。浪迹虽似狂,谋身亦不拙。点检盘中饭,非精亦非粝。点检身上衣,无余亦无阙。天时方得所,不寒复不热。体气正调和,不饥仍不渴。闲将酒壶出,醉向人家歇。野食或烹鲜,寓眠多拥褐。抱琴荣启乐,荷锸刘伶达。放眼看青山,任头生白发。不知天地内,更得几年活。从此到终身,尽为闲日月。②

这种生活方式其实是"坐在城市里遥望山林"。而将白居易的"中隐"思想进一步发扬光大的,正是宋代人。③范仲淹的《岳阳楼记》中有一段很有名的话:

> 居庙堂之高,则忧其民;处江湖之远,则忧其君。是进亦忧,退亦忧,然则何时而乐耶? 其必曰:先天下之忧而忧,后天下之乐而乐乎!④

这说的是"庙堂"和"江湖"的关系。读书人不论身处何处,都要抱有忧患意识,要"进亦忧,退亦忧"。与此相对,苏东坡在《灵壁张氏园亭记》中也有一段话,他的观点是"不必仕,不必不仕":

> 古之君子不必仕,不必不仕;必仕则忘其身,必不仕则忘其君。……今张氏之先君所以为其子孙之计虑者远且周,是故筑室艺园于汴、泗之间,舟车冠盖之冲。凡朝夕之奉,燕游之乐,不求而足。使其子孙开门而出仕,

---

① 《白氏长庆集》卷八《郡亭》,《四部丛刊》影宋翻大字本。
② 《白氏长庆集》卷三〇《洛阳有愚叟》。
③ 参王毅《中国园林文化史》,上海:上海人民出版社,2004,页127—129。
④ 《范文正公集》卷七《岳阳楼记》,《四部丛刊》影明翻元刊本。

则跬步市朝之上；闭门而归隐，则俯仰山林之下。于以养生治性，行义求志，无适而不可。①

君子之人不一定非要做官，也不一定就非不做官，无可无不可，顺其自然最好。苏轼特别赞赏张氏的园林位于汴水、泗水之间，处于交通要冲，不论是做官或隐居，进退皆有从容之余地。

司马光在洛阳的宅园叫"独乐园"，从李格非的记述看，"园卑小，不可与他园班"，显然是洛阳园林中相对窄小的一个。尽管如此，司马光通过撰写《独乐园记》与《独乐园七咏》，使园林的意境得到了深化②，园主人的个性气质也彰显出来了，所以李格非认为独乐园"所以为人钦慕者，不在于园尔"③。"独乐"是反用《孟子》中的典故。《孟子》本来是主张"众乐"的，要"与民同乐""与众同乐"。④司马光因与王安石政见不同，所以离开政治中心，来到洛阳的独乐园中专心编修《资治通鉴》。他所谓的"独乐"，是在政治上失意的时候，退回个人的生活。

从"进亦忧，退亦忧"，到"不必仕，不必不仕"，再到"独乐"，字面上看，好像越来越消极，内里的意思其实是一致的，

---

① 《苏东坡全集》前集卷三二，北京：中国书店，1986（影 1936 世界书局版），上册/页 394。

② 《独乐园七咏》与《独乐园记》见司马光《传家集》卷三、卷七一（文渊阁本《四库全书》）。按：北宋洛阳园林普遍重视题名点景，如湖园有"四并堂"（《邵氏闻见后录》，页 200），出典于谢灵运《拟魏太子邺中集诗八首》："天下良辰、美景、赏心、乐事，四者难并。"（《文选》卷三〇，册 3/页 1432）李格非批评水北胡氏二园"其亭台之名，皆不足载，载之且乱实。"（《邵氏闻见后录》，页 199）也从反面说明了北宋人对题匾的重视。侯迺慧也说："在唐代，诗歌受到园林意境的启发与影响很大，园林帮助促成了唐诗创作上的辉煌成就，但诗歌的兴荣还来不及对园林产生启发。宋代园林不仅在造景造境上得到很多诗歌的启发，而且特别选用著名诗句命名，加以题榜于景区之中。"（《宋代园林及其生活文化》，页 516）

③ 《邵氏闻见后录》卷二五，页 200。

④ 《孟子注疏》卷二上《梁惠王下》，《十三经注疏》，下册/页 2673。

都是对古人"穷则独善其身,达则兼善天下"的观念的发展。①

洛阳的赵韩王宅园,是北宋开国宰相赵普的园林。赵普晚年以太师身份告老归家,居于此园,但百日之后便辞世。其子孙又都在京城开封居住,因此赵家在洛阳的园林只得常年闭锁。虽然其中也有高亭大树、花木之渊,平时却只是些看家护院的小厮在其中维护。因此李格非感慨:"盖天之于宴闲,每自吝惜,疑甚于声名爵位。"②上天的赐予是有限的,尤其是安闲享乐的生活,甚至比声名、爵位更加难于获取。和赵普相比起来,苏轼的"不必仕,不必不仕"与司马光的"独乐",真是说得聪明了。

(三)以空间凝聚时间

环溪是王拱辰的宅园,园中水流环绕,从南部的"多景楼"可以向南远眺嵩高、少室、龙门、大谷,一片层峦叠嶂;而从北边的"风月台"北望,则是绵亘十余里的隋唐宫阙楼台。用李格非的话说:"凡左太冲十年极力而赋者,可一目而尽也。"③左思耗费十年之功,撰写《三都赋》,其中的美景,在多景楼与风月台上,都一览无遗了。这已经不是一般的"聚景",而是唐诗中"秦时明月汉时关"的境界了。④在李格非的笔下,自然景物与人文建筑被赋予了时间的维度,具有了历史的厚重感。

洛阳处天下之中,位于中国版图的几何中心,太平年代,四方辐辏;一旦战事兴起,又成为兵家必争之地。"天下常无事则已,有事则洛阳先受兵",所以李格非说:

---

① 《孟子注疏》卷一三上《尽心上》,《十三经注疏》,下册/页 2765。
② 《邵氏闻见后录》卷二五,页 197。
③ 《邵氏闻见后录》卷二四,页 193。
④ 《王昌龄诗注》卷四《出塞二首》,上海:上海古籍出版社,1984,页 130。

> 天下之治乱,候于洛阳之盛衰而知;洛阳之盛衰,候于园囿之兴废而得。①

盛唐时的公卿贵戚,纷纷在洛阳修建池馆,最多时号称有千余所。经过唐末五代的战乱,大量的宅园"与唐共灭俱亡"。官家的园囿犁为良田,树为桑麻,而前朝的遗老们仍在追想昔日宴集的盛景,凭吊池沼的古迹。这是江山易代的黍离之悲。

工部侍郎董俨曾以财雄洛阳。元丰年间(1078—1085),因欠了公帑,其田宅籍没入官。城里的董氏西园与东园渐趋荒芜,但总体规模尚存。元祐(1086—1093)年间,西园成为当地士宦的雅集之所。东园大池中的含碧堂,四面飞瀑喷泻池中。洛阳人酒醉后,登含碧堂,听飞泉之声,能以醒酒,②无疑是寒静荒凉的所在了。天王院花园子中植有数十万株牡丹。花期时,城中士女穿游期间,"过花时则复为丘墟,破垣遗灶相望矣"③。这是"旧时王谢"沦为寻常百姓的兴衰之感。

真正能够理解园林之美的人,既要看到其花团锦簇的一面,也要懂得欣赏它的断壁颓垣,透过繁华的表象,看到人力的渺小与不足恃,看到世事的变迁与万物的无常。

【主要参考文献】

1. 王毅《中国园林文化史》,上海:上海人民出版社,2004。

2. 周维权《中国古典园林史(第三版)》,北京:清华大学出版社,2008。

3. 候迺慧《宋代园林及其生活文化》,台北:三民书局,2010。

---

① 《邵氏闻见后录》卷二五,页201—202。
② 《邵氏闻见后录》卷二四,页193。
③ 《邵氏闻见后录》卷二五,页196。

4. 林嵩《〈洛阳名园记〉与古典园林的唐宋变革》,《中国典籍与文化》2017年第2期,页124—130。

【阅读与思考】

白居易的庐山草堂在置景方面有何特色?

草堂记

匡庐奇秀甲天下山[1],山北峰曰香炉,峰北寺曰遗爱寺。介峰寺间,其境胜绝,又甲庐山。元和十一年秋[2],太原人白乐天见而爱之[3],若远行客过故乡,恋恋不能去,因面峰腋寺[4],作为草堂。

明年春,草堂成。三间两柱,二室四牖[5]。广袤丰杀[6],一称心力。洞北户[7],来阴风,防徂暑也;敞南甍[8],纳阳日,虞祁寒也。木斫而已,不加丹[9];墙圬而已[10],不加白。碱阶用石[11],幂窗用纸[12],竹帘纻帏[13],率称是焉。堂中设木榻四、素屏二、漆琴一张、儒道佛书各三两卷。

乐天既来为主,仰观山,俯听泉,傍睨竹树云石[14],自辰及酉[15],应接不暇。俄而物诱气随[16],外适内和,一宿体宁,再宿心恬,三宿后颓然嗒然[17],不知其然而然。自问其故,答曰:是居也,前有平地,轮广十丈[18];中有平台,半平地;台南有方池,倍平台。环池多山竹野卉,池中生白莲、白鱼,又南抵石涧。夹涧有古松、老杉,大仅十人围,高不知几百尺,修柯戛云[19],低枝拂潭,如幢竖[20],如盖张,如龙蛇走。松下多灌丛,萝茑叶蔓[21],骈织承翳[22],日月光不到地。盛夏风气,如八九月时。下铺白石,为出入道。

堂北五步,据层崖积石,嵌空垤块[23],杂木异草,盖覆其上。绿阴蒙蒙,朱实离离[24],不识其名,四时一色。又有飞泉植茗[25],就以烹燀,好事者见,可以永日。

堂东有瀑布,水悬三尺,泻阶隅,落石渠。昏晓如练色[26],夜中如环佩琴筑声。

堂西倚北崖右趾,以剖竹架空,引崖上泉,脉分线悬,自檐注砌。累累如贯珠[27],霏微如雨露。滴沥飘洒,随风远去。

其四傍耳目杖屦可及者[28],春有锦绣谷花,夏有石门涧云,秋有虎溪月,冬有炉峰雪。阴晴显晦,昏旦含吐,千变万状,不可殚纪覼缕而言[29],故云甲庐山者。

【注释】

[1] 匡庐:指江西庐山。《水经注》卷三九引《庐山记》曰:"殷周之际,匡俗先生受道仙人,共游此山。时人谓其所止为神仙之庐,因以名山矣。"

[2] 元和十一年:816年,当时白居易被贬为江州司马。

[3] 太原:唐代太原府治所在今太原市西南晋源镇。白乐天:白居易字乐天。

[4] 面峰腋寺:面向香炉峰,紧邻遗爱寺。

[5] 牖(yǒu):窗户。

[6] 广袤丰杀(shà):东西宽度为广,南北长度曰袤。丰:大。杀:递减、降等。这句话的意思是房间或宽或窄、或大或小,都与自己的心境与财力匹配。

[7] "洞北户"三句:在北面开窗,使凉风吹来,以防暑热。徂(cú)暑:《诗经·小雅·四月》:"四月维夏,六月徂暑。"郑玄曰:"徂,犹始也。四月立夏矣,而六月乃始盛暑。"徂暑即谓盛暑。

[8] "敞南甍"三句:朝南房间的屋脊高敞,吸纳更多的阳光,以防严寒。甍(méng):屋脊。虞:预料;忧虑。祁:大。

[9] 不加丹:不刷成红色。

[10] 圬(wū):抹墙。

[11] 礠:同"砌"。

[12] 幂(mì):覆盖,笼罩。

[13] 绐帏:用苎麻织的粗布做的帷幕。

[14] 睨(nì):斜视。

[15] 自辰及酉：从辰时（相当于上午七点至九点）到酉时（相当于下午五点到七点）。

[16] "俄而物诱气随"二句：大意是说来了之后不久，因为景物美好，心气也随着放松，外觉闲适，内感平和。俄而，少时、不久。诱，称美之词。

[17] 颓然嗒(tà)然：心境空虚、物我两忘的样子。颓，本指颓废、不振作；嗒，本指解体、丧气。这里用来描绘身心彻底放松时候的样子。

[18] 轮广：指面积。

[19] "修柯戛(jiá)云"二句：修长的树干直插云霄，低矮的枝条拂过水面。戛，擦、击。

[20] "如幢(chuáng)竖"二句：像旗子一样竖立，想伞盖一样张开。幢，做仪仗的一种旗帜。

[21] 萝茑(niǎo)：萝与茑是两种蔓草，寄生在松柏等植物，《诗经·小雅·弁》："茑与女萝，施于松柏。"

[22] 翳(yì)：遮蔽。

[23] 嵌空垤埿(diénì)：堆叠成小土堆。嵌空，玲珑的样子。

[24] 离离：茂盛的样子。

[25] "又有飞泉植茗"四句：大意是取崖上的山泉烧煮之后烹茶，喜好这一口的人，可以打发一整天的时间。燀(chǎn)，烧，煮。

[26] "昏晓如练色"二句：意思是黄昏或拂晓时看瀑布，好像柔软洁白的丝绢一样，夜里听着泉水落在石渠里的声音，像是环佩相碰的叮当之声，又像是抚琴、击筑的乐声。

[27] "累累如贯珠"二句：意思是山泉接连不断地落下，就像成串的珠子，迷蒙的样子又像细雨微露。

[28] 杖屦(jù)可及者：拄杖漫步可以到达的。屦：麻鞋、草鞋。

[29] 不可殚(dān)纪覼(luó)缕而言：无法详尽地记述。殚：竭尽；覼缕，详细陈述。

图 7-1　庐山草堂图①

---

① 插图作者:董岑仕。

第八章　古代交通线路与文化地带

"鱼相造乎水,人相造乎道。"①道路,是人类行越山河时留下的印记,也是人与人相遇相识的纽带。在历史上,特定的人群为了某一目的,或是沿着旧有的道路,或是开辟新途,进行有规律性的迁徙或移动,并在这过程中与周遭环境和不同的人群发生相互作用或影响,从而形成一定的文化景观,这类景观和遗产统称为"文化线路"。②

线路性或地带性的文化遗产天然带有流动性与交互性的特点,这不仅反映了人与自然环境之间的相互关系,更体现了不同文化群体之间的交流与对话。

---

① 《庄子集解・大宗师》,《诸子集成》,册 2/页 123。
② 国际古迹遗址理事会文化线路科学委员会(CIIC)制定《国际古迹遗址理事会(ICOMOS)文化线路宪章》:"文化线路概念……展示了人类迁徙和交流的特殊的文化现象。这些交流通道最初被用于或是有意识地服务于特定的目的,而使人口流动和文化往来成为可能并不断发展。一条文化线路可能是一条为此目的特别修建的道路,或者是整体或部分地利用已有的原本服务于其他用途的已存的道路。但是,除了其交通运输的道路功能之外,文化线路的存在和意义还能体现为:在相当长一段历史时期内服务于特定目的,并生成与之相关的共同特征的文化价值与遗产资源,作为一个具有内在独特动态机制的历史现象,它不依靠人的想象和主观意愿来创造,却反映了不同文化群体的相互影响。"(丁援翻译,《中国名城》2009 年第 5 期,页 51)

一、长城与运河

(一) 长城:双重的界限

战国末年,"天下冠带之国七,而三国边于戎狄"①。当时比较大的七个诸侯国中,秦、赵、燕地近匈奴、东胡、林胡等游牧民族;为抵御胡人南侵,这三个国家都分别修筑了长城。秦始皇统一六国之后,把原有各诸侯国分段修筑的长城连接起来。面对强大的秦帝国,匈奴却地七百里,"胡人不敢南下而牧马,士不敢弯弓而报怨"②。秦汉时代,长城最大的作用是界定了游牧民族活动的南限。③汉文帝后元二年(前162)给匈奴单于的书信里说:"长城以北,引弓之国,受命单于;长城以内,冠带之室,朕亦制之。"④显然是以长城划分国界的。

从地图上看,长城一线与年降水量 400 毫米等值线是大体重合的,400 毫米大体上就是农业用水量的底线。⑤《辽史》上说:

---

① 《通鉴》卷六"秦始皇三年",册 1/页 207。
② 《史记》卷六《秦始皇本纪》,册 1/页 280。
③ [美]欧文·拉铁摩尔(Owen Lattimore,1900—1989)《中国的亚洲内陆边疆》(*Inner Asian Frontiers of China*)认为:"'原始'的游牧民族,是一个混合经济及混合文化的民族,他们不是一个单纯的民族。有些人是从农业中国的边缘进入草原的,有些人则来自中亚绿洲的边缘及西伯利亚与东北森林的边境。"当长城修建起来之后,这些半游牧民族被迫从草原边缘进入草原深处。在那里,"边缘游牧制度"转变为"完全游牧制度",出现了真正的游牧民族与草原帝国,公元前 2 世纪兴起的匈奴帝国即是如此。(南京:江苏人民出版社,2010,页 310、352、358—360)该书译者唐晓峰指出:正是长城增加了边疆地带的分割度,并促进了草原社会的政治发展。农业社会与草原社会之间的关系,主要是前者"限定"了后者,而不是后者"扰乱"了前者。(唐晓峰《长城内外是故乡》,《人文地理随笔》,北京:生活·读书·新知三联书店,2005,页 282—286)
④ 《史记》卷一一〇《匈奴列传》,册 9/页 2902。
⑤ 韩茂莉:"这条自然界线不为人所见,却以潜在的力量左右着人们的生产方式与政治、军事行动。"(详《中国历史地理十五讲》,北京:北京大学出版社,2015,页 49—50)

> 长城以南,多雨多暑,其人耕稼以食,桑麻以衣,宫室以居,城郭以治;大漠之间,多寒多风,畜牧畋渔以食,皮毛以衣,转徙随时,车马为家;此天时、地利所以限南北也。①

这就是说长城以南的气候相对暖湿,适合农耕与定居的生活;而塞北大漠,寒冷多风,适于渔猎或游牧经济。长城不仅划分了不同民族的活动范围,同时又是不同的气候带与经济形态的分野;既是自然地理,也是人文地理意义上的分界线。

魏晋南北朝时期,北方少数民族大规模南迁。有意思的是,有些少数民族入主中原后,又会把比他们后起的或比他们更北边的少数民族视为威胁,于是也仿照中原政权的做法,修筑长城来抵御骑兵。北魏时的高闾就曾建议修长城以防备柔然:

> 北狄悍愚,同于禽兽。所长者野战,所短者攻城。若以狄之所短,夺其所长,则虽众不能成患,虽来不能内逼。又狄散居野泽,随逐水草。战则与家产并至,奔则与畜牧俱逃。不赍资粮而饮食足,是以古人伐北方,攘其侵掠而已,历代为边患者,良以倏忽无常故也。……计筑长城,其利有五:罢游防之苦,其利一也;北部放牧,无抄掠之患,其利二也;登城观敌,以逸待劳,其利三也;省境防之虞,息无时之备,其利四也;岁常游运,永得不匮,其利五也。②

北魏修建长城,实际上表明北魏上层的统治者从生活方

---

① 《辽史》卷三二《营卫志》,北京:中华书局,1974,册2/页373。
② 《魏书》卷五四《高闾列传》,册4/页1201—1204。参陈正祥《中国文化地理》,北京:生活·读书·新知三联书店,1983,页162。

式到思维方式都已全面汉化①,是农耕文化圈巩固、扩大的结果。

历史上,并不是每一个朝代都修筑长城。唐帝国在鼎盛时期,积极主动地对外开边拓土。唐贞观二年(628),突厥犯边,有朝臣建议修古长城,唐太宗说:"朕方为公扫清沙漠,安用劳民远修障塞乎!"②唐太宗还自负地说:"炀帝不择人守边,劳中国筑长城以备虏;今我用(李)勣守并,突厥不敢南,贤长城远矣。"③他认为自己任用的将领李勣,其作用超过了前代的长城。有了这些守边的将领,突厥等游牧民族便不敢南下,这比隋炀帝劳民伤财修筑长城,效果要好得多。像唐朝、元朝、清朝这几个国力比较强盛的王朝,版图皆包举长城内外,其统治者本身又是以少数民族身份入主中原的,都不太看重长城的屏障作用,也没有大规模修筑长城的举措。在对外政策方面,除军事手段之外,这几个朝代更多地是通过和亲联姻、宗教团结等办法来笼络其他部族的。

长城造成了一条特殊的人文地带,可以称为"长城地带"。有些事情,本来既可以在这个地方进行,也可以在别的地方进行的,因为有了长城,就只能在长城地带进行。例如长城的几个关口,不论是在战时还是平时,在人与物方面的交流作用都十分显著。④

明代成祖朱棣选择建都北京,北靠燕山山脉,西拥太行,东倚沧海。长城沿山势蜿蜒,一直修到了海上。为了拱卫京师,从关外进入华北平原的几处要塞,如喜峰口、古北口、居庸关,以及从西部越过太行山脉进入华北的几条重要通道,

---

① 用拉铁摩尔的话说:"草原民族不能完全征服中国,因为长期侵入中国后,终将变成汉族,留在后面的才继续保持草原生活。"拉铁摩尔认为这正是"中国朝代兴亡循环的一个因素"。(《中国的亚洲内陆边疆》,页 322)
② 《通鉴》卷一九三"唐贞观二年",册 13/页 6057。
③ 《新唐书》卷九三《李勣传》,北京:中华书局,1975,册 12/页 3818—3819。
④ 参唐晓峰《人文地理随笔》,页 281—282。

如紫荆关、倒马关、飞狐口、井陉关等,长年都驻有重兵。为了解决输送军粮的问题,洪武三年(1370),采用山西省的建议,号召商人运粮到边关,规定:"商人于大同仓入米一石,太原仓入米一石三斗,给淮盐一小引。"盐引即食盐的销售凭证。因为盐是生活的必需品,在当时是国家专卖的商品,给予盐引,就是保证输送军粮的商人能在盐业方面获得利润,此即"开中法"。简而言之,就是"召商输粮而与之盐",这个办法以后推广到了全国。①

直接受惠于"开中法"的是山西的粮商和盐商。山西商人依靠这一政策,迅速致富。后世的"晋商",其发家的第一桶金,应当溯源到"开中法"。晋商富起来之后,业务的领域也越来越扩大,不再局限于粮与盐。这又得益于长城地带本来就是农牧交接带,其资源与产品具有多样性的特点,而农牧业之间也有强烈的商品交换的需求。地处太行山与燕山交汇处的飞狐口,志书记载:"今其地东走宣府,西趋大同,商贾毕集于此,紫荆、倒马两关恃飞狐为外险。"②飞狐口既是紫荆关、倒马关的外部屏障,为兵家必争之地,而在不打仗的时候,它又是商贾云集的地方。长城地带双重界限的特点在这个地方都体现出来了。

(二) 运河:南北的动脉

运河是为航运或灌溉等目的而改造或开凿的水道。战国时,魏国的西门豹曾引漳水至邺,以灌溉农田。韩国听说秦国好大喜功,为了阻止秦国东伐,派出水工郑国为间谍,劝

---

① 《明史》卷八〇《食货志》,册 7/页 1935。按:宋代的王居卿"建言商贾转百货市塞上者,听以家赀抵于官,为给长券至卖所并输征税直。公私便之。"(《宋史》卷三三一《王居卿传》,页 10647)王居卿的政策与明代"开中法"的思想是一致的,可视为"开中法"的先声。

② 《大清一统志》卷三〇《易州》,文渊阁本《四库全书》。

说秦国开筑连通泾水与洛水的河渠,希望以此消耗秦国的国力。河渠开工之后,秦国觉察到了其中的阴谋,打算处死郑国,郑国辩解说:"开始的时候我虽是间谍,但河渠修成之后,对秦国也是有好处的。"秦国人认为有道理,于是让郑国完成了这项事业,并将渠命名为"郑国渠"。郑国渠灌溉"泽卤之地四万余顷",使关中成为沃野,秦国也因此更加富强。①

最初动议修郑国渠,是想用这项浩大的水利工程拖垮秦国,可见当时兴办这样的大工程,是有一定风险的。其中的利弊究竟该如何衡量,是值得讨论的问题。像隋朝便因开筑运河,耗费了国力,激化了社会矛盾,导致灭亡。②

隋开皇四年(584),鉴于渭水多泥沙,深浅不一,隋文帝下令开凿广通渠,自首都大兴城(今陕西西安),东至潼关,达三百余里,将黄河引入渭水。③大业元年(605),隋炀帝继位后,大兴土木,建造显仁宫,为将南方的奇材异石更便捷地运到洛阳,征发河南、淮北诸郡民夫,前后共计百余万人,开凿通济渠,将洛水、黄河、汴河、淮河连接起来;又征发淮南十余万人疏通古代的邗沟,连接淮河与长江。隋炀帝修造的运河,渠宽四十步,两岸筑御道,沿河植柳树,还在从长安到江都(今江苏扬州)的途中造设四十余处离宫别馆,供隋炀帝享乐。④

大业四年(608),隋炀帝征发百余万河北民众穿凿永济渠,引沁水南达黄河,北通涿郡(今北京)。由于男丁不够用,当时甚至征用了妇女参与修渠。⑤大业六年(610),炀帝为东巡会稽,还开凿了江南河,从京口(今江苏镇江)到余杭(今浙

---

① 《史记》卷二九《河渠书》,册4/页1408。
② 胡曾《咏史诗·汴水》:"千里长河一旦开,亡隋波浪九天来。锦帆未落干戈起,惆怅龙舟更不回。"(《全唐诗》,上海:上海古籍出版社,1986,下册/页1632)
③ 《通鉴》卷一七六"陈长城公至德二年",册12/页5474。
④ 《通鉴》卷一八〇"隋大业元年",册12/页5618—5619。
⑤ 《通鉴》卷一八一"隋大业四年",册12/页5636。

江杭州)共计八百余里,皆十余丈宽。①

隋代的大运河,以东都洛阳为中心,北段至涿郡,南段至余杭,贯通两千多公里,勾连海河、黄河、淮河、长江、钱塘江等五大流域,成为交通的大动脉。

隋代的统治者,尤其是隋炀帝,之所以举全国之力开凿运河,除了满足个人享乐之外,还有一些深层次的原因。首先是为解决漕运的问题。开皇三年(583),由于京师缺粮,只好从外地十三州调粮。当时规定:"能于洛阳运米四十石,经砥柱之险,达于常平者,免其征戍。"②所谓"砥柱之险",指的是黄河的三门峡河段,因水流湍急,常发生覆舟。因此只要能从洛阳运米四十石,通过砥柱,送达陕州的常平仓的,就可以免服劳役了。次年,隋文帝决定开凿广通渠,解决渭水流浅沙深、水力无常的问题。广通渠修好之后,漕运数百里,百姓称之为"富民渠"③。

其次是战争环境的促进作用。开皇七年(587),在扬州疏浚山阳渎,是为平灭南方的陈朝做准备。④永济渠开凿之后,隋炀帝乘龙舟,从江都巡幸涿郡,随后下诏征讨高丽,"总征天下兵,无问远近,俱会于涿"⑤,把运河北端的涿郡作为征高丽的大本营。显然,当初修永济渠时,也有军事方面的考虑。

运河不仅在调用物资、军队方面起作用,隋炀帝乘坐龙舟沿运河巡幸的行为本身,也有一定耀武扬威、宣示实力的政治用义。另外,南北朝时期,北朝在政治、军事方面占有优势,南朝则在礼乐方面更胜一筹,"中原士大夫望之以为正朔

---

① 《通鉴》卷一八一"隋大业六年",册12/页5652。
② 《隋书》卷二四《食货志》,册3/页638。
③ 《隋书》卷六一《郭衍传》,册5/页1469。
④ 《通鉴》卷一七六"陈长城公祯明元年"胡三省注:"山阳渎通于广陵尚矣,隋特开而深广之,将以伐陈也。"(册12/页5489)
⑤ 《通鉴》卷一八一"隋大业七年",册12/页5653—5654。

所在"①。隋炀帝本人"好为吴语"②,喜欢扬州的风物,多次沿运河南巡。这说明当时南方的文化,对朝廷的上层人士有很大的吸引力。运河不仅促进物资和经济的交流,也沟通南北文化,在政治层面上是统一强大的帝国的象征。

隋文帝下诏开广通渠的时候曾说:

> 已令工匠,巡历渠道,观地理之宜,审终久之义,一得开凿,万代无毁。可使官及私家方舟巨舫晨昏漕运,沿泝不停。旬日之功,堪省亿万。诚知时当炎暑,动致殷勤,然不有暂劳,安能永逸?③

这是说开凿运河是一劳永逸的事业。短命的隋朝虽然没有享受到运河更多的便利,但是运河确实造福了后人。唐代定都长安,号称沃野,但由于首都官民众多,需要从东南地区运粮以供给京师。唐代建国初期,水陆漕运每年不过二十万石;到了高宗以后,随着社会的安定、人口的增多、国家机构的膨胀,漕运的数量"岁益增多",压力越来越大。从江淮运来的租米,运到洛阳的含嘉仓之后,还要用车或牲口,再陆运到陕西,加上水运过程中因覆舟而受的损失,一斛(十斗)米能剩下八斗,就算是好的了。而且不同流域的河段,汛期不同。每年二月份,漕船从扬州出发;四月份由淮河入汴河,这时恰好赶上枯水期,水太浅,不便行舟;六七月到黄河时,河水又大涨,得等到八九月份水位稍落之后,才能由黄河入洛水。一路上走走停停,"行日少,阻滞日多"。河工又不可能熟悉所有航段的水情。因此唐代的裴耀卿、刘晏等人都采取了分河段运输的办法,所谓"江船不入汴,汴船不入河,河船不入渭";并在沿河修建了武牢仓、洛口仓、河阳仓、柏崖

---

① 《通鉴》卷一五七"梁大同三年",册 11/页 4881。
② 《通鉴》卷一八五"唐武德元年",册 13/页 5775。
③ 《隋书》卷二四《食货志》,册 3/页 684。

仓、太原仓、永丰仓、渭南仓等用于周转、储备漕粮,"江南之运积扬州,汴河之运积河阴,河船之运积渭口,渭船之运入太仓。"到唐代中期以后,每年通过运河转输的粟米已多达一百一十万石。①

中晚唐时期,由于北方藩镇割据,中央财政越来越仰仗东南的税赋。南方的物资源源不断地通过运河输送到中央,故唐诗有"东南四十三州地,取尽膏脂是此河"的说法②。唐德宗贞元二年(786),关中仓廪空竭。断粮的禁军将士在路边挥舞着帽子喊:"拘吾于军而不给粮,吾罪人也!"意思是说:"让我们当兵却不发粮饷,这是逼我们造反犯罪啊!"皇帝德宗深以为忧,正在这时,有三万斛米运到了陕州,丞相李泌在第一时间将消息奏报皇帝。德宗一下子激动地跑到东宫,和太子抱头痛哭,说:"米已至陕,吾父子得生矣!"③要说运河是唐代人的命脉,那是毫不为过的。

五代的石敬瑭正是充分认识到漕运的重要性,看中汴州是"水陆要冲""四通八达之郊",所以把汴州定为首都,升格为开封府。④以后北宋也沿袭了这一做法。宋代的《清明上河图》所描绘的就是汴河两岸的风土人情。《宋史》上说:"唯汴水横亘中国,首承大河,漕引江、湖,利尽南海,半天下之财赋,并山泽之百货,悉由此路而进。"⑤可见北宋开封的城市生活何等依赖于运河。

元朝建立后,大都的物资供给同样要依仗江南。元代虽有海运的途径,但海上覆舟的风险也很大,并不能完全取代

---

① 《新唐书》卷五三《食货志三》,册5/页1362。
② 李敬方《汴河直进船》,《全唐诗》,下册/页1284。
③ 《通鉴》卷二三二"唐德宗贞元二年",册16/页7469。
④ 《旧五代史·晋书》卷七七《高祖纪》,册4/页1020。
⑤ 《宋史》卷九三《河渠志三》,册7/页2321;按:汴河分自黄河,是利用黄河冲积扇东南侧的天然河道(淮河的北侧支流)整治而成,是联系黄河和长江的主要水路。(陈正祥《中国文化地理》,页180)

漕运。元世祖至元十八年（1281）修浚了连接济水、泗水的济州河。至元二十六年（1289），又在山东临清开凿了会通河，将济州河一直连到了通州。至元二十八年（1291），郭守敬更汇集了白浮、瓮山等水源，疏凿为通惠河，使漕船可以从通州一直驶入大都城下。①

运河之所以成为中国南北经济的动脉，其根本的原因在于，运河是解决中国政治中心与经济中心分离局面的重要途径。隋唐以后，南方经济所占的比重越来越大，但当时国家的统治中心仍在长安与洛阳。首都长安虽然也是天府之国，但其本地产出的物资不足以支撑庞大的国家机构的需求。由于中国的地势西高东低，从国土的东南部向西北部输送物资相对更困难一些，尤其是黄河三门峡的"砥柱之险"，历代船工视为畏途。因此，宋代以后，统治中心的东移就势在必行了。而宋元明清时期民族关系的重心又都在北方，契丹、女真、蒙古、满洲等都是兴起于北方的。因此政治中心东移之后的绝大多数时间里，首都都选在了北京。中国的河流东西走向的多，南北向的少，贯通南北的大运河就负载了从南方富庶地区向政治心脏输送血液的重要任务。

（三）统一与分裂的变奏

长城与运河，最初都是在战国纷争的时代背景下，由割据的地方政权率先修造起来的。隋朝的大运河也是先分段修筑，统一南北之后，才贯通全线的。这样全国性的大工程，竣工之后固然成为统一的帝国的象征，但起初都是先在国土分裂时期开始酝酿的。

在政治统一的情况下，往往会出现地方上的资源过分向中央集中的情况；国土分裂的时候，地方经济有时反而能得

---

① 《元史》卷六四《河渠志》，北京：中华书局，1976，册 6/页 1588。

到较充分的发展。而地方经济的充分发展,实际上又将孕育更高层次的统一。造长城的秦始皇和修大运河的隋炀帝都在历史上留下了骂名,秦朝与隋朝最后都被农民起义推翻,二世而亡。但继秦与隋而起的汉朝与唐朝,其国力都远超前朝,形成了更大规模的帝国,实现了更加稳定且更有实质意义的统一。①

又如宋朝时,为了应对战争环境及调用物资,在江淮流域仍然修浚了一些河道,如北宋天禧四年(1020)时开凿了扬州运河。②元朝统一之后,扬州运河的地位下降,由于不受重视,河道也壅塞了。元朝末年,江淮行省虽一再要求整治,始终未见实效。到元仁宗延祐四年(1317)时,运河已经"浅涩无源,止仰天雨"。天上不下雨,河里就没水。为了运送官盐,两淮运司再度请求疏浚,第二年总算才把河修了。③

清朝为了保证漕运的畅通,禁止沿河百姓取运河之水用于灌溉农田,康熙皇帝专门下旨:

> 山东运河全赖众泉蓄泄微山诸湖,以济漕运。今山东多开稻田,截湖水上流之泉,以资灌溉。上流既截,湖水自然无所蓄潴,安能济运? 水在地中,如人身之有血气;血气有余,方可用渗泄之药。若血气不足,正需滋养,安可再加渗泄乎! 地方官未知水之源流,一任民间放水灌田,以为爱惜百姓,不知漕运实因此而误也。若不许民间偷截泉水,则湖水易足;湖水既足,自能济运矣。④

为了运河的贯通,沿河百姓的农业用水也被侵夺了。地

---

① 说详田余庆《古运河遐想——〈运河访古〉前言》,《秦汉魏晋史探微》,北京:中华书局,1993,页381—388。
② 《宋史》卷八《真宗纪三》,册1/页167—168。
③ 《元史》卷六四《河渠志二》,册6/页1632。
④ 《(乾隆)山东通志》卷一九《漕运》,文渊阁本《四库全书》。

方官员为了当地百姓的利益,允许放水灌田;但放了水,可能就影响了进京漕船的通航。地方官"爱惜百姓",皇帝为什么不爱惜百姓呢?运河与农业争水的背后,实际也存在发展地方经济与保障供应中央这二者之间的矛盾。

二、丝绸之路

(一) 丝绸之路的开辟

"丝绸之路"最初是由德国地理学家李希霍芬(F. von Richthofen,1833—1905)命名的,指的是从中国到中亚、南亚的以丝绸贸易为主的交通路线。随着研究的深入,丝绸之路的概念逐渐延伸、扩大。目前丝绸之路不仅泛指从中国境内出发,经中亚通往南亚、西亚、欧洲、北非的陆上商贸路线,还包括从海上连接朝鲜半岛、日本、东南亚乃至地中海等地的路线(即"海上丝绸之路");贸易的商品也不限于丝绸,还包括茶叶、瓷器及各种手工制品、动植物等等。[1]

这一商路得以开辟的契机,起初是因为战争而非贸易。西汉初年,匈奴在冒顿单于统治时期,实力空前强大,控弦三十万众,时常侵扰北方。[2]当时在祁连山一带游牧的月氏(又称"月支","氏"音"支")被匈奴打败,西迁至今新疆伊犁河上游。西汉从匈奴俘虏的口中得知:匈奴在消灭了月氏国之后,将月氏国王的头颅做成了饮酒之器。汉朝于是想与大月氏合兵夹击匈奴。张骞就是在此背景之下应募出使大月氏的,但在途经匈奴领地的时候,张骞被扣留了,而且一扣就是十来年。这期间张骞虽在匈奴娶妻生子,但他始终保留着汉朝皇帝所赐的符节,并想方设法逃出了匈奴。

---

[1] 荣新江《丝绸之路与东西文化交流》,北京:北京大学出版社,2015,页1。
[2] 《史记》卷九九《刘敬叔孙通列传》,册8/页2719。

逃离匈奴后，张骞首先到达大宛（在今费尔干纳盆地，Ferghana）。大宛国王早就听说汉朝是富饶之地，希望与汉朝通好，见到张骞之后十分高兴，派人护送张骞到康居（在今巴尔喀什湖与咸海之间），又从康居到了大月氏。这时的大月氏迫于匈奴的压力，已经越过葱岭（旧时对帕米尔高原与喀喇昆仑山脉的统称），进一步西迁至今阿姆河流域的土库曼斯坦一带，并臣服于大夏（在今阿富汗北，Bactria，音译巴克特里亚），没有了向匈奴报仇的意愿。张骞在大夏停留了一年多，始终没有说服月氏人，只好启程回国，结果在回国的途中又被匈奴人抓住，关押了一年。元朔三年（前126），匈奴发生内乱，张骞趁乱带着他的胡人妻子和仆人堂邑父逃回了汉朝。张骞一行最初从汉朝出发的时候有一百多人，离国十三年之后，最后只剩主仆二人回到中土。

张骞首次出使的目的虽然没有达到，但他先后到了大宛、康居、大月氏、大夏等国家，同时又熟悉了附近五六个国家的情况，带回了西域诸国的地形、物产等一系列重要的信息。元朔六年（前123），张骞随军攻打匈奴，封为博望侯。两年后，因军事失利，废为庶人。再两年之后，西汉对匈奴的战争取得了重大胜利。这一年（前119），汉朝派出了300人的队伍，每人两匹马，带着数万牛羊与价值千万的金币、财帛，由张骞率领，出使乌孙（原在祁连山与敦煌之间，后西迁至今新疆伊犁河与伊塞克湖一带）。张骞还派出多名副使，分头前往大宛、康居、月氏、大夏等国。张骞在回国一年多之后去世。他的几位副使随后陆续带着外国的使臣回到汉朝，史称张骞"凿空"西域。[①]丝绸之路得以正式开辟。

由于自然环境与政治形势的变化，在不同时期，丝绸之

[①] 《汉书》卷六一《张骞李广利传》，册9/页2687—2793。

路有不同的路线。①汉武帝在击退匈奴之后,在匈奴浑邪王、休屠王的故地,先后设置了酒泉、武威、张掖、敦煌四郡,并移民充实边疆。过了河西四郡,出玉门、阳关,就进入了西域地区。西汉时的西域地区,从玉门关西到葱岭,"南北有大山,中央有河,东西六千余里,南北千余里",其间分布着三十六个国家(以后又分裂为五十多国)。②根据《汉书·西域传》的记载,当时的丝绸之路分为南北两道:

> 自玉门、阳关出西域有两道。从鄯善傍南山北,波河西行至莎车,为南道;南道西逾葱岭则出大月氏、安息。自车师前王廷随北山,波河西行至疏勒,为北道;北道西逾葱岭则出大宛、康居、奄蔡焉。③

西出阳关一千六百里,是丝绸之路上的一个重要古国鄯善。鄯善本名楼兰,西距且末(今新疆且末)七百二十里,西南与婼羌(今新疆若羌)相连。张骞对楼兰的描述是:"邑有城郭,临盐泽。盐泽去长安可五千里。"④盐泽,又称蒲昌海,距离玉门、阳关三百余里,即今人所说的罗布泊。楼兰古国的位置就靠近罗布泊的西北岸。由于夹在西汉与匈奴之间,鄯善最初的做法是向匈奴与西汉各派遣一个王子做人质,力图在两个大国之间周旋。以后由于匈奴的败退,鄯善与汉朝的来往更为密切。

---

① 荣新江:"丝绸之路正如丝绸一样,有时是一股一股的丝线,延伸开来,有的线路清晰,有的断断续续;有时又像一张大网,涵盖广阔,时时出现绚烂的织锦。"(《丝绸之路与东西文化交流》,页1)芮乐伟·韩森(Valerie Hansen)也说:"丝绸之路这个词甫一出现就被看做是一条商旅往来不断的笔直大道,但实际上从来就不是这样。一百多年来的考古发掘从来没有发现过一条有明确标识的、横跨欧亚的铺就好的路。"(芮乐伟·韩森著,张湛译《丝绸之路新史》,北京:北京联合出版公司,2015,页9)

② 《汉书》卷九六上《西域传上》,册12/页3871。按:"南北有大山"指喀喇昆仑山与天山,"中央有河"指葱岭河,即今叶尔羌河与塔里木河。

③ 《汉书》卷九六上《西域传上》,册12/页3872。

④ 《史记》卷一二三《大宛列传》,册10/页3160。按:史书中提供的里程数是根据经验估算的,并不精确,只能反映相对位置。

从鄯善往西，丝绸之路分为南北两道，南道一直通到莎车（今新疆莎车），越过葱岭可达大月氏、安息（即帕提亚王朝，Parthia，领有今伊朗高原与两河流域）等国；北道通疏勒（今新疆喀什），而后逾葱岭抵大宛、康居、奄蔡（在今咸海至里海一带）。由于北道地近匈奴，西汉起先更倚重的是南道。直到神爵二年（前60），匈奴日逐王向汉朝投降。汉朝派郑吉前往受降，并设置西域都护，兼护南北两道，从此"汉之号令班西域矣"①，西汉实现了对西域的有效控制。

新莽及东汉建立初期，由于中土内乱，无暇西顾，匈奴重新控制了西域。汉明帝时，攻取了伊吾庐地（今新疆哈密），设置了西域都护、戊己校尉，再次打通了丝绸之路。但由于东汉与西域诸国实力的消长，从光武（25—57）到延光年间（122—125）这一百年中，丝绸之路"三绝三通"。顺帝阳嘉（132—135）之后，东汉国力衰退，对西域的控制能力又逐渐减弱了。

总起来看，东汉时期的中西商路不太稳定。东汉经营西域的主要贡献是从匈奴手中攻取了伊吾。伊吾在鄯善以北，"宜五谷、桑麻、蒲萄"，伊吾及其北边的柳中（故址在今新疆鄯善西南鲁克沁），都是富饶的"膏腴之地"，是东汉与匈奴争夺的重点地带。《后汉书·西域传》载：

> 自伊吾北通车师前部高昌壁千二百里，自高昌壁北通后部金满城五百里，此其西域之门户也，故戊己校尉更互屯焉。②

从伊吾到高昌壁（今新疆吐鲁番东）的商路就是这个时期新开辟的，比原来的北道更往北一些，称新北道。高昌也成为汉唐丝绸之路上的又一个重镇。

---

① 《汉书》卷七〇《郑吉传》，册9/页3006。
② 《后汉书》卷八八《西域传》，册10/页2914。

在永平十六年(73)攻取伊吾的战争中,出身史学世家的班超战功卓著,脱颖而出。班超是太史令班彪的少子,曾因家贫在洛阳为官佣书,后因仰慕张骞,不甘心久事笔砚,毅然投笔从戎。班超最初只带三十六将出使鄯善,用了五年左右的时间,陆续平定了鄯善、于阗(今新疆和田)、龟兹(今新疆库车)、疏勒等国,实现了"断匈奴右臂"的目标。永元六年(94),击破焉耆(今新疆焉耆西南)。九年(97),班超派甘英"穷临西海而还"。甘英虽然没有完成出使大秦(罗马帝国)的任务,但所到之处"皆前世所不至,《山经》所未详"①,把丝绸之路一直延伸到了安息西境的海滨。班超晚年思乡心切,于永元十二年(100)上书求归,表示:"不敢望到酒泉郡,但愿生入玉门关。"并举荐儿子班勇接替自己留守西域。和帝感其言,召回了班超。班超在西域共计三十一年,②为开发西域、促进中西交通做出了卓越的贡献。

(二) 商胡与文化交流

生活在草原沙漠地带的游牧民族,曾是文化交流的先驱者。但比起定居的农耕民族,草原民族流动性的生活,较不利于文化的积累。此外,文化的积累,还需以物质财富的蓄积为前提。③因此,继游牧民族之后,商人成为更称职的文化传播者。

在入华的众多胡商中,波斯人与粟特人最为知名。早在北魏时期,波斯与粟特即多次来华。《魏书·西域传》对粟特国的记载相对简略,而对波斯的记载则较详尽。④这可能是因

---

① 《后汉书》卷八八《西域传》,册 10/页 2910。
② 《后汉书》卷四七《班梁列传》,册 6/页 1571—1585。
③ 说详宫崎市定《东洋的近世》,《日本学者研究中国史论著选译》,册 1/页 163—164。
④ 《魏书》卷一〇二《西域传》,册 6/页 2270—2272。

为当时中土对波斯的了解更多,联系也更密切。另外,波斯地处中土与西突厥之间的缓冲地带,有地缘政治上的意义,因此中原王朝更重视与波斯的关系。

隋朝大业末年,波斯被西突厥击破,国王被杀。西突厥可汗死后,波斯短暂复国。但很快阿拉伯帝国(中国古称"大食")兴起了,波斯国王伊嗣候避兵逃奔吐火罗(Tukhara,即大夏,曾为波斯帝国一行省),在途中为大食兵所杀。伊嗣候之子卑路斯逃到吐火罗后,于龙朔元年(661),向唐朝请兵求援。这时候唐朝已经打败了西突厥,于是派遣陇州南由县令王名远,赴西域设置州县,并在卑路斯所在的疾陵城设置了波斯都督府,授卑路斯为都督。此后,卑路斯多次遣使入朝,深得唐高宗的喜爱。仪凤三年(678),唐朝派吏部侍郎裴行俭带兵,册封卑路斯为波斯王。裴行俭将其护送至安西碎叶而还①,但卑路斯最后还是没有能够回到故土,客居吐火罗二十余年而终。

当唐朝国势兴盛的时候,萨珊波斯(224—651)已走向衰亡。卑路斯的波斯都督府,充其量只能算唐朝的羁縻州②;所谓的"波斯王",也只是一个流亡政府。不过卑路斯毕竟曾是大国的王子,仍率领数千人的部落。卑路斯死后,"其国遂灭,而部众犹存,自开元十年(722)至天宝六载(747),凡十遣使来朝,并献方物。"③早先的波斯人主要是以外交使节的身份来华的,其与唐朝的交往也有政治上的考虑,并不是纯粹

---

① 约自贞观二年(628)至开元七年(719)间,以碎叶、龟兹、于阗、疏勒为安西四镇,碎叶城故址在今吉尔吉斯斯坦北部托克马克(Tokmak)附近。

② 羁縻州是唐代在边疆与少数民族地区设置的一种特殊的行政区划,即在效忠、纳贡的前提下,册封当地部族头领,允许其世袭,让其自治。羁縻,意为"制四夷如牛马之受羁縻"(《史记》卷一一七《司马相如列传》之《索隐》,册9/页3049),就像用缰绳制约牛马一样,让其受到一定的限制与羁绊。《新唐书》卷四三《地理志七下》:"唐兴,初未暇于四夷。自太宗平突厥,西北诸蕃及蛮夷稍稍内属,即其部落,列置州县,其大者为都督府,以其首领为都督、刺史,皆得世袭。虽贡赋版籍,多不上户部。"(册4/页1113)

③ 《旧唐书》卷一九八《西戎传》,册16/页5312—5313。

的商人,这一点与粟特人有所区别。

随着波斯王族的内附,大批波斯人接踵来华。唐朝时广州、扬州等地都有大量的波斯人,后来这些泛海而来的波斯人,则以商人居多了。史载乾元元年(758),"波斯与大食同寇广州,劫仓库,焚庐舍,浮海而去。"① 可以推知,取道广州,自海路而来,已是当时商胡来华的重要途径之一。

扬州的波斯人则既有从海上来的,也有先到四川,再沿长江而下江南的。杜甫寓居四川期间,就曾在酒楼上偶遇准备下扬州的商胡,杜甫还向他们问起淮南的物价情况,其《解闷》诗有云:"商胡离别下扬州,忆上西陵故驿楼。为问淮南米贵贱,老夫乘兴欲东流。"② 唐朝后期,扬州长史邓景山率领田神功到扬州平叛,趁机大肆掠夺百姓与商人的资产,"商胡波斯被杀者数千人"③,说明当时扬州的波斯商人之多且富。

波斯商人在唐五代小说中的总体形象是富有而长于经商的,且尤精于鉴宝④。《乐府杂录》里记载了一个故事,长安有个富家子叫康老子,因为游手好闲,家产荡尽。偶遇一老妇货卖旧锦褥,乃以五百文买下。随后有波斯人见而大惊,对康老子说:"何处得此至宝? 此是冰蚕所织,若暑月陈于榻上,可致一室清凉。"波斯人最后以千万钱将锦褥买下。⑤

萨珊波斯曾是西亚的大帝国,萨珊王朝打造的银币,因纯度高,成为丝绸之路上的通用货币。波斯国灭之后,流寓唐朝的波斯人中,不乏上流社会的王公贵族,这些人有雄厚

---

① 《旧唐书》卷一九八《西戎传》,册16/页5313。
② 《杜工部诗集》卷十五《解闷十二首》之二,北京:中华书局,1957,下册/页621。
③ 《旧唐书》卷一一〇《邓景山传》、卷一二四《田神功传》,册10/页3313、册11/3533。
④ 波斯人给人留下长于经商、鉴宝的印象,一直影响到明代。谢肇淛《五杂俎》卷十二《物部四》:"唐时扬州常有波斯胡店,《太平广记》往往称之,想不妄也。今时俗相传回回人善别宝,时游闽、广、金陵间。"(页248)
⑤ 《太平御览》卷五六八《乐部六》引。

的财力和较高的文化素养。可能因为这些原因，波斯人给人留下了富有而神秘的印象。从康老子的故事可以看出，在唐代人的心目中，波斯人的鉴宝能力甚至比粟特人更胜一筹。①因为康姓正是粟特人的代表姓氏。

唐代人戏言："千年之狐，姓赵姓张；五百年狐，姓白姓康。"②此处狐狸的"狐"与胡人的"胡"谐音。一千年以前进入中土的胡人，已经完全汉化了，所取的赵姓和张姓都是最常见的汉姓；而近五百年来入华的胡人，仍可以从姓氏上区分，白姓是龟兹的代表姓，康姓则是粟特的常见姓。③

粟特是分布在大小绿洲上的城邦国家，其主要范围在今乌兹别克斯坦，及塔吉克斯坦与吉尔吉斯斯坦的部分，其中以撒马尔罕（Samarkand）为中心的康国最大。《魏书》记载：

> 康国者，康居之后也，迁徙无常，不恒故地，自汉以来，相承不绝。其王本姓温，月氏人也，旧居祁连山北昭武城，因被匈奴所破，西逾葱岭，遂有其国。枝庶各分王，故康国左右诸国，并以昭武为姓，示不忘本也。王字世夫毕，为人宽厚，甚得众心。其妻突厥达度可汗女也。都于萨宝水上阿禄迪城，多人居。大臣三人共掌国事。其王索发，冠七宝金花，衣绫、罗、锦、绣、白叠。其妻有髻，蒙以皂巾。丈夫翦发，锦袍。名为强国，西域诸国多归之。米国、史国、曹国、何国、安国、小安国、那色波国、乌那曷国、穆国皆归附之。有胡律，置于祆祠，将决罚，则取而断之。重者族，次罪者死，贼盗截其足。人皆深目、高鼻、多髯。善商贾，诸夷交易多凑其国。……太延

---

① 以上关于波斯与唐朝交往的情况，主要参考《丝绸之路与东西文化交流》，页61—80。
② 《太平广记钞》卷六六《兽》，册2/页3054。
③ 参黄永年《黄永年文史五讲》，北京：中华书局，2011，页131—132。

中,始遣使贡方物,后遂绝焉。①

粟特人的旧居在祁连山北昭武城(今甘肃高台县),绝大多数粟特人采用康、米、史、曹、何、安等姓,后世称为"昭武九姓"(所谓"九姓"当为虚数)。《魏书》不仅注意到粟特人高鼻梁、深眼窝、多胡须的外貌特征,以及男子薙发、妇女以黑巾蒙面的装束,还特别指出粟特人"善商贾"的特点。正史中关于粟特人来华的较早记录是在北魏太武帝太延年间(435—440)。但据斯坦因(A. Stein)在敦煌所发现的粟特文古信札表明,公元四世纪初叶,粟特商人即已进入河西走廊,并以凉州武威为大本营,前往洛阳、邺城、金城(兰州)、敦煌等地贩卖香料、布匹等货物。这批信札本来是要寄往粟特人的家乡撒马尔罕,但不知何故遗落在了敦煌。②

粟特人的商队有比较严密的组织,其商队及聚落的首领称"萨保"。中原王朝为了加强对胡人聚落的管理,也在一些地方设置萨保府,任用胡人为首领,既保持了胡人自治,又将其纳入中国的官僚体系。③

近年来在山西太原发现的虞弘墓、在西安发现的安伽墓与史君墓,其墓主都是粟特的萨保。④粟特及波斯的葬俗,本来都是不用棺椁而实行天葬的⑤,但这些萨保级的粟特商人墓却采取了中式的土洞墓与石棺椁的葬制。墓内及石棺椁的四壁还并仿照中国传统习惯,描绘墓主饮宴、出行等图像。如史君墓的石椁壁画展示的是史君出生、成长、结婚并出任萨保及去世后其灵魂行过钦瓦特桥而走入天堂的图景,形象

---

① 《魏书》卷一〇二《西域传》,册6/页2281。
② 《丝绸之路与东西文化交流》,页232。
③ 《丝绸之路与东西文化交流》,页230—232。
④ 《太原隋代虞弘墓清理简报》,《文物》2011年第1期,页27—52;《西安发现的北周安伽墓》,《文物》2011年第1期,页4—26;《西安北周凉州萨保史君墓发掘简报》,《文物》2005年第3期,页4—33。
⑤ 《魏书》卷一〇二《西域传》:"(波斯)死者多弃尸于山。"(册6/页2272)

地再现了一位粟特商队首领的丝路生涯。①

《通典》记载,唐代萨保"视从七品",意即视同从七品,与当时州县行政官员的品级相当。萨保府的最高长官称"祆正"。粟特人与波斯人一样,信奉祆教(即琐罗亚斯德教,俗称"拜火教"),习惯聚寺而居,故聚落中皆建祆祠。唐代从武德四年(621)开始,"置祆祠及官,常有群胡奉事,取火咒诅"②,当时许多城市都建立了祆祠或"波斯寺"。按《魏书》中"有胡律,置于祆祠,将决罚,则取而断之"的说法,对粟特或波斯人而言,祆教既是信仰又是法律,带有明显的政教合一的色彩。

需要说明的是,祆教、景教、摩尼教等外来宗教,在唐朝是受到一定控制的,仅限在胡人聚落内部流传。开元二十年(732)敕令:

> 末摩尼法,本是邪见,妄称佛教,诳惑黎元,宜严加禁断。以其西胡等既是乡法,当身自行,不须科罪者。③

这是说摩尼教是"邪法",它假称佛教,欺骗黎民,应该严禁;但考虑到是西域胡人的固有信仰,如果只是胡人自身信奉的话,是不以犯罪论处的。从这道敕令和其他史书的记载看,当时中土人士对于这些外来宗教的了解相对有限,有些人可能弄不清他们和佛教之间的区别。而为了传播的需要,摩尼教也有意无意地模糊这一点,对佛教或道教有所依附。④到了会昌五年(845),在道士赵归真的建议下,唐武宗大肆灭佛,拆毁天下佛寺四千六百余处、山野庙堂四万余所,勒令僧

---

① 关于史君墓更为详尽的介绍与研究,可看《丝绸之路与东西文化交流》(页249—262)与《丝绸之路新史》(页186—187)。
② 杜佑《通典》卷四〇《职官二十二》,北京:中华书局,1988,册1/页1103。
③ 《通典》卷四〇《职官二十二》,册1/页1103。
④ 关于丝绸之路上宗教混同的现象,可看荣新江《佛像还是祆神》《唐代佛道二教眼中的外道——景教徒》等文。(《丝绸之路与东西文化交流》,页313—329、334—348)

尼共计二十六万五千人还俗,同时被劝还俗的还有"大秦穆护、祆僧二千余人"。①包括佛教在内的外来宗教,一时都遭到了严厉的禁绝。

"天宝欲末胡欲乱,胡人献女能胡旋。旋得明王不觉迷,妖胡奄到长生殿。"②天宝十四年(755)发生的"安史之乱"是唐朝由盛转衰的标志,由于为首叛乱的安禄山与史思明都有粟特血统,唐朝后期,社会对"胡人"越来越反感,先前比较开放、包容的心态也逐渐改变了。

(三) 佛教传播之路

丝绸之路上有不同商品与物种的交换,中国的丝绸、茶叶、瓷器等远销到海外,西域的胡桃、胡瓜、胡萝卜、苜蓿、葡萄等作物,罗马的玻璃器,波斯的金银器等传入中国;有知识与技术的传播,造纸术、印刷术等传到西方,中国人也从印度学到熬糖法等工艺;伴随着商贸与技术交换的,还有思想观念的交流,佛教、祆教、景教、摩尼教、伊斯兰教等都是通过丝绸之路传入中国的;这都极大改变了人们的日常生活与精神面貌。

在这些外来宗教中,对中国文化影响最大的当属佛教。通常认为佛教是在东汉明帝永平年间(58—75)传入中国的。据记载,汉明帝曾梦见头顶有白光的金人绕殿廷而飞,解梦的傅毅告诉明帝这就是佛。明帝于是派蔡愔、秦景等人出使天竺(古印度)。蔡愔后来带着摄摩腾与竺法兰回到洛阳,请回了佛经四十二章和释迦牟尼的立像,并在洛阳建立了白塔寺。这就是所谓的"永平求法",史称"中国有沙门及跪拜之法,自此始也"③,以此作为佛教传入中国的标志性事件。

---

① 《通鉴》卷二四八"唐会昌五年",册 17/8017。
② 元稹《胡旋女》,《元白诗选》,上海:古典文学出版社,1957,页 79。
③ 《魏书》卷一一四《释老志》,册 8/页 3025-3026。

傅毅给明帝解梦时,既然能明确地说出"佛",而且还知道是起源于天竺国的,这说明尽管当时中土还没有佛寺与僧团组织,但至少傅毅对佛教并不陌生。可以推知,中国人最初接触佛教的历史,应该早于永平求法。《魏书·释老志》记载:

> 案汉武元狩中,遣霍去病讨匈奴,至皋兰,过居延,斩首大获。昆邪王杀休屠王,将其众五万来降,获其金人,帝以为大神,列于甘泉宫。金人率长丈余,不祭祀,但烧香礼拜而已,此则佛道流通之渐也。及开西域,遣张骞使大夏,还,传其旁有身毒国,一名天竺,始闻有浮屠之教。哀帝元寿元年,博士弟子秦景宪受大月氏王使伊存口授浮屠经。中土闻之,未之信了也。①

汉武帝元狩年间(前122—前115),匈奴昆邪王杀了休屠王之后,带着部众投降汉朝,同时带来了佛教信仰和金人佛像。②战争是不同文化形态之间冲突、碰撞的一种极端形式,不同的文化群体有时就是通过冲突、碰撞才互相了解的。在与匈奴频繁交战的过程中,西汉中晚期开始,中土开始了解佛教,只是当时佛教还没有被广泛接受。

据记载,释迦牟尼成佛之前,在菩提树下玄思冥想,终于获得解脱。当时有两个商人从树林外路过,林神对这两个商人说:"释种太子今在此中初证佛果,心凝寂定,四十九日未有所食。随有奉上,获大善利。"于是两个商人献上了麨蜜。③可见佛教在其创立之初,就很注意争取商人的支持。在外贸易行商的人,生活中有很多的不确定性,佛教也恰好可以为商人们提供精神上的慰藉。释迦牟尼本人出身于王族,因此

---

① 《魏书》卷一一四《释老志》,册8/页3025。
② 《史记》卷一一〇《匈奴列传》,册9/页2908—2909。
③ 玄奘、辩机原著,季羡林等校注《大唐西域记校注》卷八,北京:中华书局,1985,页687。

在王者与商人的鼎力相助下，佛教发扬光大了，沿着丝绸之路，先传到西域，以后又从西域诸国传到中原内地。

魏晋以后，西域各政权的统治者及过往的商旅，为了祈求佛祖的保佑，在丝绸之路上修建了许多石窟寺。这种石窟寺最初起源于古印度。僧侣们为了禅修或礼佛，在崖壁上开凿或大或小的洞窟，窟中或有佛像雕塑与壁画以供礼拜。现存比较著名的佛教洞窟有新疆的克孜尔、敦煌的莫高窟、安西的榆林窟、武威的天梯山石窟、永靖的炳灵寺、天水的麦积山石窟等等。凡修建有石窟寺的地方，当年必是商路所过之处，而且往往是比较重要的城镇。这些石窟寺在建筑方面，多已吸收了一些中国传统的样式，其中的壁画与雕塑，更兼容中西艺术风格，形象地展现了佛教传入中国之后，逐渐本土化、世俗化的过程与特点。穿越流沙的丝绸之路是无形而变动的，但通过这一系列的石窟寺，又可以清晰地勾勒出佛教传入中国的具体线路。

南北朝时期，尽管北方及西域地区政权更迭频仍，但是中西交通并未中断，法显西行求经便是明证。后秦弘始元年（399），僧人法显因慨叹中土佛教的律藏残缺，决意西行求法。法显与同伴慧景、道整、慧应、慧嵬等从长安出发，取道敦煌、鄯善、于阗、安居，逾葱岭，进入北天竺地区，向佛教的发祥地进发。经过六年跋涉之后，一行五人中真正到达中天竺的只有法显与道整两人。道整见天竺国佛教兴盛，无心东归，而法显西行的本意是"欲令戒律流通汉地"，因此在中天竺停留六年之后，法显开始做回国的打算。

法显归国走的是海路，他先沿恒河东下，在恒河入海口的多摩梨帝国居住了近两年时间，而后泛海抵达师子国（今斯里兰卡）。在师子国无畏山的佛殿中，有一尊高达两丈多的青玉佛像，就在这佛像的旁边，法显看到有商人用一柄来自晋朝的白绢扇供养佛像。故国的绢扇引发了法显的思乡

之情,法显后来自述:

> 法显去汉地积年,所与交接,悉异域人,山川草木,举目无旧。又同行分披,或留或亡,顾影唯己,心常怀悲。忽于此玉像边见商人以晋地一白绢扇供养,不觉凄然,泪下满目。①

法显在师子国近两年,求得《弥沙塞律》《长阿含》《杂阿含》及《杂藏》等中土所没有的佛经,随后搭载商船飘海回国。商船原计划是要在广州登岸,不想中途两次遇到暴风雨,一度失去航向,最后在青州登岸。这一年是东晋义熙九年(413),距离法显离开长安已有14年。

义熙十二年(416),法显撰成《佛国记》一书,详细记载了西行求法及浮海归国的路线。法显所到之处,"汉之张骞、甘英皆不至"②,有很多地方是中国人以往足迹未到的。《佛国记》给人留下深刻印象的有两点:一是丝绸之路沿途自然环境的险恶。在离开敦煌、渡越沙河(即沙漠)的时候,"上无飞鸟,下无走兽。遍望极目,欲求度处,则莫知所拟,唯以死人枯骨为标识耳",看不见路,只能以前人的尸骨作为行进的向导。在翻越雪山的时候,同行的慧景口出白沫,对法显说:"我亦不复活,便可时去,勿得俱死。"慧景冻死在雪山,法显"抚之悲号",而后强忍悲痛,勉力前行。③

与恶劣环境形成鲜明对比的则是当时西域众佛国繁荣昌盛、佛教信徒众多的景象。像比较大的于阗国,"其国丰乐,人民殷盛,尽皆奉法,以法乐相娱,众僧乃数万人";小的子合国,"国王精进,有千余僧"。按照法显的说法,西域各国

---

① 法显撰,章巽校注《法显传校注》(原名《历游天竺记传》,又名《佛国记》),北京:中华书局,2008,页128。
② 《法显传校注》,页22。
③ 《法显传校注》,页6、43。

"国国言语不同,然出家人皆习天竺书、天竺语。"①在各国语言隔阂的情况下,梵语、梵文实际上成为某种意义上的通语。这说明当时佛教在贯通丝绸之路、联络不同国家的感情方面,也起到了积极的作用。

法显西行,去程走的是丝绸之路,回程走的是海路。唐代玄奘西行,来回走的都是丝绸之路。但七世纪之后,信奉伊斯兰教的阿拉伯帝国兴起了,丝绸之路上的佛教传播开始受阻。在这种情况下,一些高僧只好取海路到印度,而佛教的陆上传播路线则开始向西南转向。

三、茶马古道与西南交通

(一) 茶马古道兴起的原因

"茶马古道"的概念最初由陈保亚等人在1992年提出,②指的是"以滇藏川三角地带为中心,跨越喜马拉雅山和横断山,以人赶马(少数为牛、骡)运茶为主要特征,并伴随马、骡、盐、酒、糖、皮毛、药材等商品交换和佛教、伊斯兰教、基督教科学观念等精神交换的文化传播纽带"。它向北可以越过昆仑山与丝绸之路汇合,向东可以延伸到贵州、湖南、广西等省份,向西可以抵达印度、巴基斯坦、尼泊尔,向南可以延伸至缅甸、泰国、老挝、越南,南至东南亚、南亚的另外一些国家与

---

① 《法显传校注》,页11、16、7。按:《四库全书总目》卷七一云:"于阗即今和阗,自古以来,崇回教法,《钦定西域图志》考证甚明,而此书载其有十四僧伽蓝,众僧数万人,则所记亦不必尽实。"(上册/页630)认为于阗自古信奉伊斯兰教,由此怀疑法显记载的真实性。实际上伊斯兰教进入西域的历史要晚于佛教,《佛国记》恰恰提供了西域地区伊斯兰化之前的情况。

② 在此之前,1988—1991年间,由木霁弘、陈保亚、秦臻、李旭、徐涌涛、李林等人组成的课题组对滇、川、藏三角地带的茶马古道进行了多次实地考察。详陈保亚《茶马古道的历史地位》,《思想战线》1992年第1期,页70—73、78。

地区,也是一条国际性的商贸路线。①

茶马古道在唐宋时期兴起的首要原因是中原的饮茶之风传入吐蕃、回鹘等游牧民族。唐代封演的《封氏闻见记》载：

> 古人亦饮茶耳,但不如今人溺之甚。穷日尽夜,殆成风俗。始自中地,流于塞外。往年回鹘入朝,大驱名马市茶而归,亦足怪焉。②

唐代人看见回鹘人用名马换回茶叶,一开始还觉得有些奇怪。到宋朝时,人们对于游牧民族的嗜茶习俗已有了更深入的了解。《宋史》记载:吐蕃支系董毡部,"人喜啖生物,无蔬茹醯酱,独知用盐为滋味,而嗜酒及茶"③。游牧民族的饮食结构比较单一,以肉食为主而少蔬菜,而茶叶有去腻的功效,几乎成为游牧民族生活的必需品。但是游牧民族生活的地区又不产茶,因此只能通过远距离交换获得。

茶马古道在唐宋时期兴起的另一个重要原因则是佛教的陆上传播路线开始向西南转向。在茶马古道兴起之前,滇藏川地区也存在一些局部性的古道。在阿拉伯帝国兴起之后,这些古道上开始有了佛教传播的迹象。唐贞观十五年(641),松赞干布迎娶文成公主进藏。④连接唐与吐蕃之间的官道,向西一直可以通到尼泊尔、印度,称为"唐蕃尼道"。当时的玄照法师就是取道吐蕃前往印度的。根据《大唐西域求法高僧传》的记载,玄照法师先走丝绸之路到中亚,而后"远跨胡疆,到吐蕃国,蒙文成公主送往北天,渐向阇阑陀国。"⑤玄照从丝绸之路上折回吐蕃,最后由文成公主护送前往阇阑

---

① 陈保亚《陆路佛教传播路线西南转向与茶马古道的兴起》,《云南民族大学学报(哲学社会科学版)》2007年第1期,页66。
② 封演《封氏闻见记》卷六《饮茶》,沈阳:辽宁教育出版社,1998,页30。
③ 《宋史》卷四九二《吐蕃传附董毡传》,册40/页14163。
④ 《旧唐书》卷一九六《吐蕃传上》,册16/页5221。
⑤ 义净著,王邦维校注《大唐西域求法高僧传校注》,北京:中华书局,1988,页10。

陀国，很可能就是因为阿拉伯帝国兴起之后，北方丝绸之路上的佛教传播受阻了。

除唐蕃古道之外，另一条通往印度的古道，在唐代也开始重新活跃起来，这就是"蜀身毒道"。根据玄奘说法：

> （迦摩缕波国东）山阜连接，无大国都，境接西南夷，故其人类蛮獠矣。详问土俗，可两月行，入蜀西南之境。然山川险阻，嶂气氛沴，毒蛇毒草，为害滋甚。①

慧琳的《一切经音义》也记载：

> 牂柯……在益蜀之南，今因传中说往昔有二十余人从蜀川出牂柯往天竺得达，因有此说，遂检寻《括地志》及诸地理书、《南方记》等，说此往五天路径，若从蜀川南出，经余姚、越巂、不喜、永昌等邑，古号"哀牢国"，汉朝始慕化，后改为身毒国……今并属南蛮，北接氐羌杂居之西。过此蛮界，即入土蕃国之南界。西越数重高山峻岭，涉历川谷，凡经三数千里，过土蕃界，更度雪山南脚，即入东天竺东南界迦摩缕波国。……此山路与天竺至近，险阻难行，是大唐与五天陆路之捷径也。仍须及时，盛夏热瘴毒虫，不可行履，遇者难以全生；秋多风雨，水泛又不可行；冬虽无毒，积雪冱寒，又难登陟；唯有正二三月，乃是过时。仍须译解数种蛮夷语言，兼赍买道之货，仗土人引道，展转问津，即必得达也。山险无路，难知通塞，乃为当来乐求法巡礼者故作此说，以晓未闻也。②

可见，不仅印度人认为从迦摩缕波国行走两月路程，可以进入中国西南；当时中国人也认为从四川南下云南，从吐

---

① 《大唐西域记校注》卷一〇，页800。
② 《一切经音义》卷八一，《佛藏要籍选刊》，上海：上海古籍出版社，1994，册3/页525。

蕃南界向西翻越高山峻岭,行经雪山南脚,可以进入东天竺的迦摩缕波国,并认为这是一条大唐与五天(即东、南、西、北、中"五天竺")之间的陆路捷径,只是沿途的自然条件较为险恶。其实早在西汉时,张骞就曾在大夏见到蜀布和邛竹杖,当地人告诉他:"从东南身毒国,可数千里,得蜀贾人市。"①说明当时即已有商路通往印度。

除唐蕃古道、蜀身毒道之外,滇藏线与川藏线上也都发现了早期佛教传播的一些遗迹。茶马古道的这几条路线与佛教传播路线的重合,并不是偶然的现象。正是因为阿拉伯帝国兴起之后,佛教的陆上传播路线被迫南移,从而把原先相对孤立的、局部性的商路贯通起来,成为国际性的交通路线。②

(二) 西南交通的战略意义

西汉建元六年(前135),番阳令唐蒙出使南越,南越人用枸酱招待唐蒙。唐蒙回到长安后,问起四川商人,商人说:"枸酱惟独出在蜀地,蜀人多将其偷运往夜郎国(在今贵州西部及北部,并包括云南东北及四川南部部分地区)。夜郎靠近牂柯江(即今珠江,其上游北盘江西汉时称牂柯江),江广数百步,能够通商行船。南越主要是依靠财物来收买夜郎国,但夜郎国并不愿臣服于南越。"了解到这一情况后,唐蒙向汉武帝建议:"如果能从夜郎出发,浮船牂柯江,便可出奇兵制服南越。"武帝于是命唐蒙修建从僰到牂柯江之间的道路。

但花了几年时间,道路仍没有修通,而筑路的士卒疲劳、饥饿而死的很多。西南夷多次造反,派军队攻打,又徒劳无

---

① 《汉书》卷九五《西南夷两粤朝鲜传》,册11/页3841。
② 这一小节内容主要参考陈保亚《陆路佛教传播路线西南转向与茶马古道的兴起》,《云南民族大学学报(哲学社会科学版)》2007年第1期,页66—70。

功。汉武帝派公孙弘前往调查,调查的结果是筑路多有不便。恰好这时北方匈奴为患,公孙弘认为应先搁置西南夷,专力对付匈奴。汉武帝听从了公孙弘的建议,这一次修路虽然没有彻底打通夜郎道,但是西汉在西南地区设置了汉中、巴郡、广汉、蜀郡和犍为郡,还是有成效的。

到了元狩元年(前122)时,因为张骞提到:"大夏在汉西南,慕中国,患匈奴隔其道,诚通蜀,身毒国道便近,有利无害。"汉武帝又重新考虑打通西南夷,但是派出的使者"皆闭昆明,莫能通身毒国"。

有意思的是,在通西南夷的过程中,滇王与夜郎侯都问了汉朝使者同样的问题:"汉孰与我大?"①(至今仍用成语"夜郎自大"表示不知道自己的深浅而妄自尊大。)这说明当时西南地区的生活环境过于闭塞,当地人对于外界的情况完全不了解。中国历史上,北方的游牧民族对中原的农耕文明造成了经常性的侵扰;而生活在西南地区的少数民族,由于彼此隔绝,更多的是偏安一隅,很少能对中原政权构成实质性的威胁。但西南地区在交通区位方面,仍有战略上的意义。对中原王朝而言,云贵川地区既是边缘地带,同时又是广阔的腹地,而且是中国西南的门户。汉武帝希望打通夜郎道,和身毒建立联系,最初就有联合大夏抗击匈奴的战略考虑。

在"二战"中后期,西南交通线的战略价值进一步突显。1938年,国民政府迁都重庆之后,中国抗战所需的战略物资,90%以上需要进口。1938年11月,滇缅公路开通。1940年,当东南各省相继沦陷之后,云南的滇越铁路与滇缅公路就成为中国与外国联系的主要通道。1940年,日军侵入越南,滇越铁路被截断。7月18日,英国为保全其在远东的利益,又

---

① 《史记》卷一一六《西南夷列传》,册9/页2993—2996。

与日本签订了封锁滇缅公路的协定(直到香港沦陷后,英国才重新开放了滇缅公路)。1942年,缅甸也陷落了。日军进而由缅甸侵犯云南的畹町、龙陵、腾冲等地。为了阻止日军东进,中国方面炸毁了惠通桥,滇缅公路阻断了。

从1938年开始,国民政府就采取了"以马帮长途驼运为主,背夫短途运输为辅"的办法,开展驿运。云南民间商家的马帮运输,也在这个时期重新活跃起来。本来已经没落了的从云南丽江到西藏拉萨,再到印度噶伦堡的马帮运输线,成为当时中国联系外界的唯一的陆上国际交通线。

> 这条路线要经过滇西北的高寒山区出省,经川边一带进入西藏达拉萨,再转印度噶伦堡,道远途长,崇山峻岭,气候寒冷,骡马运输甚为困难,有的路段只能依靠牦牛通行。沿途又多无食宿站店,须马帮自带口粮帐篷,每天只能走三四十里,天黑以前就得搭起帐篷住宿。遇有江河,水湍流急,少有摆渡和桥梁,多为溜索,人畜只好分开,人从溜索滑过,驮马涉水而过。因此从噶伦堡运货到下关,需时三个月之久。冬季大雪封山,每年只有五至九个月的时间可以通行。①

1942—1945年间,云南民间经营的外来物资,几乎都是用这种方式,由马帮通过滇藏印马道输入的。古道与马帮,在现代史上也写下了浓重的一笔。

【主要参考文献】

1. 陈正祥《中国文化地理》第六篇《长城和大运河》,北京:生活·读书·新知三联书店,1983,页157—186。

---

① 陆韧《抗日战争中的云南马帮运输》,《抗日战争研究》1995年第1期,页66—67。

2. 陆韧《抗日战争中的云南马帮运输》,《抗日战争研究》1995 年第 1 期,页 59—69。

3. 陈保亚《陆路佛教传播路线西南转向与茶马古道的兴起》,《云南民族大学学报(哲学社会科学版)》2007 年第 1 期,页 66—70。

4. 欧文·拉铁摩尔(Owen Lattimore)著,唐晓峰译《中国的亚洲内陆边疆》,南京:江苏人民出版社,2010。

5. 荣新江《丝绸之路与东西文化交流》,北京:北京大学出版社,2015。

6. 芮乐伟·韩森(Valerie Hansen)著,张湛译《丝绸之路新史》,北京:北京联合出版公司,2016。

【阅读与思考】

宋太祖曾希望迁都洛阳,但最后却没有迁都,是何原因?

太祖幸西京[1],有迁都意,怀忠乘间言曰:"汴都岁漕江淮米四五百万斛,赡军数十万计,帑藏、重兵在焉[2]。陛下遽欲都洛,臣实未见其利。"会晋王亦以为言[3],太祖曰:"迁洛未久,又当迁雍[4]。"晋王扣其指[5],太祖曰:"吾将西迁者无它,据山河之胜,而去冗兵;循周汉之故事,以安天下。"晋王又言:"在德不在险。"[6]太祖不应。晋王出,太祖谓侍臣曰:"晋王之言若从之,患不在今日,自此去不出百年,天下民力殚矣[7]。"乃不果迁,遂还京师。

——《东都事略》卷二九《李怀忠传》

【注释】

[1] 西京:北宋称首都开封为东京,陪都洛阳为西京。

[2] 帑(tǎng)藏:国库的钱财。

[3] 晋王:宋太祖赵匡胤(960—976 年在位)之弟赵光义,封晋王,后继位为太宗(976—997 年在位)。

〔4〕雍:古九州之一。东汉兴平元年(194)置,曹魏时期治所在长安(今陕西西安西北)。这句话的意思是迁都洛阳后不久,还要再迁都到长安。

〔5〕扣:通"叩",询问。指:意指。

〔6〕在德不在险:语出《史记·孙子吴起列传》,战国时魏武侯与吴起乘船浮西河而下,船到中流,魏武侯赞叹:"山河壮美,坚不可破,真是魏国的国宝!"吴起却回答说:"在德不在险——固守山河,要靠国君施行德政,不能只凭借军事天险。如果君主不修德,本来同舟共济者都有可能变成敌人。"魏武侯听罢称善。

〔7〕殚(dān):竭尽。

后 记

本书由中文系推荐，获得北京大学2011年度教材立项，立项过程中得到当时主管教学的系副主任漆永祥教授的支持。但由于作者的延宕，本应更早一些完成的工作，拖欠数年。

本书第一章中引用的《华安县官畲村祖图（残卷）》系委托时在南靖县挂职工作的好友陈羲博士代为联系拍摄的，期间得到南靖县统战部李涌华部长和南靖、华安两县民宗局吴国珠、汤奇才局长的大力协助，并蒙官畲村村民委员会蓝金野主任允准，特致谢忱。

第二章的插图由家父绘制。2012年年底，家父因脑梗而手痹，有部分插图没有画完。第三章与第七章的几幅插图由中文系的毕业生董岑仕博士绘制。这些插图为本书增色不少。

北京大学中国古文献研究中心也为本书的写作提供了资助。

2017年9月